경영의 지혜

Wisdom of Management

경영의 지혜

Wisdom of Management

뤼궈룽 지음 | 김보경 옮김

일빛

경영의 지혜

펴낸곳 도서출판 일빛
펴낸이 이성우
지은이 뤼궈룽
옮긴이 김보경

등록일 1990년 4월 6일
등록번호 제10-1424호

초판 1쇄 발행일 2005년 11월 10일
초판 2쇄 발행일 2006년 7월 1일

주소 121-837 서울시 마포구 서교동 339-4 가나빌딩 2층
전화 02) 3142-1703~5 팩스 02) 3142-1706
E-mail ilbit@unitel.co.kr

값 20,000원
ISBN 89-5645-100-1 (03320)

◆ 잘못된 책은 바꾸어 드립니다.

옛날 서당에서 어린이의 계몽 교재로 사용된 『증광현문(增廣賢文)』은 백성들이 터득한 인생의 지혜를 압운을 잘 살려 글로 엮은 책이다. '꽃을 심었더니 꽃은 피지 않고 생각 없이 꽂은 버드나무 가지가 짙은 그늘을 이루었네(有心栽花花不發, 無意揷柳柳成蔭)'와 같이 입에 감기는 낭랑한 운율로 쉽게 익히고 읊조릴 수 있다. 『증광현문』은 중국 고대의 명언집으로 어린이들뿐만 아니라 어른들도 반복해서 익혔다. 일을 도모하기 전에 결정의 근거로 삼거나 일이 진행된 후 '위안'으로 삼을 수 있기 때문이다. 그리하여 병이 있을 때는 병을 치료하고 병이 없을 때는 건강한 신체를 유지할 수 있었다.

이렇듯 이 책에는 훌륭한 이치들이 많이 실려 있다. 하지만 사람들이 판에 박은 듯 그대로 따라하지는 않는다. 살아가면서 어떤 문제에 부딪혔을 때나 결정의 근거가 필요할 때, 빛나는 삶의 이치들이 제시하는 방법과 현실의 해결 방안이 전혀 다르다는 사실을 알기 때문이다. 생활은 이처럼 삶의 이치보다 더욱 복잡한 것이다.

그래서 나는 지혜로 가득 찼다고 여겨지는 구절이 있다면 일단 흥분하지 말고 다시 한번 진지하게 사고해보라고 권한다. 이를 '사고의 기점'으로 삼는다면 당신은 이어서 그 이치들이 성립하는 조건이나 어떤 경우에 반대가 되는 사례가 있는지 알게 될 것이다. 마치 그것을 모든 문제를 해결 할 수 있는 방법이나 되는 것처럼 그대로 따라하다 가는 나뭇잎으로 눈을 가린 채 시장에 가서 물건을 사오는 바보 형제가 되고 만다.

게다가 그럴듯해 보이는 명언들은 대단히 많다. 예를 들어 이 책에서 '기업의 성공은 20%는 일처리 방식에, 80%는 집행에 있다'라고 했는데, 이것은 진지하게 고민할 만한 성질의 것이 아니다. 왜냐하면 2 : 8의 관계가 어느 지표 위에서 성립된 것인지, 시간인지 혹은 중요도인지 알 수 없기 때문에 이것이 통계 조사를 통해 얻은 결론이라고 믿어지지 않으며, 다만 이 말을 한 사람이 직감적으로 얻어낸 결론이라고 생각된다. 더 곤혹스러운 것은 누군가 나에게 '2 : 8원칙', 즉 '20%의 요소가 80%의 가치를 창조한다'라는 말을 추천했다는 점이다. 이 원칙에서 강조하는 것은 '집행'이 아닌 '일처리 방식'임이 분명하다. 비록 진지한 사고를 거친 후 명언과 명언 간에 여러 가지 모순이 존재함을 발견한다 해도 사고에 필요한 명제, 즉 일처리 방식과 집행의 관계를 제시했다는 점에서 이 명언은 여전히 가치를 지닌다고 말할 수 있다.

『증광현문』처럼 이 책에 담긴 명언과 어록은 결코 무언가를 가르치기 위함이 아니며 금과옥조는 더더욱 아니다. 단지 기업을 경영하는 사람에 대한 일종의 깨우침일 뿐이다. 다시 말해 자신에게 유리한 부분만 뽑아낸 이치에서 발견한 절대적 원칙과 실질적 방법을 섣불리 시도하지 말라는 것이다. 이 책에 실린 내용이 과거에는 눈여겨보지 않았던 현상, 생각해보지 않은 영역으로 주의를 돌리게 했다면 그것

으로 충분하다. 이 책은 관련 문제를 사고하는 우리 모두의 출발점이
라고 해야 할 것이다. 진정한 이치는 자신이 스스로 결정해야만 한다.
　마지막으로『증광현문』에 실린 한 구절을 전하고 싶다.

近水樓臺先得月　　물 가까운 누대에 달빛이 먼저 들고
向陽花木早逢春　　양지에 있는 꽃나무에 봄이 먼저 온다

사이노트러스트(SINOTRUST) 컨설팅주식회사 공동대표

린하이펑(林海峰)

경영은 기업 경영에 공통적으로 인식되어 있는 본질적인 실천 활동이다. 유구한 역사를 가진 다른 실천 활동과 마찬가지로 경영 분야에서도 무수한 명언과 경구들이 있다. 이러한 명언들은 경영의 정수이며, 간결한 말 속에 매우 포괄적인 의미를 담고 있어서 기억 속에 깊이 각인되어 있다. 많은 경영자들이 경영 현장에서 경전과도 같은 명언들을 자주 인용한다. 그리고 자신의 지혜로 오롯이 녹여낸 명언으로 경영 활동에서 끝없는 지혜와 역량을 보여준다.

이 책은 세상에서 가장 위대한 경영 대가와 세계 유명 기업가가 남긴 가장 실용적이고 고전적인 경영 명언 100개를 취합했다. 수천 수백 번의 검증을 거쳐 널리 전해지는 경영 명언들은 경영 대가들의 사상적 정화를 융합하고 세계 유명 기업의 경영 지혜를 농축하고 있다.

이 책에 실린 경전과도 같은 명언은 기업 경영의 다양한 면면을 총망라하고 있다. 또 기업의 실제에 근접해 현실적 의의가 매우 크며, 세상에서 가장 지혜로운 경영 이념을 대표하고 있다.

이 책은 아래와 같은 내용을 담고 있다.

인재 관리의 지혜 - 적합한 사람은 차에 태우고 부적합한 사람은 내리게 하라

품질 관리의 지혜 - 제품 품질은 100점이 아니면 0점이다

조직 관리의 지혜 - 기업의 성공은 개인이 아니라 팀에 의한 것이다

성장과 혁신의 지혜 - 혁신은 큰 회사가 되는 유일한 길이다

효율적인 의사소통의 지혜 - 경영은 소통, 소통, 또 소통이다

의사결정의 지혜 - 경영은 바로 의사결정이다

효율적인 권한 이양의 지혜 - 권한 이양은 연날리기처럼 하라

경쟁의 지혜 - 경쟁 상대는 숫돌과 같다

세부 관리의 지혜 - 디테일이 성패를 결정한다

집행력을 높이기 위한 지혜 - 기업의 성공은 20%는 일처리 방식에, 80%는 집행에 있다

평가와 보상을 위한 지혜 - 보상하라, 그러면 얻을 것이다

이 책은 가장 소박하고 가장 대중적인 경영학 독본으로, 샐러리맨이나 중간 관리자, 경영자들이 읽기에 적합하다.

이 책의 강점은 이해하기 어려운 경영 이론들을 배제하고, 영향력 있는 고전적 명언에 대해 깊이 있는 분석과 설명을 곁들인 데에 있다. 각각의 명언에 상응하는 대표적 사례를 인용해 뛰어난 해설과 비평을 보탰다. 독자들은 가볍고 유쾌한 마음으로 책을 읽는 가운데 세계적 경영 대가들의 지혜와 교훈을 배우고, 나아가 경영의 심오한 진리를 깨달을 수 있을 것이다.

경영 대가들의 고전적 명언은 우리 행동의 등대다. 먼 길을 돌아가지 않게 하고 구체적인 경영 실무 속에서 부딪히는 문제들의 해결 방

법을 쉽게 찾아준다. 경영자가 현장에서 책 내용의 20%만 활용할 수 있어도 그 회사는 80%의 성공률을 가진다고 확신한다.

여러분의 성공을 기원하며……

차례

5 | 경영은 소통, 소통, 또 소통이다 ······ 131

6 | 경영은 의사결정이다 ······ 151

1장

적합한 사람은 차에 태우고
부적합한 사람은 내리게 하라

렌상(聯想)그룹의 CEO 류촨즈(柳傳志)는 누구나 알고 있는 명언을 남겼다. "회사를 만든다는 것은 사람을 만드는 것이다. 인재는 이윤이 가장 높은 상품이며, 인재를 제대로 경영하는 기업이 최후의 승자다." 현대의 기업 경쟁은 결국 인재 경쟁이다. 이런 측면에서 봤을 때 인재야말로 기업의 근본이다.

회사의 규모나 사원의 숫자가 중요한 것은 아니다. 다수의 지혜를 모으고 다양한 인재를 제대로 활용할 줄 아는 회사, 직원 개개인의 재능이 충분히 발휘되고 잠재력을 최대한 키워줄 수 있는 회사, 그런 회사만이 치열한 경쟁 속에서 성장·발전할 수 있으며 탄탄한 기초 위에서 오랫동안 푸르름을 간직할 수 있다.

기업 경영은 곧 사람 경영이다. 사람을 잘 쓰는 기업이야말로 성장하는 기업이라 할 수 있다.

기업이 곧 사람이다

마쓰시타 고노스케(松下幸之助, 마쓰시타 그룹 창업자)

사람은 모든 경제 활동의 주체이며 인재야말로 기업 성장의 근본이다.

일본 경영의 신 마쓰시타 고노스케의 말처럼 기업의 흥망성쇠는 사람이 관건이다.

기업에 공장, 기계, 시설만 있고 사람이 빠져 있다면 그 기업은 진정한 기업이라고 할 수 없다. 누군가 기(企)자를 '기업[企]에 사람[人]이 빠지면 멈춰선다[止]' 라고 형상적으로 풀이했다. 이 말은 경영이론가 체스터 버나드(Chester. I. Barnard)가 "기업은 사람으로 구성되고, 사람에 의해 운영되고, 사람을 위해 서비스하는 시스템이다"라고 말한 것과 같은 맥락이다.

전쟁터와 같은 비즈니스 세계에서 기업 간의 경쟁은 잔혹하기 그지없다. 수많은 기업들이 사람에 의해 일어섰고, 또 사람에 의해 무너졌다. 직원들이 몸과 마음을 똘똘 뭉쳐 일하는 기업은 큰 실패도 큰 손해도 없다. 하지만 사람을 잃어버리고 내부가 혼란한 기업에게 영원한 승리란 절대 있을 수 없다.

포드자동차의 흥망과 부침(浮沈)은 인재가 기업의 사활에 얼마나 중요한 역할을 하는지 여실히 보여준다.

헨리 포드(Henry Ford) 1세는 인재를 얻음으로써 성공했고, 인재를 잃음으로써 실패했다. 그는 일찍이 '자동차의 대중화'라는 원대한 목표를 내걸었다. 하지만 그 목표는 그 스스로 세운 것이 아니다. 그는 1889년부터 두 번이나 자동차 회사를 설립했지만 모두 실패하고 말았다.

1903년 세 번째 자동차 회사를 설립하면서 경영 전문가 제임스 쿠젠스(James Couzens)를 최고경영자로 초빙했다. 제임스 쿠젠스는 심도 있고 면밀한 시장조사를 통해 포드 1세가 '자동차의 대중화'라는 결정을 내릴 수 있도록 도왔다. 또 쿠젠스는 포드사를 위한 첫 번째 자동차 컨베이어시스템을 설계하고 노동생산성을 80배 이상 향상시켰다.

그러나 포드는 '자동차왕'이라는 타이틀을 얻은 후 승리감에 도취되어 자만심에 빠졌다. 그는 오만과 자만으로 가득 찬 고집스럽고 독단적인 사람으로 변해갔다. 자신과 다른 의견은 절대로 들으려 하지 않았으며 충고도 받아들이지 않았다.

그러자 인재는 하나둘 떠나가고 결국 쿠젠스마저도 새로운 길을 찾아 나설 수밖에 없었다. 회사 외부 인재들은 더더욱 멀어져갔다.

포드사는 과거의 활력과 응집력을 잃어버렸으며, 개척 정신과 진취적인 능력은 모두 사라지고 말았다. 우습게도 19년이라는 긴 시간동안 포드사가 시장에 내놓은 자동차는 포드 1세가 아끼던 검정색 T형 모델 단 한 가지뿐이었다.

결국 1945년 포드 2세가 회사를 승계할 무렵, 포드사는 매달 900만 달러의 손실을 보고 있었다.

쿠젠스를 필두로 한 회사 직원들의 사활을 건 노력과 우수한 경영진들의 뛰어난 전략이 없었더라면, 포드 1세의 도약은 근본적으로 불가능했을 것이다. 포드사의 쇠락은 쿠젠스라는 인재를 잃어버림으로써 초래된 것이다.

경영 일선에 나선 포드 2세는 거액을 투자하여 '신동들' 이라고 불린 10명의 장교들을 초빙했다. 그들은 2차 세계대전 당시 뛰어난 활약을 보인 젊고 유능한 공군 장교들이었다. 또 GM자동차의 부사장이었던 어니스트 브리치(Ernest Breech)도 영입했다.

브리치는 원가 분석에 매우 뛰어났으며, 포드 2세는 그를 GM자동차에서 스카우트하기 위해 스톡옵션을 주는 조건도 마다하지 않았다. 브리치는 GM에서 함께 일하던 고위 경영진도 함께 데리고 왔다.

초빙된 이들이 실천한 일련의 개혁으로 회사는 다시 활력을 되찾았다. 회사 이윤은 해마다 늘어났고, 새로운 디자인과 합리적인 가격, 간편한 조작법에 다양한 용도를 가진 머스탱을 출시했다. 그들은 신차 판매량 최고 기록을 달성했고, 포드 왕국을 다시 한번 절정기에 올려놓았다.

머스탱의 개발과 마케팅 과정에서 리 아이아코카(Lee Iacocca)가 비범한 재능을 발휘하면서 새로운 별로 떠올랐다.

그러나 뒷날 포드 2세도 아버지의 전철을 그대로 밟았다. 그는 독단적일뿐만 아니라 다른 사람들의 능력과 재능을 시기하여 브리치, 맥나마라(Robert McNamara) 등이 포드사를 떠나야만 했다. 그는 또한 아이아코카를 비롯한 세 명의 간부를 모두 강제 해고했다. 결국 회사 직원들은 술렁이게 되고 인재들이 떠나자 포드사는 또 다시 곤경에 처하게 됐다.

걷잡을 수 없이 흘러가는 쇠락의 강물 앞에서 포드 2세는 회장직에서 사임할 수밖에 없었고, 포드가(家) 77년의 통치는 막을 내리게 됐다.

포드의 역사는 인재를 통해 살아나고 인재를 통해 쓰러지는 기업의 속성을 여실히 보여주는 살아있는 교과서라고 할 수 있다. 두 번의 성공은 능력 있는 인재를 고용했기 때문이고, 두 번의 실패는 인재를 배척했기 때문이다.

[경영의 지혜]

'기업이 곧 사람이다' 라는 말은 인재의 중요성에 대한 기본 인식이다. 기업의 성공과 실패는 모두 사람으로부터 기인한다. 인재가 있어야만 기업의 성장도 보장받을 수 있다.

사람을 근본으로 하는 기업은 '사람에 의한, 사람을 위한, 사람을 만드는' 기업관을 수립해 나간다.

'기업은 사람을 근본으로 한다' 라는 말은 현대 경영 이념의 정화다. 인재는 어떤 기업에 있어서든 소중한 재산이다. 인재의 가치는 창조에 있으며, 인재를 보유한 기업은 발전의 가능성을 가진 기업이다. 이러한 가능성을 가진 기업만이 점점 치열해지는 경쟁 속에서 불패의 고지에 설 수 있다.

2

기업 최대의 자산은 사람이다

마쓰시타 고노스케(松下幸之助)

현대 기업 경영은 사람이 중심이다. 사람은 지식, 정보, 기술 등 자원의 집약체이다. 인재는 기업의 가장 소중한 자원이며, 기업 간의 경쟁은 결국 인재 경쟁으로 표출된다. 따라서 시장 주체로서의 기업은 인력 자원에 대한 관리를 중시해야 만이, 직원이 적극성과 창조성을 십분 발휘하여 인력 자원의 가치를 실현할 수 있다.

기업의 인력 자산은 비록 대차대조표에 나오지는 않지만 기술이나 자금, 원자재 등과 같은 다른 자산과 마찬가지로 매우 중요하다. 다른 자원의 조건이 동일한 상황이라면 창조적이고 적극적인 마인드를 가진 경영진과 끊임없이 노력하는 직원들을 보유한 기업이 더 빨리 성장할 수 있다.

IBM, 3M, 맥도날드 같은 회사들은 일찍부터 인재의 역할에 눈을 뜨고 여러 가지 방법으로 조직과 직원 간의 관계를 개선했다. 이를 통해 회사는 단기적으로나 장기적으로 모두 훌륭한 실적을 올릴 수 있었다. 회사는 직원들에게 경제적인 보상과 함께 심리적인 만족감을 충분히 제공하는 동시에 사회 복리를 위해서도 많은 공헌을 했다.

이 회사들은 가장 이상적인 일터로 인식되었다. 그들은 각종 인력 자원 계획을 추진함으로써 재능 있는 직원들을 채용하고 잡아두었을 뿐만 아니라 일을 잘 할 수 있도록 격려했다. 이를 통해 세 회사는 업계의 리더가 될 수 있었다. 이들의 실천은 기업이 최우선적으로 해결해야 할 문제는 다름 아닌 효율적인 인력 자원 관리 체계이며, 여기에는 충분한 경제적 이유가 있다는 것을 보여준다.

신규 직원을 고용하는 것보다는 기존 직원의 자질을 높이고, 지식을 재충전하며, 지식 구조를 변화시키는 편이 훨씬 효율적이다. 이를 통해서 기업의 활력을 언제까지나 유지할 수 있기 때문이다.

휴렛팩커드는 인재 유치와 연구 인력에 대한 투자 면에서 늘 장기적인 비전으로 인재를 아끼고 중시하는 특징을 보여주었다.

그들은 스탠퍼드대학과 계약을 체결하고 회사의 관리·기술직원들이 언제든 관련 전문 과정을 청강할 수 있도록 하면서 직원들의 지식을 새롭게 업그레이드시켰다.

또 직원들이 업무 지식을 습득하는 데 일주일에 최소 2시간 이상을 투자하도록 하였으며, 매년 직원의 25%가 각종 연수프로그램에 참가할 수 있도록 했다. 휴렛팩커드는 인재 양성을 위해 영업액의 1%를 투자하고 700여명의 전문 연구직원을 두었다.

휴렛팩커드의 의사결정자는 '인재는 자본이자 돈이며 지식은 재산이다'라고 생각했다. 또 그들은 '사람은 기업의 가장 중요한 재산이며 직원들의 끊임없는 노력과 협동단결 없이는 그 어떤 기업도 뛰어난 실적을 올릴 수 없다'라는 점을 인정했다.

마쓰시타 고노스케가 "기업 최대의 자산은 사람이다"라고 말한 것처럼 현대 기업에 있어서 '사람'은 가장 소중한 자원이다. '사람'을 잘 쓰는 기업만이 백전백승할 수 있다.

[경영의 지혜]

사람은 세상의 정수이며, 기업의 입장에서 사람은 더더욱 소중한 자원이다. '기업 최대의 자산은 사람이다'라는 마쓰시타 고노스케의 말은 직원의 이상과 도덕, 업무 태도, 책임감 등이 가장 중요한 기업 자산이라는 뜻이다. 이러한 자산을 제대로 관리하여 가치를 지켜나가고 키워가야만 다른 모든 자산의 가치를 효율적으로 지킬 수 있으며, 나아가 더 큰 가치를 창출할 수 있다.

3

인재의 채용은 단점을 줄이는 데 있는 것이 아니라
장점을 발휘시키는 데 있다

피터 드러커(Peter F. Drucker, 미국의 경영학자)

미국의 저명한 경영학자 피터 드러커는 "효율적인 경영자는 인재를 선택하고 선발할 때 그 사람이 무엇을 할 수 있는가를 기본으로 삼는다. 그래서 내 인재 채용 결정의 근거는 어떻게 그의 단점을 줄이느냐가 아니라 어떻게 그의 장점을 발휘하느냐에 있다"라고 말했다.

세상에 완전무결한 사람은 존재하지 않는다. 리더가 인재를 활용하는 비결 중 하나는 장점을 어떻게 발휘시킬 것인가에 있지, 열이면 열 모두 '완벽한 인간'을 찾는 것이 아니다. 사람의 장점을 보지 못하고 늘 단점만 생각하게 되면 능력을 효율적으로 발휘시킬 수 없게 되고 유용한 인재를 발굴할 수도 없다.

미국 철강 산업의 아버지 카네기의 무덤에는 '자신보다 더 뛰어난 능력을 가진 사람을 선발해서 일하게 만들 줄 아는 사람이 여기에 잠들다' 라는 비문이 새겨져 있다. 카네기가 선발한 인재들이 카네기보다 뛰어났던 것은 당연히 카네기가 그들의 장점을 발견하고 그것을 사업에 잘 활용했기 때문이다.

경영자가 사람을 쓰는 기본 원칙은 '장점은 살리고 단점은 피해가면서 능력 위주로 쓰는 것' 이다. 모든 사람들은 단점이 있기 마련이고 또 동시에 장점도 가지고 있다. 오로지 장점만 있고 단점은 없는 사람을 고르는 것은 근본적으로 불가능한 일이다. 이것이 바로 경영자에게 사람의 장점을 활용하고 단점을 극복하라고 요구하는 까닭이다.

미국 남북전쟁 기간 동안 링컨은 온건한 태도를 유지하면서 줄곧 결점이 없는 사람을 북군의 사령관으로 기용했다. 그러나 현실은 늘 기대와 어긋났다. 그가 선발한 사령관은 인적·물적 우위에도 불구하고 남군에게 연이은 참패를 당했다. 한번은 거의 워싱턴을 빼앗길 뻔한 적도 있었다.

충격을 받은 링컨은 면밀한 분석을 통해 남군의 장교들은 모두 눈에 띄는 결점을 가지고 있으면서도 동시에 개인적 특기와 장점을 가진 사람들임을 발견했다. 남군 총사령관인 리 장군은 그들의 장점을 잘 활용하여 잇따른 승리를 할 수 있었다. 이에 링컨도 전혀 주저하지 않고 그란트 장군을 총사령관으로 임명했다. 당시 누군가가 링컨에게 그란트 장군은 술을 좋아해서 큰일을 맡기기에는 역부족이라고 조언했다. 링컨도 술주정 때문에 큰일을 그르칠 수 있다는 것을 왜 몰랐겠는가? 그러나 그는 여러 장교 중에서 그란트 장군만이 남북전쟁에서 승리할 수 있는 유일한 인재라는 것을 확신했다. 그란트 장군의 임명이 남북전쟁의 전환점이 되었다는 것은 훗날 역사적으로 증명되었다.

사람은 각기 장단점이 있으며, 완벽한 사람은 없다. 이는 우리가 익히 잘 알고 있는 바이다. 직원의 장점을 발견해서 잘 활용하는 한편 단점은 피해가면서 적절한 자리에 배치하는 것 또한 경영자의 관리 능력을 보여주는 일종의 경영 예술이다.

어떤 재계 모임에서 사장 몇 명이 자신의 경영 경험에 대해 떠들고 있었다.

그중 한 사람이 말했다. "내 수하에는 쓸모없는 직원이 세 명 있는데 지금 잘라버릴 기회를 찾는 중이야."

"왜 그렇게 하나? 그 사람들이 왜 쓸모가 없지?" 또 한 명의 사장이 물었다.

"한 명은 하루 종일 이것저것 불만만 하면서 생트집을 잡는다네. 또 한 명은 쓸데없는 걱정에 공장에 무슨 일이 생길까봐 전전긍긍이고, 다른 한 명은 뭐 건질 것 없나 기웃대다가 하루 종일 바깥에서 빈둥대고 돌아다니지."

이야기를 들은 두 번째 사장은 한참 생각한 후 말했다. "그렇다면 그 세 사람을 나한테 넘기게!"

세 사람은 이튿날 새로운 회사에 입사하게 되었고, 사장은 업무를 분담했다. 트집 잡기 좋아하는 사람에게는 품질 관리를 맡겼다. 사고가 날까 두려워하는 사람은 보안 경비와 보안시스템 관리를 책임지게 했다. 공짜 좋아하는 사람은 제품 홍보를 맡겨서 하루 종일 바깥에서 뛰어다니게 했다. 세 사람은 담당 업무와 자신의 개성이 서로 맞아떨어지자 흥분을 감추지 못하고 흔쾌히 받아들였다.

시간이 흐른 후 세 사람이 열심히 일한 덕택에 놀랍게도 그 회사의 경영 실적은 수직 상승했고, 사업은 날이 갈수록 번창했다.

많은 사람들은 이 이야기를 들은 후 한번 웃고 말 뿐 어떤 특별함이 있는지 잘 모른다. 하지만 뛰어난 경영자는 우스갯말 가운데서도 이런 이치를 깨닫는다. 직원의 단점과 장점 사이에는 절대적인 경계선이 없다. 단점 속에는 장점이 숨겨져 있다. 어떤 사람은 성격이 강하고 고집스럽다. 하지만 이것은 주관이 뚜렷하다는 것을 의미하며 이리저리 휩쓸려 다니지도 않고 함부로 다른 사람의 의견에 부화뇌동하지도 않는다. 어떤 사람은 업무 속도는 매우 느리지만 반면에 조리 있고 성실하고 꼼꼼하다. 또 어떤 사람은 남들과 잘 어울리지 못하고 자기 뜻대로만 움직이지만 창의성이 아주 뛰어날 수도 있다.

경영자는 실무에서 사용 불가, 중용 불가한 인재를 교묘하고 합리적으로 이용할 줄 알아야 한다. 예를 들어 깊이 파고들기를 좋아하는 사람에게는 기술 업무를 맡기고, 경쟁심이 강하고 이기기 좋아하는 사람에게는 공격적 업무를 맡기는 것이다. 언변이 뛰어나고 교제에 능한 사람에게는 홍보와 마케팅 업무를 맡긴다. 트집 잡기 좋아하는 사람은 전반적인 품질관리 업무를 맡기고, 의견 제안을 좋아하는 사람에게는 감시 업무를 맡긴다. 이러한 사례는 단점을 포용해서 그 단점을 활용하는 것이다. 단점도 제대로 활용하면 장점이 될 수 있다.

금은 순금이 없고, 사람은 완벽한 사람이 없다. 모든 사람은 장점이 있으면 단점이 있기 마련이다. 장점은 당연히 살려야 할 가치가 있는 것이며, 단점은 그 속에서 장점을 발굴해내야 한다. 장점을 활용하는 것 외에 단점까지도 장점으로 승화시키는 것, 이것이 바로 인재 채용 예술의 정수이다.

세상에 착하고 예쁘기 만한 사람은 없다. 상황에 따라 사람의 단점도 장점으로 바뀔 수 있고, 장점 또한 단점으로 바뀔 수 있다. 따라서 인재 활용 문제에서만큼은 기계적으로 일을 해서는 안 된다. 그때그때의 구체적 상황에 따라 장점과 단점을 탄력적으로 운용하고 적절하게 활용해야 한다.

4

탁월한 실적을 이룬 경영자는
인재의 장점 활용에 뛰어나다

피터 드러커(Peter F. Drucker)

이는 경영자가 합리적으로 인재를 기용하고, 그 장점을 잘 활용한다면 사업도 순조롭게 진행될 수 있음을 가리킨다.

마쓰시타 고노스케는 사람을 쓸 때는 반드시 적합한 인재를 적절하게 활용해서 장점은 키우고 단점은 피해가야 한다고 지적했다. 장점을 키워주면 최고의 능력을 발휘해서 회사가 비즈니스 전쟁에서 이길 수 있도록 힘을 낼 것이다. 단점을 피해가면 똑똑한 사람을 바보로 만들어 비즈니스 전쟁에서 패배하는 사태를 불러오지 않을 것이다.

마쓰시타 고노스케는 "7할의 노력은 장점을 보는 데, 3할의 노력은 단점을 보는 데 쓰는 것이 가장 적절하다"라고 말했다. 간부를 선발할 때는 60점만 되면 임용해도 좋다.

일본 빅터(JVC)사는 음반과 오디오를 생산하는 기업이었다. 일류 인재와 우수한 기술을 보유한 이 회사는 2차 세계대전 이전에는 명성이 높았으나 전쟁의 영향으로 재건 작업을 벌일 수 없었다. 결국 여러 가지 이유 때문에 마쓰시타전기가 인수를 하게 되었다. 패전의 좌절 속에서 다시 회사를 부흥시키기 위해 마쓰시타 고노스케는 매우 신중하게 전문 경영인을 선발했다. 결국 그는 이 중책을 노무라 기치사부로(野村吉三郎)에게 맡기기로 결정했다.

노무라 기치사부로는 2차 세계대전 기간 동안 해군 중장으로 활동했으며, 퇴역 후에는 외무대신을 역임했다. 그는 비록 사업 경영에는 경험이 없었지만 아주 훌륭한 장점을 가지고 있었다. 그것은 바로 사람을 잘 다룬다는 것이었다.

당시 많은 사람들이 마쓰시타의 결정을 의외라고 생각했다. 심지어 가까운 주변 사람들까지도 반대했다. 그들은 외무대신을 역임했던 노무라 기치사부로를 일본 빅터 같은 작은 회사 경영인으로 임명하다니 큰 인재를 너무 작은 곳에 임용해서 그를 섭섭하게 하는 건 아닌가? 또 다른 측면에서 일본 빅터 같은 작은 회사가 노무라처럼 훌륭한 인격과 재능을 가진 사람을 독점하려 한다니 너무 이기적이라고 생각했다. 다행히 노무라 본인은 이렇게 얄팍한 견해에는 동의하지 않았다.

사실 노무라가 직접 밝힌 것처럼 기업 경영에는 완전 문외한이었고, 음반, 오디오는 더더욱 몰랐다. 그래서 일본 빅터사를 이끌어가는 과정에서 재미있는 에피소드도 있었다.

어느 날 간부회의에서 누가 미소라 히바리(美空雲雀)의 음반 출시 계약을 제안했다. 그런데 노무라는 "미소라 히바리가 누군가?"라고 물었다. 미소라 히바리는 당시 모르는 사람이 없을 정도로 유명했다. 일본 음악차트 1위의 인기가수였고 많은 팬들을 가지고 있었다. 그처럼 유명한 아티스트를 음반 회사 사장이 모른다니 정말 재미있는 일이었다. 이 이야기는 나중에 바깥으로 흘러나가 비웃음거리가 되었다. 심지어 어떤 사람은 "음반 회사 사장이 미소라 히바리를 모른다니 그럼 대체 몇 사람이나 알고 있단 말인가?"라고 비꼬기도 했다.

그러나 이런 비난은 노무라의 지위에 결코 영향을 주지 못했다. 비록 미소라 히바리는 몰랐지만 리더로서의 덕목은 모두 갖추고 있었다. 그는 박학다식했으며 고상한 인품의 소유자였다. 일본 빅터사는 이런 리더를 보유하고 있었기 때문에 전문 기능을 가진 사람은 자신의 장점을 충분히 발휘할 수 있었고, 회사로서는 분명 행운이었다.

부인할 수 없는 사실은 일본 빅터사는 미소라 히바리도 모르는 사장의 지휘 아래서도 전후의 폐허 속에서 신속하게 일어섰다는 것이다. 과연 단순한 기적이었을까? 결코 기적이 아니다. 노무라 자신의 인격 수양과 경영 능력으로 창조해낸 것이다. 비록 인기가수 이름은 몰랐지만 그의 성과에 흠이 되지는 않았다.

이렇듯 장단점을 잘 살린 마쓰시타 고노스케의 인재 등용 정책이 있었기에 마쓰시타전기가 오늘의 '마쓰시타 제국'으로 발전할 수 있었다.

정확한 용인지도(用人之道)는 한 사람의 장점을 충분히 발휘시키면서 약점은 피해가는 것이다. 인재를 쓴다는 것은 그의 장점을 쓴다는 것이며, 장점은 키우고 단점은 극복하는 것이다.

모든 사람은 장점과 단점이 있다. 우리가 사람을 선발할 때 그의 장점을 발휘하게 하는 것이 핵심이다. 그의 단점이 업무나 다른 사람의 적극성에 영향을 미치지 않는다면 너무 엄격하게 억제하지 말아야 한다. 경영자의 임무는 직원의 장점을 찾는 것이고, 인재를 활용하는 과정에서 그 사람의 재능을 최대한 발휘시킬 수 있어야 한다.

5

인재 양성이 제품 생산보다 먼저다

마쓰시타 고노스케(松下幸之助)

인재는 곧 힘이다. 오늘날 마쓰시타전기의 공장 어디서든 '제품을 만들기 전에 먼저 인재를 만들라'라는 푯말을 볼 수 있다.

1956년 마쓰시타전기는 제1기 인사간부 심포지엄을 개최했다. 참석 대상자는 각 부문의 인사 책임자였다. 마쓰시타 고노스케도 그 자리에서 강연을 했다. 그는 "고객을 방문할 때 상대방이 마쓰시타전기는 어떤 제품을 생산하는 회사냐고 물으면 어떻게 대답하겠는가?"라고 질문했다.

영업부의 인사과장이 공손하게 대답했다. "마쓰시타전기는 전기 제품을 생산하는 회사라고 말해주겠습니다."

"틀렸네, 자네 같은 대답은 무책임하네! 하루 종일 무슨 생각을 하는 건가?" 마쓰시타 고노스케는 회의장 전체가 쩌렁쩌렁 울리도록 꾸짖었다. 설마 정말로 틀렸을까? 설마 마쓰시타전기가 전기 제품을 생산하는 회사가 아니란 말인가? 참석자들은 모두 어리둥절해졌다. 꾸지람을 당한 인사과장은 뭘 잘못했는지 더더욱 알지 못했다.

마쓰시타는 일그러진 얼굴로 책상을 치며 노기충천해서 말했다. "여기 있는 당신들은 모두 인사부를 책임지고 있는데 인재 양성이 인사 책임자의 가장 중요한 책임이라는 것을 설마 모르고 있는 건가? 만약 누가 마쓰시타전기는 무엇을 제조하느냐고 물으면 당신들은 마쓰시타전기는 인재를 육성하는 회사이며, 전기 제품도 같이 생산한다고 대답해야 하네. 심각한 업무상 과실이야! 경영의 기초는 사람이네. 벌써 몇 번이나 말했는지 모르겠어. 기업 경영에서 자금, 생산, 기술, 판매 등도 당연히 중요하지만 사람이 이 모든 것들을 주재하네. 결국 사람이 가장 중요한 거지. 인재 육성에서 출발하지 않으면 마쓰시타전기에 무슨 희망이 또 있겠나?"

마쓰시타는 인재 양성의 중요성을 절실하게 느꼈으며, 창립 초기 '우수한 인재를 보유하면 사업이 번창하고 반대의 경우에는 쇠락할 것이다' 라는 점을 분명히 인식했다.

마쓰시타는 끊임없이 인사 부문 간부와 각 부문의 책임자들에게 '아무리 바쁘더라도 인재 양성이 절대적으로 우선한다' 라고 가르쳐왔다. 이런 생각은 현재 마쓰시타 인사부의 기본 방침이 되었다. 마쓰시타전기가 인재 양성 분야에서 다른 회사보다 성공할 수 있었던 가장 큰 원인은 창업자인 마쓰시타 고노스케가 인재 양성의 중요성에 대해 아주 투철한 인식을 가지고 직원 지도에 열심이었기 때문이다.

마쓰시타전기는 인재, 과학연구, 연구 인력 개발을 중시했다. 누가 마쓰시타전기의 최대 강점이 무엇이냐고 물었을 때 마쓰시타는 경영 능력, 즉 경영자의 능력이라고 대답했다. 그는 "경영의 핵심 인력을 확보하는 것은 값을 매길 수 없는 기업의 보물이다"라고 지적했다. 그래서 그는 "제품을 내기 전에 먼저 인재를 내고 제품을 제조하기 전에 먼저 인재를 양성하라"고 줄곧 강조했다.

'인재의 양성이 제품 생산보다 먼저' 라는 목적 달성을 위해 마쓰시타는 일상 업무 속에서 직원을 교육 양성하는 'OJT 지침' 이라고 불리는 훈련 지침을 만들었다. 전직원을 대상으로 한 교육 사업을 전면적으로 시행하기 위해 마쓰시타전기의 재직훈련 기획 담당자 미야키(宮木勇)는 『마쓰시타전기의 재직훈련』이라는 책을 썼다.

마쓰시타가 쏟아 부은 피땀은 헛되지 않았다. 그의 '인재 양성이 제품 생산보다 먼저다' 라는 방침은 그를 경영의 신으로 만들었고, 마쓰시타전기는 세계적으로 유명한 기업으로 성장했다.

[경영의 지혜]

일본 다쓰시타전기 설립자인 마쓰시타 고노스케는 세계적인 경영 천재다. 마쓰시타 경영 사상의 핵심은 '인재 양성이 제품 생산보다 먼저다' 라는 것이다. 그는 어차피 기업은 사람으로 구성되는 것이기 때문에 반드시 사람이 역할을 발휘해야 하고, 제품을 제조하기 전에 인재를 양성해야 한다고 믿었다.

마쓰시타의 핵심 관점은 경영자들에게 이런 메시지를 던져준다. 일반적으로 기업은 인재가 절대 부족하지 않다. 단지 인재를 양성하고 발굴하는 방법과 시스템이 부족할 뿐이다. 따라서 어떻게 합리적인 인재등용 시스템을 구축하느냐, 어떻게 인력 자원을 관리하고 개발하느냐 하는 것이 중요하며 그것은 경영자의 신성한 사명이기도 하다.

인재 양성은 리스크는 가장 적고
수익률은 가장 높은 전략적 투자다

워렌 베니스(Warren G. Bennis)

빠른 속도로 변화하고 있는 현대 사회에서 사람의 능력에 대한 요구도 점점 높아지고 있다. 기업이 능력 있는 인재를 확보하는 경로는 '기업 외부에서 우수한 인재를 유치하는 것'과 '기업 내부의 인력 자원을 육성하여 그들의 능력을 향상시키는 것' 두 가지다.

이 두 가지 경로는 각각의 장점이 있다. 외부 채용은 필요로 하는 인재를 비교적 빠른 시간 안에 얻을 수 있으며, 새로운 마인드를 도입할 수도 있다. 내부 양성은 비록 느리기는 하지만 기업 경영의 연속성이라는 측면에서 유리하며, 직원의 적극성을 자극하고 회사에 대한 귀속감을 강화할 수 있다.

시대가 진보하고 기업이 발전하면서 점점 더 많은 기업들이 내부 양성을 통해 뛰어난 인력 자원을 얻는다. 내부 인력 자원을 양성하고 개발하는 것이 경제적으로 기업 인력 자원의 품질을 높일 수 있으며, 또 더욱 신뢰할 수 있기 때문이다. 뿐만 아니라 효율적인 격려를 통해 직원으로 하여금 회사에 대해 지속적인 귀속감과 충성심을 갖도록 할 수 있다.

저명한 기업경영학 교수 워렌 베니스의 "인재 양성은 리스크는 가장 적고 수익률은 가장 높은 전략적 투자다"라는 말은 기업에서 인재 양성이 갖는 중요성을 밝히고 있다.

많은 경영자들이 인재 양성을 고비용에 단기적인 효과를 볼 수 없다고 여긴다. 이러한 견해는 보편적으로 존재하는 아주 잘못된 인식이다. 세계적으로 많은 대기업들이 일찍부터 직원 연수 비용을 일종의 투자, 그것도 회수율이 아주 높은 투자라고 보고 있다. 삼성그룹은 매년 직원 연수 비용으로 500~600만 달러를 투입하고 있다. 1980년대에 통신업계의 선두주자 모토로라가 실시한 조사에 의하면, 연수 비용 1달러당 3년 내에 40달러의 생산 효율과 이익을 얻는다고 밝혔다.

안타깝게도 많은 경영자들이 이 점을 전혀 의식하지 못하고 있다. 그들은 천편일률적으로 직원들에게 업무 효율과 제품 품질의 향상만을 요구하고 있다. 그러면서도 낡은 지식과 기술을 가진 직원을 보유한 회사의 제품 품질이 어떻게 원래 수준을 뛰어넘을 수 있는지, 생산성이 어떻게 향상될 수 있는가에 대해서는 전혀 모른다.

마쓰시타 고노스케는 직원 연수를 매우 중시했던 기업가다. 그는 회사의 모든 직원을 연수에 참여시킨다. 모든 신입사원은 단 한 명의 예외도 없이 사전 연수 교육을 받고 합격을 해야만 업무를 시작할 수 있다.

마쓰시타전기가 지출하는 직원 연수비와 기술 개발비는 대략 영업액의 8% 정도다. 경쟁이 치열한 국제시장에서 마쓰시타전기의 승리는 바로 인재 양성에서의 승리였다고 사람들은 입을 모은다.

현대 기업에서 젊은 직원은 기업의 신선한 피이자 왕성한 생명력을 영원히 유지시키는 기둥이 된다. 따라서 성장하는 기업은 늘 젊은 직원에 대한 양성 사업에 주의를 기울이고 그들을 신속하게 길러낸다. 그들은 기업 생산의 제일선에 충실하게 도달하여 기업 생산 역군으로서의 역할을 충실히 수행한다.

마케팅 대행업체인 에인슨 프리만(Einson Freeman)사는 직원들을 위한 '점심대학'을 개설하여 각종 내부 심포지엄을 개최하고, 외부 전문가를 직접 초빙해서 마케팅과 조사연구에 관한 강의를 했다. 이외에도 직원이 업무와는 무관한 학위를 받고자 할 경우에도 성적만 좋으면 회사에서 학비를 전액 지원했다.

이 회사의 행정 총감독 제프리는 "우리는 회사 수입의 2%를 각종 연수 교육에 투입하고 있으며, 직원들이 적극적으로 환영하고 있습니다. 또 다른 형태의 수입이기 때문이죠"라고 말했다.

이상의 사례를 통해 우리는 다음과 같은 사실을 어렵지 않게 발견할 수 있다. 직원 교육을 중시하는 회사들은 연수 교육에 정책적, 경제적인 지원을 해서 직원들이 직접 보고 느낄 수 있는 투자로 전환시켰다. 그리고 직원들은 근면 성실과 진취성, 충성심, 실적으로 보답했을 것이다.

[경영의 지혜]

직원 교육은 일종의 투자이자 복리후생이다. 성공적이고 효율적인 직원 교육은 직원의 능력을 향상시키고 직원들의 자아실현 욕구를 만족시킨다. 나아가 기업의 응집력을 강화하기도 한다. 아무리 우수한 직원이라 할지라도 기업은 그를 키우고 교육해야 할 의무가 있다.

수많은 기업들이 바로 이 원칙에 따라 효율적인 방식으로 인재에 대한 전면적인 교육을 실시했으며, 이를 통해 회사는 장족의 발전을 이룰 수 있었다.

7

온갖 수단과 방법을 다해 초빙해야 하는
전문의보다 아무 때나 부르면 달려오는
싸구려 돌팔이 약장수가 낫다

짐 콜린스(Jim Collins, 『성공하는 기업들의 8가지 습관』의 저자)

인재를 내부적으로 양성해서 발탁하는 것과 외부에서 전문가를 데려오는 것. 대체 어느 편이 더 나을까? 일반적으로 기업 내부에서 인재를 양성하는 편이 외부에서 영입하는 것보다 중요하다고 인식되어 있다.

이에 대한 경영학자 짐 콜린스의 명언이 있다. "온갖 수단과 방법을 다해 초빙해야 하는 전문의보다 아무 때나 부르면 달려오는 싸구려 돌팔이 약장수가 낫다." 이 말의 비즈니스적 함의는 모셔온 전문가가 회사에 반드시 적합하지 만은 않으며, 그를 회사의 환경과 문화 속에 융화할 수 있도록 하는 것이 관건이라는 뜻이다. 가장 좋은 방법은 기업 내부의 밑바닥에서부터 시작해서 천천히 '멀티형'으로 성장한, 기업 내부 상황을 철저하게 파악하는 인재를 선택하는 것이다.

비즈니스계의 천재 잭 웰치는 GE에서 성장했다. 또 그가 회장으로 취임한 이후 만든 인재 선발 메커니즘 역시 이와 유사한 관점의 훌륭한 사례가 되고 있다.

그러나 모든 일에는 정반 양면이 있다. 반대 관점을 가진 경영자는 외부에서의 인재 선발이 내부에서 양성한 인재보다 더 중요하고 직접적인 효과가 있다고 주장한다.

그들의 눈에 비친 기업은 항상 '공간적, 인적' 국한성이 있다. 경영이념과 시장이 급격하게 변화하는 오늘날, 기업이 중시하고 강조하는 것은 '새로운 이념과 새로운 피' 이다. 경영자와 직원들에게 새로운 지식에 대한 끊임없는 학습을 강조하는 외에도 새로운 이념을 획득하는 가장 효율적이고 빠른 또 다른 경로가 있다. 바로 외부에서 고연봉 인재를 영입하는 것이다. 기업은 이를 통해 신선한 피를 공급받을 수 있을 뿐만 아니라 신구(新舊) 이념의 자동적인 교체도 가능하다.

회사가 어려움에 맞닥뜨리거나 사업을 변경할 때, 다른 기업에서 명성이 자자한 전문 경영인을 스카우트한 후 회사 운명을 바꾸고 새로운 사업을 개척해야 하는 중임을 맡긴다. 이는 문제를 해결하는 가장 간단한 방법인 것처럼 보인다. 그러나 절대 놓쳐서는 안 될 사실은 하늘에서 내려온 전문가는 대부분이 엘리트라는 점이다. 처음에는 그들에게 만족감을 느끼지만 '물리적 거리' 가 점점 가까워짐에 따라 점점 더 벌어지는 그들과의 '화학적 거리' 를 발견하게 될 것이다.

『성공하는 기업들의 8가지 습관』의 저자이자 저명한 경영학자 짐 콜린스는 위대한 회사는 '이윤, 그 이상을 추구' 하고 '종교와 같은 문화' 가 있으며 '자기 회사에서 성장한 경영인' 을 추종한다고 말했다. 콜린스는 연구를 통해 '18개의 위대한 회사는 1700년에 달하는 긴 역사 속에서도 단지 네 명의 CEO만을 외부에서 데려왔다' 는 사실을 발견했다. 자기 회사에서 성장한 경영인은 회사 문화를 파악하고 있기 때문에 개혁을 더욱 용이하게 지휘할 수 있다.

P&G사는 외부에서 전문가를 절대 불러오지 않았으며, 줄곧 내부 양성을 통해 인재를 선발했다.

1837년에 설립된 P&G사는 세계 최대의 일용 생활용품 생산 회사로, 2002~2003년 회계연도에 연간 매출액이 434억 달러에 달했다. 최근 『포춘』지에서 뽑은 세계 500대 제조업·서비스업 기업 중 86위를 차지했으며, 가장 존경받는 기업 부문에서 7위를 차지했다. P&G는 전 세계적으로 직원이 약 10만 명에 달하며, 80여 개 국가에 공장과 지사를 설립했다. 160여 개 국가에 제품을 판매하는 이 일용 생활용품 제국이 서로 다른 민족과 문화를 가진 시장에서 어떻게 각각의 '황금열쇠'를 찾아낼 수 있었을까? 이 백년 제국의 '불로장생술'은 대체 무엇일까?

만약 P&G가 10년 역사에 불과한 회사라면 기술력과 원가, 판매 루트 등의 우위에서 분석할 수 있겠지만 오로지 이런 것들로만 100년 동안이나 장수할 수 있었을까? 분명 아닐 것이다. 100년의 시간은 모든 공장을 형편없이 노화시킨다. 오로지 사람과 사람의 정신만이 세대를 넘어 전해져 끊임없이 이어져 올 수 있었다. 이러한 측면에서 봤을 때 인력 자원의 특징을 통해 P&G사의 비밀을 밝힐 수 있지 않을까?

P&G사의 불로장생의 비밀은 우선 인재 양성을 매우 중시한 데에 있다. 직원들은 P&G의 대문을 들어서는 그 순간부터 재직 기간 내내 다양한 교육 프로그램에 노출된다. 모든 연수 프로그램은 직원 개인의 장점, 개선되어야 할 점과 업무상 필요에 맞추어 설계된다. 장래 직

업 및 담당 업무에 대한 흥미와 필요성도 종합적으로 고려된다. P&G 사는 보통 신입사원이 입사하고 2년 후에 인사 이동이 있다. 이를 통해 직원에게 신규 학습 프로그램을 제시하고 동기를 새롭게 부여한다.

인재 양성을 고도로 중시하는 P&G사는 직원들에게 독특한 연수 프로그램을 제공하고 있다. 회사의 목표는 최대한 빨리 직원의 현지화를 실현하는 것으로, 가까운 장래에 점차 현지 직원이 외부 직원을 대체하고 중고위 간부직을 맡는 계획을 세웠다.

다음으로 중요한 것은 인재의 내부 양성 및 선발에서 전문가의 사용을 최대한 억제한다는 것이다.

100여 년에 걸친 P&G사의 성공 비결 중 하나는 내부 승진이다. 다시 말해 모든 고위 간부는 내부에서 선발되었으며, 단 한 번도 외부에서 영입한 적이 없다. 회사가 직원을 승진시키는 유일한 기준은 능력과 실적이다. 직원의 국적은 승진에 영향을 미치지 않는다. P&G가 헤드헌팅 회사에 의뢰하는 경우는 극히 드물며, 내부 양성 선발의 전통을 고수하고 있다. 여기에는 두 가지 원인이 있다. 첫째는 자사 직원 채용의 질적 수준을 믿기 때문에 회사 내부에 수많은 인재가 있음을 믿으며, 둘째로는 모든 직원이 단순한 빈자리가 아닌 자신의 성장 공간을 볼 수 있기를 바란다는 점이다. 전문가에 의해 회사가 점령당하면 직원들은 회사에 대한 귀속감을 상실하게 될 것이다.

이러한 사례를 통해 내부 인재를 양성하고 선발하는 편이 외부 영입보다 훨씬 중요하다는 것을 알 수 있다.

렌상그룹의 CEO 류촨즈는 "내부에서 선발한 리더는 기업에 더 깊은 애정을 느끼고 책임지려는 마음이 더 클 것이다"라고 말했다. 이러한 의미에서 기업의 후계자는 탄드시 기업 스스로 길러야 한다. 왜냐하면 외부의 전문가는 기업 승계 문제를 원활하게 해결할 수 없으며, 기업 자체에서 양성한 후계자보다 기업에 대한 이해가 부족하기 때문이다. 또 다른 측면에서 어떤 기업이 항상 외부에서 리더를 영입하게 되면 무의식중에 내부 직원의 승진 기회를 박탈하게 되기 때문에 기존 직원들은 자연스럽게 앞날이 불투명해짐을 느낄 것이다. 모두가 평등하게 경쟁할 수 있는 기회를 제공함으로써 효율적으로 직원을 격려하고 나아가 기업을 잘 운영할 수 있다.

8

기업의 빠른 성장은 훌륭한 인재 채용에서 비롯되며,
특히 똑똑한 인재가 필요하다

빌 게이츠(Bill Gates, 마이크로소프트사 회장)

마이크로소프트(이하 MS)는 실제로 이 말을 실천했으며, 이로 인해 똑똑한 인재를 보유할 수 있게 되었다.

'똑똑한' 이라는 단어를 빌 게이츠는 '독창적 견해가 있는' 으로 이해했다. 소위 '똑똑한 사람' 은 구체적으로 다음과 같은 몇 가지 특징이 있다.

1. 반응이 민첩하고 새로운 사물을 잘 받아들인다.

2. 새로운 영역에 빠르게 진입한다.

3. 핵심을 찌르는 확실한 문제를 제기한다.

4. 습득한 지식을 제때 활용할 줄 알고 박학다식하며 암기력이 좋다.

5. 서로 연관이 없는 것 같은 영역을 연결시켜서 문제를 해결한다.

6. 혁신과 협력 정신이 풍부하다.

MS 창립 초기, 빌 게이츠는 자기가 잘 아는 사람들 중에서 똑똑한 인재를 찾았다. 그가 채용한 출중한 프로그래머들은 다 아는 사람들이었다. 그는 그들을 '똑똑한 친구'라고 친근하게 불렀다. 이외에 빌 게이츠는 낯선 인재들도 채용했다. 그가 아는 사람은 한계가 있었기 때문이다. 특히 시간이 지날수록 아는 인재들이 점점 줄어들었기 때문에 모르는 사람들을 채용할 수밖에 없었다.

똑똑한 사람의 뛰어난 점은 방대한 지식 저장량뿐만 아니라 경영관리 규칙을 이해하고 활용할 줄 안다는 것이다. 그들은 치열한 시장 경쟁 속에서 저장된 지식과 관리 규칙을 자유자재로 활용했다.

빌 게이츠는 "나는 멍청이를 고용하지 않는다"라고 말했다. 일부 부문에서 그는 줄곧 가장 뛰어난 인물들만을 채용했으며, 처음부터 가장 출중한 인재의 고용을 고집해왔다. "IQ를 보고 인재를 선발할 때 우선 누가 소프트웨어를 프로그래밍할 수 있는지 식별하는 능력을 가져야 한다"라고 빌 게이츠는 말했다. 빌 게이츠는 필요할 경우 채용 과정에 직접 참여했다. 예를 들어 특별한 재능을 가진 프로그래머가 MS에 들어갈지 말지 주저하고 있을 때 빌 게이츠는 직접 전화를 걸어서 설득 작업을 벌였다.

경영학 교수 란드 이 스즈스는 『마이크로소프트 모델』에서 이렇게 말했다. "게이츠는 줄곧 의식적으로 천부적 자질을 가진 사람들을 고용하고 그들에게 충분한 보답을 했다. 이것은 이제 유행하는 일종의 성공 모델이 된 듯하다. 이것이 MS 성공의 가장 중요한 이유다. 그런데 사람들은 의식적으로 이 점을 간과하고 있다."

MS는 빌 게이츠를 대표로 한 '똑똑한 사람들'의 모임이다. 기술개발 면에서도 줄곧 선두였으며 경영 실적도 뛰어났다. MS는 세계에서 가장 빠르게 발전하는 회사 중 하나다.

빌 게이츠는 처음부터 가장 출중한 인재를 고용한다는 원칙을 견지했으며, 그들을 '브레인 그룹'이라고 부르면서 회사로 끌어들이기 위해 모든 역량을 다했다.

이는 아주 특수한 전략으로 가장 머리가 좋은 직원들을 끌어들일 수 있었다. 어떤 사람들은 빌 게이츠가 지나치게 인재를 끌어간다고 비난하지만 그는 연구 자산의 의미를 진정으로 이해한 초기 기업가 중 한 사람이다.

빌 게이츠(Bill Gates)

빌 게이츠에 관한 여러 가지 일화 중에 이런 이야기가 있다.

지구가 곧 멸망할 시점에 하느님이 빌 게이츠에게 물었다. "너는 세계 최고의 부자이기 때문에 지구를 떠나 다른 별에 가서 사는 것을 허락한다. 단 너는 한 가지 물건밖에 가져가지 못한다. 너의 재산을 가지고 싶으냐 아니면 다른 무엇을 원하느냐?"

빌 게이츠가 대답했다. "아닙니다. 저는 우리 회사에서 가장 우수한 20명을 데리고 가겠습니다!"

이 이야기는 분명 꾸며낸 것이다. 그러나 사람들은 전혀 일리가 없지 않다는 것을 안다. 빌 게이츠는 1992년에 이렇게 말한 적이 있다. "만약 우리에게서 상위 20명의 인재를 스카우트해 간다면, 당신에게 털어놓겠는데 MS는 전혀 무게감이 없는 회사로 전락할 것이다." 당연히 그는 현재의 우수함 외에 잠재적인 우수함에도 주의를 기울였다.

그래서 그는 매해 여름 MS에서 인턴십을 하는 학생들에게 이상한 보너스 규칙을 만들었다. 그의 집을 구경할 수 있는 기회를 주는 것이었다.

MS는 벌써 25년의 역사를 가지고 있다. 초기 두 사람에서 현재 3만여 명에 이르기까지 직원 채용은 가장 중요한 과정이다. 그들은 매년 12만 명으로부터 구직 신청서를 받는다. 세계 각지의 지원자들은 자신감이 넘쳐났으며, 그렇지 않으면 감히 MS의 문턱을 두드리지도 못했을 것이다. 그러나 빌 게이츠는 아직도 만족스러운 수많은 인재가 MS에 관심을 가지지 않고 있다고 여긴다. 그래서 MS는 최고로 우수한 인재임에도 불구하고 걸러내야 했다. 빌 게이츠와 관련된 많은 일화 중에서 인재 유치에 관한 이야기는 그의 치부 과정보다 더욱 감동적이다. 어디에서든 그가 필요로 하는 인재를 발견하면 어떤 대가도 마다않고 꼭 얻어낸 후 기쁨을 만끽했다.

1991년 빌 게이츠가 MS연구소의 확대를 결정했을 때, 가장 먼저 한 일은 릭 래시드(Rick Rashid)가 MS연구소를 이끌도록 설득하는 작업이었다. 6개월 동안 컴퓨터업계에서 손꼽는 인물들이 잇달아 펜실베이니아로 몰려와 MS를 대신해 설득 작업을 벌였다. 그들은 모두 빌 게이츠의 부탁을 받은 사람들이었다. DEC사의 고든 벨(Gordon Bell)도 있었고, MS의 수석 기술관 나단 미흐볼드(Nathan Myhrvold)도 있었다. 이 상황은 유비가 제갈량을 모셔오기 위해 행한 삼고초려(三顧草廬)의 고사를 연상시켰다. 릭 래시드가 MS에 몸담기로 결정했을 때 빌 게이츠에게 말했다. "나보다 더 우수한 사람 50명을 연구원으로 부를 예정입니다." 빌 게이츠는 기분이 좋아 크게 웃었다. "설마 이 세상에 당신보다 더 우수한 사람이 있을까? 다 불러와요!" 그때부터 지금까지 릭 래시드가 영입한 컴퓨터 전문가는 50명이 아니라 500명이 되었다.

빌 게이츠가 자랑스러워하는 것은 결코 자신의 재산이 아니라 그의 출중한 연구자들이다. 그의 이상은 세상에서 가장 우수한 컴퓨터 인재를 MS로 모두 끌어들이고, 그들을 통해 사람들이 상상하기조차 어려운 아름다운 미래를 창조하는 것이다.

"우수한 인재는 기업의 생명이다." 빌 게이츠는 이 말을 수없이 했다.

직장 옮기기가 유행이 돼버린 오늘날 어떻게 MS는 천 명이나 되는 백만장자를 배출할 수 있었으며, 또 그들은 왜 회사에 충성을 다하는가? 그 원인은 MS가 최고의 인재를 영입해서 최고의 대우를 해주는 메커니즘을 구축했기 때문이다. 자리를 비워두는 한이 있어도 아무나 채용하지 않으며, 직원의 재능을 최대한 활용할 수 있는 인재 선발 및 활용 모델을 구축했다. 그래서인지 빌 게이츠는 "우리에게서 상위 20명의 인재를 스카우트해 간다면, MS는 전혀 무게감이 없는 회사로 전락할 것이다"라고 솔직히 고백했다. 아마도 이것이 바로 MS가 성공한 비결이 아닌가 싶다.

10

적합한 사람은 차에 태우고
부적합한 사람은 내리게 하라

짐 콜린스(Jim Collins)

인재의 가치를 효율적으로 실현하고 적합한 사람에게 적합한 일을 시키고자 할 때, 꼭 맞는 인물을 찾아서 그의 잠재력을 발휘시키는 것이 관건이다. 짐 콜린스는 『좋은 기업을 넘어 위대한 기업으로』라는 책에서 '평소 훈련이 잘된' 사람을 뽑아야 하며, '적합한 사람은 차에 태우고 부적합한 사람은 내리게 하라' 라고 강조했다.

그는 이 책에서 "만약 당신이 버스 기사라면, 버스가 당신의 회사라고 한다면, 버스는 그곳에서 어디로 갈지 어떻게 갈지 또 누구와 동행을 할지 당신의 결정을 기다리고 있을 것이다" 라고 말했다.

많은 사람들은 위대한 기사(기업 리더)가 손을 높이 쳐들고 고함을 지르며 자동차 시동을 걸고 차 안의 사람들을 데리고 새로운 목적지(기업의 비전)로 날아가듯 운전해가리라 기대할 것이다.

그러나 사실 탁월한 기업 리더가 결정하는 첫 단계는 어디로 갈 것인가가 아니라 어떤 사람들을 데리고 갈 것인가이다. 그들은 우선 적합한 사람을 골라서 차에 태우고 부적합한 사람은 내리게 한 후 적합한 사람을 적합한 위치에 앉힌다. 아무리 어려운 환경 속에서도 그들은 '우선 사람을 고른 다음에 전략적 방향을 결정한다'는 원칙을 존중한다.

데이비드 맥스웰(David Maxwell)의 이야기를 예로 들어보자. 그는 1981년 파니 마이사(Fannie Mae, 미국 최대의 부동산담보회사)의 CEO가 되었다. 당시 회사는 매일 평균 손실이 100만 달러에 육박했으며, 560억 달러의 채무를 회수하지 못하고 있었다. 이사회는 맥스웰이 새로운 조치를 취해주기를 기대했다.

다른 탁월한 리더와 마찬가지로 맥스웰은 우선 사람의 문제를 해결해야 한다고 믿었다. 그는 이사회에 "우선 적합한 사람을 적합한 위치에 배치하고 그 후에 차를 출발시켜야지 그렇지 않으면 순서가 완전히 잘못된 것입니다"라고 강조했다.

맥스웰은 모든 관리팀에게 "회사는 A+의 실적을 추구하는 A급 직원에게만 자리를 주겠다"라고 선언했다. 그는 경영진의 모든 사람들에게도 같은 이야기를 했다. "앞으로의 길은 더 힘들다. 만약 함께 하지 못 하겠다면 말해라. 상관없다. 지금 바로 차에서 내릴 수 있다. 아무도 당신을 탓하지 않는다." 최종적으로 26명의 경영진 중 14명이 떠나기로 결정했다. 그들의 자리는 더 우수하고 투철한 직업 정신을 갖춘 관리자로 대체되었다.

적합한 사람을 적합한 위치에 배치한 후 맥스웰은 여정(旅程)을 시작하면서 모든 주의력을 '무엇을 할 것인가?' 하는 문제에 집중했다.

그와 그의 팀은 결국 파니 마이사를 매일 100만 달러 적자에서 400만 달러 흑자로 바꾸어 놓았다. 1991년 맥스웰이 떠난 후에도 그의 팀은 변함없이 톱니바퀴처럼 잘 맞물려 돌아갔다. 1984년에서 1999년 사이, 파니 마이사의 주식 수익률은 시장 평균 수준의 8배 이상이었다.

적합한 사람에게 적합한 일을 맡기는 것은 새로운 전략 개발보다 훨씬 더 중요하다. 이 취지는 어떠한 기업에게도 다 해당된다.

그래서 인재를 채용할 때는 그의 능력이 직책에 꼭 맞는가를 고려해야 한다. 직책이 요구하는 조건에 어울리는 인재를 뽑아야만 기업 가치를 창조할 수 있다.

'자동차대왕' 팔보가 자동차 에이전트 사업을 막 시작했을 때, 대형 자동차 제조회사에서 새로운 관리자를 스카우트해 판매 총괄 업무를 맡겼다.

새로운 관리자는 자동차에 관해서 해박한 지식을 가지고 있었다. 하지만 유감스럽게도 그는 자동차 판매, 영업사원 관리, 불필요한 판매 비용을 통제하는 방법, 마케팅 전략 등의 지식에 대해서는 문외한이었다. 그는 생산업체에서 왔기 때문에 자동차의 생산 관리에는 익숙했지만 생산업체와 어떻게 논리적으로 논쟁하고 어떻게 잘 팔리는 자동차의 공급원을 확보하는가에 대한 생각이 부족했다. 그래서 결국 팔보의 희망은 허사가 되었다.

뒷날 팔보는 판매와 경영 능력이 우수한 사람을 별도로 채용했다. 그는 자동차 판매 시세에 대해 잘 이해하고 있었다. 세일즈에 대해 자신만의 독특한 견해가 있었고 비용 계산에도 많은 신경을 썼다. 또한 사람들이 한다고 해서 무턱대고 따라하지도 않았다. 집행 능력을 가진 그는 팔보에게 성공을 가져다주었다.

경영자는 맹목적으로 사람을 뽑지 말아야 한다. 직책이 필요로 하는 조건에 부합하는 지의 여부를 보는 것이 관건이다. 그렇지 않으면 채용한 직원이 오히려 경영자의 짐이 될 것이다.

톰 피터스는 "적합한 직원을 고용하는 것은 어떤 회사든 다 할 수 있는 가장 중요한 결정이다"라고 지적했다. 그는 또 경영을 '적합한 사람에게 적합한 일을 하게 하는 것'으로 정리했다.

기업이 필요로 하는 인재는 기업이 제품을 생산할 때 필요로 하는 자재와 마찬가지로 반드시 적합한 것이어야 한다. 선발한 인재가 적합하지 않으면 기대를 만족시킬 수 없다.

일본에는 '신분에 적합한'이라는 말이 있다. 그 뜻은 회사는 경영 정책을 전제로 신분이 적합한 사람을 고용해야 한다는 뜻이다. 이를 통해서 적합한 사람에게 적합한 일을 맡기는 것이 한 기업에게 있어 얼마나 중요한 것인가를 알 수 있다.

적합한 사람에게 적합한 일을 맡기고 재능을 최대한 발휘토록 함으로써 효율적으로 인재의 가치를 실현시키고 직원의 업무 능력을 향상시킬 수 있다. 이는 기업과 직원 모두에게 매우 유익한 일이다.

11

인재는 이윤이 가장 높은 상품이고,
인재를 제대로 경영하는 기업이 최후의 승자다

류촨즈(柳傳志, 롄샹그룹 CEO)

류촨즈는 누구나 알고 있는 명언을 남겼다. "회사를 만드는 것은 사람을 만드는 것이다. 인재는 이윤이 가장 높은 상품이다. 인재를 제대로 경영하는 기업이 최후의 승자다." 기업 경쟁은 자원의 경쟁이자 인재 경쟁이다. 기업의 경쟁 우위는 인재의 경쟁 우위에서 나온다. 왜냐하면 사람은 사물을 인식하고 사물을 창조할 수 있는 능력이 있기 때문이다. 사람은 늘 변화 발전하고 장기적인 특징을 가진, 써도 써도 끝이 없는 무궁무진한 자원이다. 인재가 있기에 자본이 기업으로 집중된다. 이를 통해 기업은 경쟁에서 승리할 수 있다.

자본금 20만 위안(元)과 직원 14명으로 시작한 롄샹그룹은 인재의 역할을 너무나도 잘 알고 있었으며, 잘 알려진 이념을 가지고 있다. "회사를 만드는 것은 사람을 만드는 것이다." 롄샹은 무엇으로 생존해 왔는가? 바로 사람이다. 롄샹은 무엇으로 성장했는가? 역시 사람이다.

렌샹은 인재에 대해 특별한 응집력을 가지고 있다. 미국 MIT사의 중국기업연구팀이 렌샹에게 물었다. "당신들은 어떤 혁신 시스템으로 나이든 직원들도 그 나름의 가치를 실현하고, 또 젊은 직원들에게 안정적으로 중책을 맡길 수 있었는가?" 류촨즈는 이 질문에 대한 대답이 바로 렌샹의 성공의 길임을 알고 있었다. "인재를 잘 경영하고 조직을 잘 이끌어서 인재가 자신의 배역을 생동감 있고 뛰어나게 연기하도록 하는 것이다."

기업에게 인재는 일종의 아주 귀한 자원이다. 그러므로 모든 기업은 인재 경영의 관념을 수립하고 정성들여 인재를 경영해야 한다.

인재 경영은 인재에 대한 정확한 가치관을 수립하는 것이다. 천후이샹(陳惠湘)은 『중국기업 비판』이라는 책에서 허난(河南)에 있는 모 회사 CEO는 '다리 셋 달린 개구리는 찾기 어려워도 다리 둘 달린 사람은 널렸다' 라는 인재관을 언급했는데, 이는 인재의 가치를 전혀 모르는 말이다. 시안(西安)에서 의류를 생산하는 웨이즈(偉志)그룹의 미장공 출신인 젊은 회장 샹빙웨이(向炳偉)는 인재 경영의 중요성을 깊이 깨닫고 '웨이즈의 제품은 인재다' 라는 구호를 소리 높여 외쳤다. 웨이즈는 1995년과 1996년 연속 두 차례 서북 지역에서는 유일하게 판매 수입과 세전이익 총액 두 항목 모두가 전국 의류업 200대 기업 순위에 들어갔다. 그 원인을 샹 회장은 '인재 고용도 일종의 경영이다. 한 푼도 못 벌더라도 우선 인재를 잡아두어야 한다. 인재가 있어야 무엇이든 창조할 수 있다' 로 꼽았다.

인재 경영은 인재가 그 재능을 모두 발휘할 수 있도록 만드는 것이다. 지금 수많은 기업은 인재가 부족하다며 불만을 털어놓는다. 사실 기업에 부족한 것은 인재가 아니라 인재 경영의 사상이다. 기업이 인재에게 혁신과 발전의 환경을 만들어줄 수 없다면 기존 인재를 낭비하는 것일 뿐만 아니라, 우수한 인재를 유치하기 위한 환경을 구축하기도 어렵다. 그러니 인재 양성은 말할 필요도 없다.

인재 경영은 기업이 자산을 경영하고 기술을 혁신하는 것과 마찬가지로 힘과 노력을 투입해서 양성하는 것이다. 프로젝트 투자, 기술 투자에 대한 열정과 정력을 인재 양성에 쏟아 부어야 한다. 현대 기업은 인재에 대해 '한번 사서 쓰고 마는 것' 이 아닌 '쓰면 쓸수록 유용한 것' 이어야 한다. 이는 인재에게도 그의 수요를 만족시켜주는 일이고 기업에게도 자산의 가치를 증식하는 길이다.

기업을 경영하는 것은 사람을 경영하는 것이다. 사람을 제대로 활용하는 기업 만이 성장하는 기업이라고 부를 수 있을 것이다.

[경영의 지혜]

'사람' 은 개발이 가능하고 또 반드시 개발해야 하는 '살아있는 자원' 이다. 과거 기업들은 사람을 소극적으로 관리했으나 지금은 사람을 교육하고 개발해야 한다는 점을 분명히 인식하고 있다. 인재의 잠재력을 키우고 발휘시켜야만 치열한 경쟁 속에서 성장하고 발전할 수 있다. 간단히 말해서, '일은 적합한 사람을 만나야 하고 사람은 그 재능을 다 써야 하고 재능은 그 쓰임을 다해야 한다(事得其人, 人盡其才, 才盡其用).' 이것이 인력 자원 개발의 진정한 의의다.

인재는 끌어와서 잡아둬야 하고 또 잘 써야 한다. 기업 경영은 인재 경영이다. 진정으로 인재를 잘 경영하는 기업이 경쟁의 승자이다.

2 장

품질은 100점이 아니면 0점이다

품질은 제품의 영혼이며 기업의 생명이다. 미국의 저명한 품질관리학자 조셉 쥬란(Joseph M. Juran) 박사는 "20세기가 생산성의 시대였다면 21세기는 품질의 시대다. 품질은 시장을 평화적으로 점령하는 가장 효율적인 무기다"라고 역설했다.

경영의 신 마쓰시타 고노스케가 남긴 유명한 말이 있다. "품질은 100점이 아니면 0점이다." 어떠한 제품이든 100% 합격이 아니면 0점일 수밖에 없다. 이제 품질은 현대 기업의 성패를 가르는 관건이 되었다. 품질 의식이 없고 시장에 우수한 품질의 상품을 내놓지 못하는 기업은 더 이상 경쟁력이 없다고 할 수 있다. 기업이 경쟁 속에서 안정적인 위치를 확보하고 장기적으로 성장해나가고 싶다면 전면적인 품질관리 외에 다른 선택은 있을 수 없다.

12

품질은 고객 만족과 충성심을 지키는 가장 훌륭한 담보다

잭 웰치(Jack Welch, 전 GE그룹 회장)

오늘날 기업이 경쟁 속에서 안정적인 위치를 확보하고 시장점유율을 유지 확대하기 위해서는 전면적인 품질관리를 받아들이는 이외에 다른 선택은 없다. 전 GE 회장 잭 웰치는 "품질은 고객 만족과 충성심을 지키는 가장 좋은 담보 장치이자 기업이 경쟁에 맞설 수 있는 강력한 무기다"라고 말했다.

1993년 8월, 네덜란드 맥주회사 하이네켄은 오스트레일리아 · 스위스 · 영국 · 홍콩 등 8개 국가와 지역 시장의 병맥주를 전량 회수했다. 원인은 병맥주 생산 과정에서 유리 파편이 섞인 제품이 검출되었기 때문이다. 해외 시장에 공급한 맥주 중에 검사에서 누락된 불량품이 섞여 있는 것으로 의심되었다. 하이네켄은 맥주를 전량 회수하는 동시에 해당 국가의 소비자들에게 자사의 맥주를 구입하지 않도록 신신

당부했다.

하이네켄은 세계에서 두 번째로 큰 맥주 회사로, 오랫동안 세계 시장을 석권하고 있었다. 이미 공급된 8개 국가와 지역의 맥주를 전량 회수했으니 경제적인 손실이 얼마나 컸을지 또 얼마나 큰 리스크를 감수했는지 미루어 짐작할 수 있다. 어떤 사람들은 불필요한 조치라고도 말했다. 이물질이 들어간 맥주가 설사 검사에서 걸러지지 않았다 하더라도 그 숫자는 상대적으로 아주 미미해서 통상적인 방법에 따라 불량 맥주를 구입한 소비자(맥주를 마신 후에 다쳤다고 하더라도)에게 적절한 배상을 하면 되는데 굳이 대규모 인력을 동원해 그렇게 큰 대가를 치를 필요가 없었다는 것이다.

하이네켄은 세계적으로 유명한 맥주 브랜드다. 그들은 맥주를 회수했으며, 사람들에게는 하이네켄 맥주를 구입하지 않도록 권고했다. 그래서 소비자는 더욱 안심할 수 있었고, 하이네켄은 소비자들의 절대적인 신임을 얻었다. 회수를 완료한 후 새로운 하이네켄 맥주가 시장에 나오자 소비자들은 전혀 망설이지 않고 맥주를 구입하기 위해 지갑을 열었다.

거대한 리스크를 감수한 하이네켄 맥주의 조치는 제품에 대한 높은 책임감과 품질에 대한 신념을 보여주었다. 이 일이 세상에 알려지자 소비자들은 하이네켄 맥주에 대한 믿음이 생겨났고, 하이네켄은 더 큰 시장을 확보하여 더 많은 경제적 이익을 얻게 되었다.

잭 웰치는 "품질은 성장과 이윤을 유지하는 유일한 경로이며 그 핵심은 고객의 만족과 신임을 얻어내는 것이다"라고 말했다.

미국의 저명한 마케팅 전문가 리차드와 새서는 연구를 통해 고객의 만족과 신뢰가 기업 이윤을 결정하는 주요 요인이라는 사실을 발견했다. 어떤 기업은 시장점유율이 확대되어도 이윤은 오히려 줄어들었다. 반면 높은 신뢰도를 가진 기업은 시장점유율의 상승과 동시에 많은 이윤을 획득했다.

리차드와 새서의 연구는 고객 신뢰도를 기준으로 한 제품 품질이 시장점유율 규모보다 이윤에 더 큰 영향력을 미친다는 인식을 심어주었다. 그들은 또 새로운 고객 한 명을 유치하는 데 드는 비용이 현재 만족하고 있는 고객 한 명을 유지하기 위해 쓰는 비용의 5배라는 사실을 밝혔다. 따라서 마케팅의 무게중심을 새로운 고객 유치에만 두기보다는 고객을 어떻게 붙들어 매고 어떻게 그들이 관련 제품을 구매하게 만들 것인지, 어떻게 그들이 지인들에게 제품을 추천하게 할 것인가에 두어야 한다. 결국 모든 것은 어떻게 하면 고객의 만족과 신뢰를 끌어올릴 수 있는가 하는 문제로 귀결된다.

[경영의 지혜]

품질은 고객 만족과 신뢰를 유지하는 가장 훌륭한 안전장치다. 고객의 신뢰를 확보하기 위해서는 제품 품질에 대한 통제를 강화하고 뛰어난 품질의 제품으로 시장 경쟁의 도전에 맞서야 한다.

제품 경쟁, 브랜드 경쟁은 우선 품질을 두고 벌이는 경쟁이다. 품질은 제품 수익에 직접적인 영향을 미치며 고객 만족과도 밀접한 관련이 있다. 기업이 경쟁 속에서 생존하기 위해서는 품질 개념을 받아들이는 외에 다른 선택은 없다. 또한 끊임없이 제품 품질을 향상시키는 외에 다른 출구가 있을 수 없다. 장기적으로 볼 때 어느 시장에서건 품질은 첫 번째 가치 기준이다.

13

20세기가 생산성의 시대였다면
21세기는 품질의 시대다

조셉 쥬란(Joseph M. Juran, 미국 품질경영학자)

품질은 제품의 영혼이자 기업의 생명이다.

미국의 저명한 품질경영학자 조셉 쥬란 박사는 "20세기가 생산성의 시대였다면 21세기는 품질의 시대다. 품질은 시장을 평화적으로 점령하는 가장 유효한 무기다"라고 역설했다.

그렇다. 21세기 경제 대전(大戰) 속에서 품질은 시장을 점령하는 가장 효율적인 무기가 될 것이다. 인적 자원, 자본, 지식 자원, 원가 자원을 막론하고 그 기초와 핵심은 바로 '품질 자원' 이다. 품질은 일종의 이념이자 의식이고 이미지일 뿐만 아니라 행위의 지침이자 사업의 기준이기도 하다. 품질은 경영의 모든 단계에 침투되어 체현된다.

21세기는 다양한 변화의 시대이자 고도 경쟁의 시대다. 경제 글로벌화, 정보 네트워크화 및 지식경제 시대가 잇달아 도래하고 있다. 이러한 환경 앞에서 성공하고자 하는 모든 기업은 '고객 지상주의, 품질

제일'의 관념에 입각해서 진정으로 고객을 위해 높은 수준, 높은 품질의 제품과 기술 및 서비스를 제공해야 한다.

이러한 의미에서 품질관리는 모든 기업의 영원한 테마다. 거의 모든 기업의 리더와 경제학자들은 제품 품질과 서비스 품질이 시장을 점령하는 유력한 전략적 무기로서 기업의 생존과 발전에 가장 중요한 요소라는 점을 인식하고 있다.

2001년 9월 영국의 소비자 잡지 『휘치(Which)』가 20개 유명 브랜드 냉장고를 무작위로 조사한 결과, 칭다오(靑島)의 하이얼(海爾) 냉장고가 23개 테스트 항목 중 총점 1위를 차지했다.

이 소식이 전해지자 중국인들의 눈은 빛으로 반짝였다. 하이얼의 성공은 품질을 추구해온 결과였고 정말 쉽지 않은 과정이었다고 말할 수 있다.

예전에 칭다오 냉장고 공장의 공장장이었던, 현 하이얼그룹의 장루이민(張瑞民) 회장은 76대의 불합격 냉장고를 망치로 모두 때려 부쉈다. 그리고 십몇 년이 흘러 각고의 노력 끝에 하이얼은 전세계의 이목을 끄는 성과를 이룩했다. 만약 그날의 냉장고 파괴 사건이 없었다면, 장루이민의 비범한 기질과 용기가 없었다면, 제품 품질을 영혼으로 보는 그의 정확하고 냉철한 식견이 없었다면 오늘의 하이얼그룹도 없었을 것이다.

반면 다른 기업과 경영자들은 얼마만큼의 용기와 기백을 가지고 품질이라는 더 엄숙하고 준엄한 화두를 직시하고 있는가?

기업과 경영자는 품질을 위해 100% 품질검사 합격률과 100% 계획 생산을 목표로 삼아야만 한다.

'천리 길도 한걸음부터'라는 속담이 있다. 품질은 이제 현대 기업

의 성패를 좌우하는 열쇠가 되었다. 기업의 모든 구성원이 품질과 시
장에 대한 의식, 고객에 대한 의식을 키우기 위해 노력해야 한다. 그래
야만 우리의 제품도 품질을 보장할 수 있고 우리에게도 희망이 생기
고 우리의 기업도 아름다운 미래를 가질 수 있다.

모든 경영자는 품질은 곧 경제 글로벌화에 참여할 수 있는 입장 티
켓이라는 사실을 명심해야 한다. 입장 자격이 있어야만 이미 목표를
달성한 수많은 경쟁자들과 각축을 벌일 수 있다. 품질을 보장할 수 없
는 기업은 영원히 성공과는 인연이 없다.

[경영의 지혜]

"20세기가 생산성의 시대였다면 21세기는 품질의 시대다." 품질관리는 경쟁
의 성격을 바꾸고, 생산과 서비스 방식을 결정하는 가장 중요한 요인이 되었다.
경영자는 반드시 고객의 입장에서 출발해서 데이터를 근거로 개선을 강조해야
한다. 모든 직원들에게 품질의 중요성을 인식시키고 끊임없이 기업의 품질 의
식을 강화해야만 경쟁에서 우위를 점할 수 있다.

14

품질은 100점이 아니면 0점이다

마쓰시타 고노스케(松下幸之助)

기업의 생명은 제품이고 제품의 생명은 품질이다. 좋은 품질의 제품이 없으면 기업의 발전은 있을 수 없다.

마쓰시타 고노스케는 "제품 품질은 100점이 아니면 0점이다"라는 유명한 말을 남겼다. 제품은 털끝만한 품질 문제가 있어도 실패를 의미한다. '천리 제방도 개미구멍에 무너진다'라는 말과 같다. 도시바는 노트북 컴퓨터에서 발생한 아주 사소한 문제로 인해 미국에서 10억 달러를 배상해야 했으며, 중국에서는 판매 1위 자리를 내놓아야 했다. 포드사는 파이어스톤(firestone) 타이어 결함으로 거액의 손실을 감당해야 했고, 코카콜라는 벨기에와 프랑스에서 판금 조치를 당한 적이 있다. 99%의 합격률, 즉 1%의 불합격은 미국의 경우 시간당 2만 통의 편지가 유실되고, 매일 비행기 두 대에 사고가 나며, 병원에서 하루에 처방전 20만 개를 잘못 내린 것을 의미한다.

저급한 품질은 잘 만들어진 함정처럼 기업과 주위의 모든 것을 파멸시킨다. 불량품은 벌써 수많은 기업, 개인 사업자, 고객, 경쟁 상대, 각종 사회단체, 심지어는 무고한 국민까지도 집어삼켰다.

GE사의 연구에 따르면, 단위 제품을 생산하기 전에 품질 문제를 발견하고 고치는 데 드는 비용은 0.003달러에 불과하다. 하지만 생산과정 중에 문제를 발견하고 바로잡을 때는 30달러나 필요하다. 또 제품이 판매된 후에 문제를 발견하고 해결하는 데 드는 비용은 무려 300달러나 된다.

1993년 GM은 1987~1991년 사이에 생산한 소형 자동차 약 50만 대를 리콜했다. 원인은 차의 엔진헤드 개스킷 결함 때문이었다. 크라이슬러는 연료펌프 문제로 1991년형 모델 닷지램 35,000대를 리콜했다. 자동차 리콜은 대량의 이윤을 잠식한다. 도요타는 리콜 차량 수리에 12억4,000만 달러를 지출했고, GM자동차는 1992년 소형 자동차 리콜에 2억 달러의 자금을 소모했다.

인위적 실수나 관리 부실로 야기된 심각한 손실은 놀라울 정도이며, 이런 뼈아픈 사례들은 품질이 곧 생존이라는 사실을 증명하기에 충분하다.

어떤 제품이든 100% 합격이 아니면 0점을 받을 수밖에 없다. 이런 의미에서 기업이 품질을 관리할 때에는 머리칼 한 올 조차도 놓치지 말아야 한다. 어느 날 하이얼그룹의 상무부총재 양몐몐(楊綿綿)이 공장에서 품질검사 작업을 하다가 냉장고 서랍에서 머리카락을 발견했다. 그녀는 즉각 담당 직원회의를 열었다. 한 직원이 머리카락 한 올이 있다고 냉장고 품질에 문제가 생기는 것도 아니니, 꺼내면 그만이지 그렇게 호들갑떨 일은 아니라고 말했다. 그러나 양몐몐은 회의에 참석한 간부 직원들에게 단호하게 말했다. "품질을 관리할 때는 머리카락 한 올도 놓치지 말아야 한다!"

품질은 제품의 사용 가치를 결정하는 중요한 내재적 판단 척도이며, 경쟁에서 기업의 성패 여부를 결정짓는 가장 키포인트적 요소다.

이는 품질관리의 대가 에드워드 데밍(Edward Deming)이 말한 것과 같다. "우리는 새로운 경쟁의 시대에 있다. 이 시대에 전면적 품질관리는 표준일 뿐 특별한 예가 아니다. 몇 년 지나지 않아 망하는 기업이 생겨나게 될 것이다. 그래서 우리는 기업 생존을 위해 싸우고 있다. 성패를 결정하는 것은 전면적인 품질관리가 될 것이다."

[경영의 지혜]

품질은 브랜드의 생명이자 경쟁력을 위한 담보다. 품질은 기업 이미지와 제품 이미지에 직접적인 영향을 미친다. 마쓰시타 고노스케는 '제품 품질은 100점이 아니면 0점이다' 라고 말했다. 이 간단한 한 마디에 심오한 이치가 숨어 있다. 100개의 제품 중에서 99개는 품질이 확실하고 딱 1개만 불량품이라 해도 이것은 시장 경쟁력의 100% 상실을 의미한다. 시장에는 1%의 요행도 없다.

어느 기업이든 불량품이 공장에서 출고되는 것을 절대 용납해서는 안 된다. 모든 출고 제품은 반드시 100% 합격이어야 하며, 이는 기업의 신뢰와 명예를 오랫동안 지켜나가기 위한 기본이다.

15

품질이 떨어지고 가격만 싼 제품은
영원히 살아남을 수 없다

쉬스밍(徐世明, 아수스사 사장)

품질이 기업의 운명을 좌우한다. 제품 품질이 좋지 않으면 아무리 가격을 싸게 매겨도 고객은 구입하지 않는다. 아수스(ASUS) 사장 쉬스밍은 "품질이 떨어지고 가격만 싼 제품은 영원히 살아남을 수 없다"라고 말했다.

그렇다. 일부 기업은 품질이 떨어지는 제품에 대해 종종 저가 판매 방식으로 대대적인 마케팅을 벌인다. 하지만 품질이 좋지 않으면 아무리 싸게 판다고 해도 기업과 그 제품이 생존해나갈 수 없다. 그러다 언젠가는 도태되는 날이 올 것이다.

현대 기업은 품질 요구에 모든 신경을 집중해야 한다. 품질로 발전을 도모할 때 비로소 찬란한 성장의 길로 접어들 수 있다.

1950년대 미국에서 이름을 날리던 비행기 제작자 유레프 비체가 생산한 소형 비행기는 가격이 모두 15,000달러 이상이었다. 동종 업체들은 그녀와 경쟁하기 위해 같은 종류의 비행기 가격을 13,000달러 정도로 책정했다. 그러자 연구원들은 유레프에게 비교적 가격이 저렴한 비행기를 제작하자고 제안했다. 그들은 모두 가격을 내리지 않으면 손해를 보게 될 것이라고 생각했다. 비행기 가격에서 2~3,000달러 차이가 나면 당연히 적지 않은 금액이기 때문에 싼 물건을 찾는 사람은 자연히 많아지게 된다.

"그렇다면 지금 제작하고 있는 비행기를 싸게 팔아서 매출량을 늘릴 수는 없을까?" 유레프 비체는 이유를 알면서도 웃으면서 질문을 던졌다.

모두들 이구동성으로 대답했다. "안 돼요. 우리 이윤은 합리적입니다. 현재 제품의 가격을 내리면 회사가 벌어들이는 수입은 많지 않습니다."

"싼 게 비지떡이라는 말이 있습니다. 아무도 돈 안 되는 장사를 하지는 않지. 다른 회사가 설계한 13,000달러짜리 비행기는 분명 품질이 우리만 못하지. 안 그래요?" 유레프 비체는 즉각 결정을 내렸다. "기왕에 제품이 다르니 그 사람들은 그냥 그런 싼 물건을 만들게 하고 우리는 하이 스탠더드 생산 방식을 고수합시다. 우리가 파는 것은 비행기지 장난감이 아니잖아요. 품질을 낮춰서 가격을 내릴 수는 없죠."

유레프 비체는 고집스럽게 저가 비행기를 생산하지 않았다. 뒷날 그녀의 결정은 아주 정확했음이 증명되었다. 자가용 비행기를 구입하는 사람은 모두 돈과 권세를 가진 거물들이다. 그들은 품질과 안전을 중시하고 2~3,000 달러 더 쓰는 것에 연연해하지 않았다. 결국 고품질의 제품이 그녀에게 성공을 가져다주었다.

좋은 품질은 시장을 얻고 고객을 얻을 수 있다. 나쁜 품질은 시장을 잃어버리고 고객을 잃어버릴 수 있다. 시장과 고객이 없으면 기업도 존재의 이유를 상실한다.

미국 경영학자가 1970년대 말에서 80년대 초 일본과 미국 제품의 판매 상황을 대비해봤는데, 모두들 일본 제품을 사고 싶어 하는 반면 미국 제품을 찾는 사람은 적었다. 특히 일본산 자동차는 품질도 우수하고 가격도 저렴했다. 미국 자동차는 품질도 떨어지고 가격도 비쌌다. 일본과 미국의 에어컨업체를 비교했더니 같은 수준, 같은 품질에 이르는 데 필요한 비용이 일본 기업의 경우 판매액의 1.5%, 미국의 경우 우수한 기업은 3%, 일반 기업은 4%, 뒤쳐진 기업은 판매액의 5%를 차지했다. 첫해 연도 방문 서비스율은 일본 기업이 2~3%인 반면, 미국은 우수한 기업이 10%, 일반 기업 15%, 뒤쳐진 기업은 20% 이상이었다.

이상의 결과를 종합해보면 품질과 이익의 관계를 알 수 있다. 품질이 좋지 않으면 돈도 많이 쓰게 되고 힘도 더 들며, 결국 판매 부진으로 이어진다. 하이얼 에어컨은 중국 내 기타 브랜드 에어컨보다 30% 더 비싸다. 하지만 여전히 많은 사람들이 하이얼 에어컨을 구입하는 이유는 품질이 우수하기 때문이다.

1980년대 중국에는 수많은 향진(鄕鎭) 기업(농촌에 기반을 둔 농민들의 자치 기업)이 생겨났다. 하지만 상당수가 현재 흔적도 없이 사라졌는데, 원인은 대부분 품질 문제였다. 기업이 생존하고 발전하고 강대해져 '백년 전통의 기업'이 되려면 단기적인 경영 마인드로는 힘들다. 고객과 기업이 공동으로 이익을 누려야 하며, 오직 품질로 승부할 때만 시장을 확보하고 생존해나갈 수 있다.

어느 시대든 기업의 성장과 발전은 모두 품질을 바탕으로 이루어진다. 가격은 싸지만 품질이 좋지 않은 제품으로는 승부하기 어렵다. 기업간 제품 경쟁은 결국 품질 경쟁이다. 가격 경쟁은 품질을 기초로 할 때만 유효하다. 품질을 무시하고 단순하게 싸기만 한 제품은 경쟁력이 없어 장기간 생존할 수 없다.

16

품질은 이윤의 동의어다

톰 피터스(Tom Peters)

품질의 변화는 가격의 변화보다 시장점유율에 더 큰 영향력을 행사한다. 최근 밑지면서 제품을 파는 기업들이 늘고 있는데, 그렇게 해서 이윤이 얼마나 남겠는가? 품질을 제대로 관리하면 이윤도 늘어날 것이다. 미국의 한 연구소에서 품질을 기준으로 60억 달러를 소유한 대기업 산하의 47개 경영 부문의 148개 생산 라인을 평가하고 경쟁사의 560개 생산 라인과 비교한 결과, 상위 3개와 하위 3개 경영 부문의 이윤 비율은 3 : 1이었다.

당대 최고의 혁신 마인드를 가진 경영사상가 톰 피터스는 『혼란 속에서 번영하기: 혁명 관리를 위한 안내서(Thriving on Chaos: Handbook for a Management Revolution)』에서 '품질은 이윤의 동의어다', '품질은 고객의 감각으로 평가해야 한다', '세계적 품질 관리' 등의 표현으로 품질을 진단하고 상황을 설명했다.

기업이 제품 품질에 투자를 늘리면 최종적으로 이윤에 반영되는 결과는 투자한 금액보다 훨씬 더 큰 차이를 만들어낼 것이다.

1985년 여론조사 전문 기업 갤럽은 미국품질통제협회의 의뢰로 사용자들이 품질을 위해 추가로 얼마를 더 지불할 용의가 있는가에 관해 조사했다. 결과는 조사를 의뢰한 사람조차도 놀랄 만한 것이었다. 대다수 사용자는 제품의 품질만 만족스러우면 더 많은 돈을 기꺼이 지불하겠다는 응답을 했다.

"일반적으로 사용자들은 자동차 품질이 좋다는 생각이 들 때 1/3(원가격이 10,200달러라면 13,581달러를 기꺼이 쓴다)을 추가로 지불할 용의가 있다. 품질이 더 좋은 식기세척기에는 50%를 더 쓸 수 있다(원가격이 300달러라면 497달러를 기꺼이 쓴다). 품질이 더 좋은 TV나 소파에 더 많은 돈을 쓸 수 있다(TV 원가격이 300달러라면 497달러를, 소파 원가격이 500달러라면 868달러를 기꺼이 쓴다). 마지막으로 사용자는 더 좋은 품질의 신발에 두 배의 돈을 쓸 수 있다고 했다(원가격이 20달러라면 47달러를 기꺼이 쓴다)."

톰 피터스는 잡화상, 소매점, 특송업체, 도매 철물점, 섬유업체, 철강 제조업체 등의 기업을 자세히 관찰하고 연구한 후 다음과 같은 결론을 얻었다.

(1) 개인이든 산업체든, 기술이 좋든 나쁘든, 기술 훈련을 받았든 받지 않았든, 모두들 가장 우수한 품질을 위해 많은 돈을 지불하기를 원한다.

(2) 우수한 품질의 제품을 제공하는 업체는 사업이 번창한다.

(3) 가장 우수한 품질의 제품이나 서비스를 제공하는 기업은 모든 부문의 직원들이 최선을 다해 일한다.

(4) 품질 면에서 항상 선도적인 지위를 유지할 수 있는 제품은 없다. 신규 진입한 업체가 고객의 요구에 맞추어 새로운 품질 기준을 끊임없이 만들어내기 때문이다.

제품의 품질과 회사의 영리는 밀접한 관련이 있다. 고품질은 고객으로부터 높은 만족도를 이끌어낸다. 동시에 제품 가격은 높게 유지하면서 원가를 낮출 수 있다. 따라서 품질을 개선하면 기업의 이윤도 늘릴 수 있다.

[경영의 지혜]

위의 사례에서 보듯, 품질과 이윤은 매우 밀접한 관계에 있다. 품질이 가져다주는 이익을 조사해봤든 아니든 간에, 품질 향상의 성패는 어쨌든 회사의 손익에 영향을 미치게 될 것이다.

품질 향상은 여러 가지 측면에서 이윤을 가져다준다. 그중에서 가장 기본적인 것은 원가를 절감할 수 있으며 고객 이탈을 줄이고 새로운 고객을 끌어올 수 있다.

품질은 이윤의 동의어다. 제품의 품질이 향상되면 기업의 이윤도 증가된다.

17

양품률을 85%로 설정한다면
이는 곧 불량률 15%를 가리킨다

필립 크로스비(Philip B. Crosby)

품질관리 업무에서 제품의 100% 합격을 위해 노력하지 않는다면, 그것은 곧 불량을 허용하는 행위이고 불량은 실제로 발생하게 될 것이다. '양품률'은 생산 과정에서 자주 사용되는 용어다. 1961년 '무결점(Zero Defect)' 이론을 발표한 품질관리의 권위자 필립 크로스비는 말했다. "생산 과정에서 불량을 피해갈 수 없을 때 다음 단계는 불량 허용치를 설정하는 것이다. 양품률을 85%로 설정한다면 불량률 15%의 존재를 허용한다는 뜻이다. 양품률 관리를 집행하는 사람은 그건 사실이 아니라고 항변할 수도 있지만 이는 명백한 사실이다."

전통적으로 품질관리의 목적을 불량률의 최소화라고 생각하는데, 이 자체가 바로 잘못이다. 우리가 노력해야 할 목표는 일을 제대로 마쳐서 완벽한 무결점에 도달하는 것이다. '무결점' 이론은 '사람은 실수를 피해갈 수 없다'라는 말에 동의하지 않는다. 또한 업무 과정의 모든 미세한 부분에 대해 그 중요성을 분명히 인식하고 어떠한 미진함도 없는 완벽함에 도달할 수 있도록 노력해야 한다고 보고 있다.

완벽을 추구하지 않은 업무는 아무도 만족시킬 수 없다. 2차 세계대전 후 일본 회사는 바로 이러한 완벽을 추구하는 관념으로 뛰어난 품질의 제품을 생산해서 미국 기업을 이겼다. 중국의 하이얼은 스스로의 노력으로 일본인을 굴복시켰다. 여기에 유명한 웨이샤오어(魏小娥)의 예가 있다.

하이얼은 욕실용 제품 사업을 확대하기 위해 1997년 8월 33세의 웨이샤오어를 일본으로 파견해 첨단 화장실 설비 생산 기술을 배워오게 했다. 일본에서 연수를 받는 기간 동안 웨이 씨는 금형 테스트 시 폐품률이 보통 30~60% 수준이라는 점에 주목했다. 테스트를 정상적으로 마친 이후의 폐품률은 2%였다.

"왜 합격률을 100%로 올리지 않나요?" 웨이 씨는 일본 엔지니어에게 물었다. "100%요? 가능할 것 같습니까?" 일본인이 반문했다. 대화를 나누면서 웨이 씨는 일본인의 능력이 안 되는 것이 아니라 관념의 질곡에 사로잡혀 2%에 정체되어 있다는 점을 깨달았다. 하이얼 직원으로서 그녀의 목표는 100%였다. 다시 말해, 안 하면 안 했지 한다면 기필코 1등을 해야 했다. 3주 후 그녀는 첨단 기술 지식과 일본인을 능가하는 신념을 가지고 하이얼로 돌아왔다.

반년이 흐른 후 금형 전문가 미야카와(宮川) 선생이 중국을 방문해서 제자 웨이 씨를 만났을 때, 그녀는 목욕 설비 생산 공장 공장장이 되어 있었다. 먼지 한 톨 없는 생산 현장, 능숙하게 움직이는 작업자들, 합격률 100%의 제품을 본 그는 넋이 나가서 도리어 제자에게 가르침을 청했다.

"몇 가지 문제를 해결하려고 머리를 짜냈지만 결국 성공하지 못했네. 일본의 욕실 제품 작업장은 지저분하기 짝이 없어. 늘 좀더 잘해보려고 했지만 너무 어려웠네. 자네는 어떻게 현장을 청결하게 유지했나? 100% 합격률은 감히 생각도 못했네. 우리는 폐품률 2%, 불량률 5%를 절대적인 한계라고 생각했네. 어떻게 제품 합격률을 높일 수 있었나?"

"마음을 쓰세요." 위소아의 간단한 대답에 미야카와 선생은 깜짝 놀랐다. 마음을 쓰는 것, 간단해 보이지만 기실 간단하지 않다.

그녀는 실무 경험 속에서 2%를 100%로 확대 인식했다. 예를 들어 성형을 마친 제품에서 보일 듯 말 듯한 흑점이 발견되면 곧바로 직원들을 소집해서 대책을 상의했다. 어떤 직원은 "이 흑점은 자세히 보지 않으면 전혀 안 보입니다. 그리고 보정을 하고 나면 완전히 사라집니다…"라고 말했다.

웨이 씨는 대답했다. "반점이 있는 이 제품들이 시장에 흘러들어가게 되면 하이얼의 명성에 영향을 주게 돼요. 고객들은 냉장고를 살 때 돋보기와 청진기를 들고 살펴요. 우리 욕실 제품을 구매할 때도 역시 돋보기와 청진기를 사용할 겁니다. 그러니 티끌만한 하자도 있어서는 안 돼요. 흑점이 생긴 것은 현장을 먼지 한 톨 없는 곳으로 못 만들었기 때문이죠."

그녀는 팽팽하게 당겨진 품질의 활시위를 한번도 놓은 적이 없었다. 한번은 그녀가 원자재 틈에서 머리카락 한 올을 발견했다. 현장 작업자가 미처 깨닫지 못한 사이에 떨어져 들어갔음이 분명했다. 머리카락은 폐품의 시한폭탄이다. 원자재 속에 머리카락이 혼입되면 폐품이 생긴다. 그녀는 즉각 작업용 흰 가운과 모자를 일괄적으로 제작해서 작업자들에게 제공하고 머리를 짧게 자르라고 지시하여, 2%의 불량률을 일으킬 수 있는 싹을 완전히 잘라버렸다.

2%에 대한 도전 정신으로 100%의 성과를 얻었고, 2%의 불량률은 하나씩 제거되었다. 일본인들은 불가능하다고 생각했던 제품 합격률을 웨이샤오어는 기어코 해낸 것이다.

경영학자 클라우스는 두 생화학자의 연구 결과를 인용한 적이 있다. 인류와 고릴라, 침팬지는 DNA 구조가 매우 유사해서 1% 정도의 차이가 존재할 뿐이다. 하지만 그 1%가 사람과 동물을 구분 짓는다. 클라우스는 "수백만의 개인 행동으로 구성된 회사는 그중 1% 또는 2%의 행동만 궤도를 벗어나도 지탱하지 못한다"라고 말했다.

품질관리에서 불량은 늘 존재하기 마련이라는 생각을 받아들인다면 문제는 반드시 출현하고 말 것이다. 왜냐하면 '양품률을 85%로 설정하면 불량률 15%의 존재를 허용하는 것'이기 때문이다. 이렇게 해서는 절대 제품 품질을 향상시킬 수 없다.

18

제품의 품질은 검사되어지는 것이 아니라
생산되어지는 것이다

에드워드 데밍(Edward Deming)

품질은 제품을 생산한 후 나타나는 결과다. 어떤 사람들은 '품질은 검사되어지는 것'이라는 잘못된 생각을 가지고 있다. 품질은 절대 검사되어져 나오는 것이 아니다. 과정 관리의 측면에서 봤을 때 품질은 설계되어지고 생산되어지는 것이다. 이 점을 깨닫게 되면 왜 수많은 품질관리 직원들이 하루 종일 바쁘게 일하는데도 제품의 품질은 향상되지 않는가를 알게 될 것이다.

미국의 품질관리 권위자 에드워드 데밍 박사는 "제품의 품질은 검사되어지는 것이 아니라 생산되어지는 것이다"라고 지적했다. 처음부터 제품 속에 품질 개념을 도입하고 불량품의 발생률을 떨어뜨리는 사전 예방책을 채택해야만 한다. 당연히 검사 과정을 생략한다는 의미는 절대 아니다. 일정 정도의 검사는 필요하다. 검사를 통해 작업 진척 상황과 생산 과정 중에 발생하는 문제를 발견할 수 있으며, 통계 도표에서 필요한 데이터를 얻을 수 있다. 그러나 제품의 품질을 검사에만 의존할 수는 없다. 왜냐하면 제품의 품질은 검사되어지는 것이 아닌 생산되어지는 것이기 때문이다.

독일 바이에른에 본사가 있는 아디다스사는 세계 최대의 스포츠용품 생산업체 중 하나다. 4만여 명의 직원이 있으며 연간 매출액은 20억 마르크가 넘는다. 아디다스가 세계적인 유명 브랜드가 될 수 있었던 것은 제품의 품질을 매우 중시했기 때문이다. 그러나 아디다스의 역사에도 제품 품질에 문제가 생겨 곤경에 처했던 험난한 시간이 있었다.

1948년 영국 런던에서 제14회 올림픽이 개최되었다. 7월 29일, 마라톤 경기에서 벨기에의 아벨 스파크 선수가 줄곧 선두를 달리고 있었다. 그런데 반쯤 달렸을 때 예상치 못하게 신고 있던 아디다스 운동화가 찢어지고 말았다. 갈라진 틈은 점점 더 커졌고, 금메달이 다른 선수의 수중에 들어가는 순간을 초초하게 바라봐야 했다. 이 소식은 날개를 단 듯 전세계로 퍼져나가 아디다스의 신뢰와 명예는 땅에 떨어졌다. 사람들은 아디다스의 제품 품질에 의심을 품게 되었고, 사업은 천길 낭떠러지로 떨어졌다. 아디다스사는 유사 이래 가장 혹독한 시련을 맞이했다.

그들은 이 사건으로 인한 타격을 만회하기 위해 모든 역량을 다했다. 세계 각지로 나간 런닝화를 원가대로 전량 리콜하고 대리점에도 경제적 손실을 배상하기로 결정했다. 동시에 그들은 강력한 제품 품질관리를 실시하기로 결심했다. 치밀한 계획을 거쳐 아디다스는 당시 새로 등장한 품질관리 이론이었던 전면적 품질관리를 도입하고, 가혹

할 정도의 독특한 품질관리 체계를 구축했다.

이 품질관리 체계는 생산 전의 품질관리, 생산 단계의 품질관리, 판매 단계의 품질관리를 포함하고 있다. 가장 중요한 것은 생산 단계의 품질관리이다.

아디다스는 '품질은 검사되어지는 것이 아닌 생산되어지는 것이다' 라는 말을 믿었다.

회사는 모든 제품의 모든 공정에 '6W'―무엇을(What), 어디에서(Where), 언제(When), 누가(Who), 왜(Why), 어떻게(How)―라는 엄격한 검사 기준을 고수했다. 이를 통해 직원 개개인 모두가 제품의 품질을 책임지도록 만들었다.

아디다스사는 2,000명에 달하는 품질검사 직원을 별도로 고용해서 생산 라인 상의 품질을 검사했으며, 품질 감찰원이 정기적으로 제품의 생산 라인을 점검했다. 불합격한 제품은 재생산하기 위해 돌려보내고 발견된 불량은 통계 도표에 기록을 남겨서 품질 상태를 파악할 수 있도록 했다. 만약 불량품이 지나치게 많이 나오면 감찰원이 감독에게 상황을 보고했다. 감독은 즉각 생산을 중단시키고 문제의 원인을 찾아나서 고친 후에 다시 생산에 들어갔다. 품질 감찰원은 수시로 생산라인 상의 품질 상태를 파악하고 감독에게 상세한 보고를 했다. 감독은 저 품 품질과 생산량을 유지하는 이중 책임을 졌다.

품질 곤리원이 검사한 제품은 제품검사 인원이 다시 철저하게 검사했다. 이턴 과정을 통해 회사는 비교적 객관적인 품질 평가 체계를 갖출 수 있었다. 제품검사 부문 책임자는 제품에 존재하는 모든 결함을 다 찾아내야만 비로소 책임을 다한 것이라 할 수 있다고 주저 없이 말했다.

아디다스는 겸허하게 교훈을 받아들이고 강력한 품질 관리를 실시함으로써 올림픽의 어두운 그림자를 신속하게 벗어던지고 대중들 마음속에 좋은 이미지를 다시 새길 수 있었다. 이후 아디다스 제품은 우수한 품질로 인식돼 전세계로 팔려나갔다. 많은 대리점들이 아디다스 제품에 대해서는 검사를 생략했다.

3장

기업의 성공은 개인이 아닌
팀에 의한 것이다

『The Power of Followership(팔로우십의 힘)』의 저자 로버트 켈리(Robert Kelley)는 이렇게 말했다. "리더십과 팔로우십을 얘기할 때, 성공한 대다수 조직에서 관리자의 공헌은 평균적으로 20%를 넘지 않는다. 어떠한 조직과 기업이든 그들의 성공은 모두 개인이 아닌 팀에 달려 있다."

잭 웰치는 "내 성공의 10%는 비할 데 없이 왕성한 내 개인의 진취적 태도에 의한 것이고, 나머지 90%는 모두 강력한 나의 팀에 의한 것이다"라고 말했다.

이는 분명 틀림없는 사실이다. 한 기업의 성공은 경영자 개인의 지혜와 능력에 의한 것이기도 하지만 더욱 중요한 것은 팀의 역량과 지혜다.

19

기업의 성공은 개인이 아닌 팀에 의한 것이다

로버트 켈리(Robert kelly)

한 경영학 권위자는 "최근 15년 동안 조직 내 경영자의 역할에 중대한 변화가 생겼다"라고 단도직입적으로 밝혔다. 그는 "과거 신화적 영웅으로 비춰졌으며, 조직이나 부문을 단번에 개혁할 수 있었던 강력한 경영자들은 오늘날 점점 복잡해지는 조직에서 또 다른 새로운 형태의 경영자로 대체되고 있다. 새로운 경영자들은 서로 다른 배경과 경험을 가진 사람들을 효율적인 업무팀으로 조직할 수 있다"라고 설명했다.

경영자가 팀을 조직해야 하는 것은 여러 사람이 힘을 합쳐 땔감을 모아 태우면 더 큰 불꽃을 만들 수 있기 때문이다. 『The Power of Followership(팔로우십의 힘)』의 저자 로버트 켈리는 말했다. "리더십과 팔로우십을 얘기할 때, 성공한 대다수 조직에서 관리자의 공헌은 평균적으로 20%를 넘지 않는다. 어떠한 조직과 기업이든 그들의 성공은 모두 개인이 아닌 팀에 달려 있다."

GE사의 잭 웰치 전 회장도 "내 성공의 10%는 비할 데 없이 왕성한 내 개인의 진취적 태도에 의한 것이고, 나머지 90%는 모두 강력한 나의 팀에 의한 것이다"라고 말했다.

이는 분명 틀림없는 사실이다. 한 기업의 성공은 경영자 개인의 지혜와 재능에 의한 것만이 아니다. 대부분의 성공은 경영자 주변의 협력자들과 완벽을 추구하는 그들의 행동이 관건이다.

혼자서 고군분투하는 개인 영웅주의 시대는 이미 우리들에게 손을 흔들며 이별을 고했다. 우리는 이제 협력이 역량인 시대, 팀의 묵계를 중시하는 신기원의 시대로 진입했다. 경영자는 더 이상 스타가 아니다. 비록 높은 지위에서 많은 권한과 지휘 통솔하는 대권을 가지고 있어도 지혜와 용기를 갖춘, 손발이 맞는 협력자들이 없다면 큰일을 해내기란 정말 어렵다. 어떠한 조직, 그것이 축구팀이건 악단이건 특별 파견팀, 위원회 혹은 회사 내부 부문이건 다들 훌륭한 경영 인재를 필요로 하지만 그보다 더 필요로 하는 것은 팀 발전에 전념할 수 있는 진정한 경영자다.

중국에는 '못난 갖바치 세 명이 제갈량을 이긴다' 라는 속담이 있다. 치열할 경쟁 속에 놓인 현대 기업가에게는 다수의 역량에 의지하는 편이 몇 명의 제갈량에 의지하는 것보다 훨씬 효율적이다.

아모코(Amoco)사의 짐 와이어(Jim Weir) 사장은 이와 관련해 아주 절실한 경험을 했다. 아모코는 철강업계에 종사하는 기업으로, 철강업이 사양 업종으로 전락하자 경영이 매우 어려워졌다. 특히 1990년대 이후 회사의 자금이 끊임없이 유실되었다. 이런 상황에서 취임한 와이어는 회사를 살려내기 위해 근본적인 개혁을 단행했다. 그가 실시한 가장 중요한 조치는 '모든 사람을 전투에 끌어들이지 않으면 안 된다'는 것이었다.

그것은 선동적인 전투 구호가 아니라 와이어가 기업을 구조조정 하는 과정에서 절실하게 체득한 가장 긴박한 문제였다. 한번은 심리학자들을 회사로 초청해서 실적이 가장 좋은 공장을 시찰하게 한 후, 그들에게 성공을 실현시킨 진정한 리더를 찾아내서 성과를 누구의 공으로 돌려야 할지 알려달라고 부탁했다.

결과는 놀라웠다. 심리학자들은 뜻밖에도 "공장 안에는 리더가 없다"라고 대답했다. 와이어는 믿지 않았다. "뭐라고요? 돈을 가장 많이 벌어들이그 고객 서비스도 가장 뛰어난 공장에 리더가 없다니요?" 심리학자들은 말했다. "맞습니다. 공장에는 우리가 전에 만나보지 못한 가장 훌륭한 팀이 있었습니다. 모든 사람이 서로 협력하고 있더군요. 모든 이가 공을 서로 다른 이에게 돌렸습니다. 팀이 없으면 아무것도 이룰 수 없습니다."

이를 계기로 와이어는 직원을 채용할 때 새로운 시각을 가지게 되었다. 그는 팀워크를 고취시킬 수 있는 트레이닝 제도를 실시하기로 결정했다. "과거 우리는 뛰어난 인재를 발견하면 곧바로 본사로 보내 직원들과 분리시켰는데 효과가 좋지 않았다." 이에 아모코는 새로운 스타일의 리더를 양성할 대책을 강구했다. 그가 원하는 리더는 과거의 인재형과는 달랐다. 바로 개인의 능력을 최대한 드러내는 사람이 아닌, 가능한 한 팀의 역량을 최대한 발휘할 수 있는 리더를 찾았다. 그는 늘 실적을 부하의 공으로 돌렸으며, 누가 가장 도움을 필요로 하는가를 알고 그에게 말했다. "내게 당신을 도울 수 있는 기회를 주시오”라고. 그리고 끊임없이 직원들과 그가 어떻게 했는가를 교류했다.

새로운 리더십을 실천한 후, 와이어는 회사의 모든 사람을 전투에 참여시키겠다는 스스로의 목적을 성공적으로 달성한 자신의 모습을 발견하게 되었다. 그 스스로가 “이것은 전세계를 대상으로 벌이는 전면적인 전투다. 모두가 우리 회사를 빼앗기 위해 호시탐탐 기회를 넘보고 있다. 우리는 회사를 되살려 아주 성공적인 회사로 만들기 위해 노력하고 있다. 나는 남녀노소를 불문하고 기필코 회사 내부의 모든 사람들을 이 전투에 참여시킬 것이다”라고 말했던 것처럼. 과감하게 과거의 방식을 개혁하고 개인이 아닌 팀에 의지했기 때문에 그는 마침내 성공적으로 회사의 모든 사람을 그와 함께 어깨를 나란히 한 싸움의 대열에 끌어들일 수 있었다. 목표를 달성한 자신을 발견한 후 그는 또 다른 기쁨을 만끽했다. 회사가 낭떠러지에서 말고삐를 잡아채 적자 국면에서 완전히 벗어난 것이다. 얼마 후 회사 장부에는 흑자가 생기기 시작했고 흑자 금액은 점점 불어났다.

“울타리를 만드는 데는 말뚝 세 개가 필요하고 영웅을 만드는 데는 세 개의 참모 조직이 필요하다.” 직원 한 사람 한 사람이 온갖 지혜를 내는데 기업이 어떻게 성공하지 않겠는가? 강력한 팀으로 구성된 직원들이 있는데 어떻게 이기지 못하는 싸움이 있겠는가?

　팀 역량은 개인의 역량을 더한 합보다 크고 거대하다. 아주 많은 일들이 팀 내의 모든 구성원들이 서로 협력하고 공동으로 노력할 때 비로소 완수 가능한 것들이다.

　기업은 화목하게 공존하는 단체다. 한 사람의 힘이 아무리 크다 할지라도 혼자서 평생 하늘을 떠받칠 수는 없다. 나무가 아무리 클지라도 혼자서 숲을 이룰 수 없는 것처럼 시대를 막론하고 조직과 기업의 성공은 반드시 개인이 아닌 팀에 의지해야 한다.

20

번영하는 모든 팀의 근본은 협력이다

데이비드 스틸(David Steel)

'엽총으로는 대포를 이길 수 없고 모래알은 홍수를 견디지 못 한다' 라는 말이 있다. 마찬가지로 한 회사에서 팀의 역량은 '대포' 이고 '홍수' 이다. 팀은 시너지 효과를 낼 수 있으며 위에서 아래까지 모든 직원들을 하나로 묶어준다. 그리하여 직원들은 오로지 한 곳을 생각하고 그곳을 향해 힘껏 나아가게 될 것이다.

미국의 전 자유당 당수 데이비드 스틸은 말했다. "협력은 단순한 업무가 아니다. 협력은 모든 팀 번영의 근본이다." 많은 기업들이 팀 협력이 있었기 때문에 성공의 길을 걸을 수 있었다.

MS의 전 부회장 리카이푸(李開復) 박사는 CCTV의 『대화』라는 프로그램에 게스트로 출연해 다음과 같이 말했다. "팀 정신은 MS가 인재를 채용할 때 가장 기본으로 생각하는 원칙이다. 윈도우 2000과 같은 제품을 개발할 때 MS는 3,000명이 넘는 개발 엔지니어와 테스트 직원들이 참여하여 5,000만 줄의 코드를 만들었다. 통일된 팀 정신이 없었더라면 이 방대한 공정은 근본적으로 완성될 수 없었을 것이다.”

사회적 분업이 더욱 세분화되고 기술과 관리가 점차 복잡해지는 오늘날, 개인의 역량과 지혜는 창백하고 무력해 보이기만 한다. 이러한 시대의 개인은 설사 천재라고 할지라도 타인의 도움을 필요로 하고 타인의 도움이 있을 때 비로소 찬란한 업적을 이룰 수 있다. 마찬가지로 많은 기업들이 강력한 경쟁력을 가지게 된 바탕에는 뛰어난 직원 한 사람의 능력에 있는 것이 아니라 전체 직원의 강력한 '팀 시너지'에 있다. 그중 관건으로 작용하는 것은 기업 곳곳에 자리한 '팀 정신'이다.

미국의 랜드(RAND)사는 1,980여 명의 직원이 있다. 조직을 운영하고 과제 연구를 수행하는 모든 경비는 고객과 체결한 프로젝트 계약에서 나오며, 90% 이상의 경비가 미국 정부에서 지급된다(공군, 육군, 국방부가 제공하는 경비가 60% 이상을 차지한다). 10%는 NGO, 기금회, 다국적기업, 심지어 외국 정부와 체결한 프로젝트 계약에서도 나온다.

랜드사가 미국에서 정치·경제적으로 중요한 역할을 담당하는 이유는 성공적인 팀을 구축해서 인재를 묶어두고 다양한 분야의 인재를 합리적으로 배치하는 데 역량을 기울였기 때문이다. 랜드사는 전문 연구 인력이 720명에 달한다. 그중 박사학위를 보유한 직원이 47%를 차지하고 석사학위는 33%, 학사학위는 16%를 차지한다. 나머지 4%의 연구 인력은 주로 풍부한 실무 경험을 가진 관리 출신과 퇴역 장교이다.

그들은 우수한 인재를 유치할 때 다양성을 존중하여 인력 배치를 최적화한다. 랜드사 인력의 14%는 과학, 교육, 심리학, 사회학 분야의 전문가가 차지하고 있다. 정책 분석가가 7%, 예술ㆍ언어 영역 전문가가 5%, 법률과 비즈니스 분야의 전문가가 6%, 컴퓨터 전문가 3%, 철학자 11%, 엔지니어 10%, 정부ㆍ역사ㆍ국제 관계 및 정치학 전문가가 14%, 경제학자 13%, 수학 및 통계학자는 14%를 차지하고 있다.

랜드사는 성공적으로 팀을 조직한 전형적인 예다. 그들은 각양각색의 인재가 힘을 합쳐 협력하고 공동으로 임무를 완성한다. 구성원 상호간의 적극적 협조가 없었더라면 꼬리에 꼬리를 물고 진행되는 연구 과제는 결코 수행하지 못했을 것이다.

팀 정신은 팀 내부의 각 구성원에게 팀의 공동 이익을 위해 긴밀하게 협력하라고 강조한다. 이를 통해 강한 응집력과 전투력을 형성하고 궁극적으로 팀의 목표를 실현한다. 팀은 조직의 효율을 높이고 구성원 개체의 실적을 단순하게 더한 것보다 더 큰 팀 실적을 만들어내는 역할을 한다. 팀 내부의 각 구성원은 어느 한 영역의 천재이지 모든 영역의 천재일 수는 없다. 그렇기 때문에 더 큰 성공을 위해서는 팀 정신을 발휘해야 한다.

빌 게이츠는 일찍이 이렇게 말했다. "팀 협력은 기업 성공을 위한 담보다. 팀 협력을 중시하지 않는 기업은 성공할 수 없다."

오늘날의 기업은 과거 어느 시대보다도 협동 정신을 필요로 한다. 고품질의 제품과 수준 높은 서비스를 창조해내기 위해서는 자원을 공유하고 정보를 공유

해야 한다. 특히 팀을 구성하는 모든 구성원은 자기만의 독특한 특징이 있다. 각
각의 장단점을 보완하고 상호 협력하면서 발생하는 시너지는 두 구성원 간의
역량을 단순하게 보탠 것보다 크다. 이것이 바로 '1 + 1 〉 2'의 원리다. 협동 정
신을 중시하는 기업만이 치열한 시장 경쟁 속에서 승리할 수 있다. 오늘날 직원
이 팀 의식을 가지고 있느냐 없느냐의 여부는 기업의 생존과 발전에 직접 연관
된다.

성공하는 많은 기업들은 바로 우수한 팀을 보유하고 있었기 때문이다.

21

가장 훌륭한 CEO는 팀 구축을 통해
꿈을 이루는 사람이다. 설사 마이클 조던이라
할지라도 동료들과 함께 경기를 해야 한다

찰스 리(Charles Lee)

모든 기업 경영자는 반드시 팀 정신을 강화해야 한다. 강력한 팀이
있어야만 시장의 거친 물결 속에서 불패의 자리를 확보하고 큰 회사
가 될 수 있다.

성공한 한 기업가가 이런 재미있는 말을 했다. "당신이 나의 재산을
몰수하고, 내 토지와 공장 모두를 빼앗았다고 해도 내 파트너만 남겨
놓는다면 나는 다시 일어서서 새로운 왕국을 세울 수 있다."

이처럼 비범한 경영자들은 천부적인 그들만의 부활 능력이 있는 것
같다. 그들은 아주 짧은 시간 내에 대세를 반전시키고, 유약한 어린양
무리를 용맹한 사자와 호랑이와 같은 경영팀으로 만들어낸다.

GTE 회장 찰스 리는 "가장 훌륭한 CEO는 팀 구축을 통해 꿈을 이
루는 사람이다. 설사 마이클 조던이라 할지라도 팀 동료들과 함께 경

기를 해야 한다"라고 말했다.

다섯 명으로 구성된 농구팀과 네 명으로 구성된 농구팀이 경기를 했는데, 점수차가 5 : 4가 아니라 5 : 0이었다. 수천 명의 작업자로 이루어진 조립 공장에서 한 조만 일을 하지 않아도 제품 출고를 할 수 없다. 각각의 개체는 팀이 필요로 하는 일부분이다. 팀과 개체, 양자 중 어느 한쪽도 없어서는 안 된다. 동시에 개체는 반드시 전체 팀에 복종해야 한다. 중요한 시점에서는 자신의 희생을 두려워하지 않고 팀워크를 지켜야 한다.

NBA에서 팀을 우승으로 이끈 모든 감독들은 매우 탁월한 경영자라고 말할 수 있다. 그들은 농구팀에 짙은 가족의식을 심어놓았다. 이로 인해 선수들은 경기장에서 상황에 따라 개인의 득점 기회를 희생한다. 절묘한 어시스트를 통해서 공(公)을 위해 사(私)를 희생하고 서로 협력하는 프로 정신을 보여준다. 팀 전체가 함께 움직이면서 득점률을 크게 향상시켜 최후의 승리를 거머쥘 수가 있다.

롬바디는 전설적인 미식축구 감독이다. 그는 친구에게 성공 비결을 이렇게 얘기했다. "팀원은 최소한 경기의 기본 원칙과 자신의 위치 설정 방법을 반드시 알아야 한다. 그 다음에 다른 팀원과 협력하는 방법을 훈련해야 한다. 무엇보다도 중요한 것은 선수들이 서로 비협조적으로 따로따로 움직여서는 안 된다는 것을 분명하게 인식해야 한다. 경기는 스타 한 사람만의 공연이 아니다. 우리는 이것을 '팀 정신'이라 부른다."

그는 또 말했다. "그러나 아주 많은 우수한 팀들이 훌륭한 코치를 보유하고 있고, 또 팀원들도 경기 규칙을 이해하고 평소 훈련도 잘 되어 있지만 승리하지 못한다. 왜 그럴까? 그건 바로 내가 말한 팀 정신이 부족하기 때문이다. 선수들끼리 긴밀하게 단결하고 서로를 아끼는 팀 정신을 발휘해, 경기장에서 동료의 안전을 걱정하고 팀의 명예를 먼저 생각한다면 그들은 전력을 다해 싸우게 될 것이다.”

우수한 팀이 보통 팀과 구별되는 가장 큰 이유는 바로 팀원들이 서로 깊은 관심을 가지고 묵묵히 협력하는 데 있다. 이것이 바로 팀 정신이다. 팀에 이러한 정신이 충만하면 그 팀은 반드시 안정적으로 승리를 거머쥘 수 있다.

[경영의 지혜]

한 기업가가 농구의 이치를 응용해서 팀 협력의 중요성을 강조했다. 그는 기업이 역량을 발휘하려면 '팀 정신'을 바탕으로 해야 한다고 생각했다. 모든 사람이 개인적인 성과만을 추구하고 팀 정신을 등한시하면, 농구처럼 개인 기량이 아무리 뛰어나다고 할지라도 승리하기 어려운 것과 같다. 결론적으로 농구 팀을 조직하는 정신과 태도를 응용해서 당신의 팀을 만들고, 따뜻하고 서로 돕고 활력이 충만한 환경을 만들어낸다면 당신의 기업은 아주 쉽게 성공할 수 있다.

22

큰 성공은 팀이 만들고
작은 성공은 개인이 만든다

빌 게이츠(Bill Gates)

거의 모든 성공 기업에는 매우 강력한 힘을 가진 최고경영자가 있다. 이런 경영자들의 경우 개인적 능력은 아주 뛰어나다고 할 수 있다. 하지만 리더의 개인 능력이 오히려 조직의 능률을 떨어뜨리는 주요 원인이 되기도 한다. 왜냐하면 그들은 언제나 자신의 능력으로 대세를 통제할 수 있다고 믿기 때문이다. 하지만 어떠한 개인이라도 능력은 유한하다. 회사가 한 걸음 앞으로 나아가고 더 이상 자신의 능력만으로 대세를 통제하기 부족하다는 것을 발견하게 될 때 그들은 비로소 팀 구축의 중요성을 깨닫게 된다.

빌 게이츠는 말했다. "큰 성공은 팀이 만들고 작은 성공은 개인이 만든다." 어떤 경영자들은 오로지 개인의 역량만으로 천하를 제패하려다 결국 실패에 이르게 된다. 이런 이야기가 있다.

모 회사에 기술 관리직으로 승진한 젊은 관리자 두 명이 있었다. A부장과 B부장.

A부장은 책임이 막중하다고 생각했다. 기술은 하루가 다르게 진보하고 있었고, 부서 내 많은 기술적 문제들은 해결되지 않고 있었기 때문에 그는 조급함을 가질 수밖에 없었다. 매일매일 힘겹게 관련 지식을 익히고 기술 문건을 파고들었다. 기술적 문제를 해결하기 위해 야근도 마다하지 않았다. 그는 부하 직원들에게 자신이 기술적인 면에서 얼마나 뛰어난가를 보여주는 것이 관건이라고 믿었다.

B부장도 기술의 중요성과 자기 부서의 부족함을 인식했다. 그래서 부하 직원들에게 자신의 경험과 지식을 알리는 데 많은 시간을 투자했다. 부하 직원들이 문제에 부딪혔을 때 그도 함께 도우면서 해결하고 적극적으로 관련 부서와 연계하고 협력했다.

3개월 후 A부장과 B부장, 두 사람 모두 아주 훌륭하게 기술적 문제를 해결했고, A부장이 더욱 뛰어난 것처럼 보였다. 그러나 반년 후 A부장은 문제가 점점 더 많아지고 더 바빠지는 자신을 발견했다. 그리고 부하 직원들은 그들 나름대로 불만이 많고 답답해했다. 반면 B부장은 오히려 부하 직원들의 존경을 받았으며 부서의 사기는 드높았다. 과거의 문제는 모두 해결되었고 새로운 아이디어까지 나왔다.

경영자에게 진정한 의미의 성공은 분명 팀의 성공이다. 팀을 떠나 개인의 성공을 좇는 것은 성공했다 하더라도 변질되기 쉽고 씁쓸한 맛이 남는다. 그리고 장기적으로 회사에 해가 된다. 따라서 경영자의 성공은 개인의 용맹한 전진과 고군분투가 아니라 부하 직원을 통솔해서 함께 나아가는 데 있다.

칠레의 SED사 안드리 나와누 회장은 이렇게 말했다. "혼자만의 고독한 전투를 벌이는 시대는 이미 지나갔다. 이 세상은 너무나도 복잡하게 변해서 모두의 힘을 합친 협력만이 사업을 완성시킬 수 있다."

어느 경영자든 작은 성공은 개인이 만들 수 있지만 큰 성공은 팀 협력을 통해서만 이룰 수 있다. 이 점은 기업에게도 마찬가지로 적용된다. 빌 게이츠 역시 그 자신은 경영의 천재이자 컴퓨터 천재였지만, 그의 성공은 개인의 능력이 아닌 팀에 의한 것이었다.

[경영의 지혜]

개인의 성공은 전체 사회에 견주어보면 상대적으로 미미하기 그지없다. 지식이 급속하게 발전하는 시대에 팔방미인은 허울에 불과하다. 보통 한 사람은 어떤 한 분야에서만 다른 사람보다 더 많이 연구할 수 있고 더 철저할 수 있다. 세계는 하나의 거대한 시스템으로, 현실의 많은 문제들은 아주 강한 종합성을 띠고 있다. 한 개인의 지혜와 역량만으로는 해결할 수 없는 것이다.

"작은 성공은 개인이 만들고 큰 성공은 팀이 만든다." 더 큰 성공을 얻고 더 전반적이그 전략적인 문제를 해결하고자 한다면 경영자는 몇 사람, 몇십 명 심지어 백 명이 넘는 사람들로 구성된 팀의 역량에 의지해야 한다. 따라서 현대 사회에서 모든 사람은 성공을 위해 필요로 하는 우수한 능력 외에도 팀의 협동 정신을 갖추어야 한다.

4 장

혁신은 큰 회사가 되는 유일한 길이다

시장 경쟁에서 기업의 성패를 가늠하는 관건은 핵심 경쟁력의 강화에 있다. 핵심 경쟁력을 강화하는 유일한 경로는 바로 혁신이다.

한 권위 있는 조사 결과에 따르면, 성공적으로 혁신을 추진한 기업은 비혁신적인 기업에 비해 20%, 심지어는 더 높은 성장률을 기록했다. 만일 수익 중 80%가 신제품 개발을 통해 나오고, 또 그 상황이 계속 이어진다면 5년 내에 기업의 시장 가치는 두 배로 높아질 것이다. 전세계 83%의 고위 경영자들이 자사의 향후 발전은 혁신에서 비롯될 것이라고 확신하고 있다.

혁신은 기업 생존과 성장의 생명이다. 기업이 아무리 강대하다 할지라도, 반대로 어떠한 위기에 직면했을 때 생존하고 발전하고 싶다면 반드시 중단 없는 혁신을 해야 한다.

23

혁신하지 않는 기업은 망한다

헨리 포드(Henry Ford, 포드자동차 설립자)

오늘날 혁신은 전세계 기업의 가장 중요한 경영 과제가 되었다. 치열한 시장 경쟁, 제품의 짧은 수명, 비약적인 기술 발전으로 대변되는 현재, '혁신하지 않으면 멸망한다.'

'혁신하지 않으면 멸망한다'는 미국 포드자동차 설립자 헨리 포드가 한 말이다. 그가 이 말을 한 까닭은 정체되어 혁신하지 않음으로써 회사의 실패를 야기한 경험이 있었기 때문이다.

포드자동차의 설립자인 포드 1세는 농민의 아들로 태어났다. 그런 그가 자동차 산업에서 어떻게 그렇게 짧은 시간에 두각을 나타낼 수 있었을까? 그것은 그가 땅은 넓고 노동력은 부족한 미국 농촌 상황을 가장 잘 이해하고 있었기 때문이다. 농촌에서는 승용차 겸 화물차의 이중 용도의 차가 필요했다. 당시는 도로 상황도 좋지 않았고 농민들의 교육 수준도 그다지 높지 않았다. 농민들은 간단하게 조작할 수 있으면서도 내구성이 뛰어나고 떨림이 적은 차를 필요로 했다. 그래서 그는 이런 특징을 결합한, 조작이 간단하고 튼튼하며 내구성이 뛰어나면서 가격은 저렴한 T형 모델을 생산해 많은 사람들의 수요에 부응했다. 그 결과 포드자동차는 아주 빠르게 세계 자동차시장의 68%를 점유할 수 있었다.

이 과정에서 포드는 끊임없는 혁신을 단행했다. 당시 다른 자동차 제조공장 노동자들은 매일 평균 10시간을 일하고 일당 3달러를 받았다. 하지만 그는 8시간 근무제와 일당 5달러를 내걸었다. 표면적으로는 회사의 경영상에 매우 불리해보였지만 많은 숙련공들을 유치해서 작업 효율을 높일 수 있었다.

또한 그는 어셈블리 라인을 발명하고 과학적 관리라는 획기적인 관리 이론을 내놓았다. 당시 포드가(家)는 '경국지부(傾國之富)'라는 말로 형용될 정도였다. 그러나 뒷날 포드의 혁신은 교조화되기 시작했다. 1920년대에 이르러 미국 사회는 부(富)의 대중화 시대로 진입했다. 농민의 아들로 태어난 포드는 옷이 헤질 때까지 기워 입는 검소한 생활을 신조로 삼았다. 그는 T형 모델을 생산하면서 필사적으로 고품질과 원가 절감을 강조했다. 그러나 미국은 더 이상 그의 차를 필요로 하지 않았다. 도로는 이미 보수되었고 사람들은 빠르고 아름답고 개성 있는 자동차를 요구하기 시작했다.

시대가 변화하면서 소비자들은 다양한 모델과 새로운 스타일을 구비한 연료절약형 자동차를 희망했다. 포드자동차는 색상이 단조로웠고 낮은 연비에 배기가스도 다량 배출되어, 점점 불안해지는 석유 공급시장과 환경적 요구에 전혀 어울리지 않았다.

포드 2세가 아버지 포드에게 고급형 승용차를 출시하자고 제안했지만 거절당했다.

그때 GM을 비롯한 나머지 몇몇 회사는 시장 수요에 부응하는 정확한 전략을 기획했다. 그들은 연료를 절감할 수 있는 작고 가벼운 자동차를 생산하면서, 1970년대의 석유 위기 속에서 급부상했지만 포드자동차는 파산 위기에 내몰렸다.

포드 1세가 자신의 판단 착오를 뒤늦게 깨닫고 포드 2세의 의견에 따라 고급형 승용차를 출시했지만 때는 이미 늦었다. 오늘날까지도 포드자동차는 지난날 업계를 리드하던 왕좌를 되찾지 못하고 있다. 포드 1세가 피로써 얻어낸 교훈은 '혁신하지 않으면 멸망한다' 였다.

예측 불가능한 비즈니스의 바다에서 고생 한번으로 평생 안락함을 누릴 수 있는 성공을 기대하기란 매우 어렵다. 재계에서 기업의 생존과 사망 또는 성공과 실패는 저항할 수 없는 일종의 숙명과 같다. 『포춘』지가 선정하는 500대 기업 순위는 해마다 바뀐다. 어떤 기업은 순위에서 사라지고 또 어떤 기업은 틈새를 파고 들어온다. 기업이 경쟁에서 승리자가 되는 유일한 방법은 끊임없는 혁신뿐이다.

'혁신하지 않으면 멸망한다.' 혁신은 성공하는 사람에게 가장 중요한 덕목이다. 낡은 틀에 안주한 채 변화하지 않으면 시대에 의해 도태당하고 만다. 혁신은 생명의 상태이며 인생에 활력을 부여한다.

끊임없이 혁신하는 기업만이 경쟁 속에서 강성하게 발전할 수 있으며, 영원한 불패의 자리에 설 수 있다.

24

경쟁의 유일한 우위는
경쟁 상대를 능가하는 혁신 능력에서 나온다

제임스 모스(James Morse)

강력한 핵심 경쟁력은 기업의 생존과 발전을 보장하는 담보다. 또한 핵심 경쟁력을 시종일관 우세한 위치에 올려두는 것은 혁신이다. 여기에서 '혁신은 기업의 운명을 결정짓는다' 라는 결론을 얻을 수 있다. 기업의 핵심 경쟁력을 향상시키기 위해서는 끊임없이 기술을 업그레이드하고 혁신을 장려하는 문화적 분위기를 조성하면서 제도적 개선을 추진해야 한다.

저명한 경영컨설턴트 제임스 모스는 "경쟁의 유일한 우위는 경쟁 상대를 능가하는 혁신 능력에서 나온다"라고 말했다.

미국 켈로그사는 혁신을 통해 설립되었다. 켈로그는 최초로 아침식사용 콘 푸레이크를 제조하여 선풍을 불러일으켰다. 그후 켈로그는 뛰어난 품질과 안정적 공급으로 미국시장에서 20년 이상 대적할 적수가 없었으며 엄청난 돈을 벌어들일 수 있었다.

하지만 춤과 노래가 끊이지 않는 태평성대와 순탄하기만 한 나날들 속에서 켈로그는 진취적 정신을 상실했다. 켈로그는 풍성한 이윤에 묻혀 이러한 변화를 감지하지 못했고, 새로운 상황에 대처하기 위한 아무런 조치도 취하지 못했다.

켈로그사가 이러한 안일함에 빠져 있을 때 경쟁자들이 공격을 개시했다. 미국의 제너럴 밀스, 제너럴 푸드 등은 충분한 시장 분석을 마치고 소비자들의 새로운 입맛을 공략했다. 그들은 소비자별로 새로운 맛, 새로운 종류, 다양한 스타일의 저렴한 푸레이크를 내놓았다. 혁신적이고 참신한 홍보 방식으로 대규모 판촉 활동을 펼친 결과 제품은 출시와 함께 큰 인기를 끌었다.

다른 회사들이 신제품을 끊임없이 출시하는 동안 켈로그사는 출시 이후 한번도 바뀌지 않은 옛날 제품만을 생산하고 있었다. 소비자는 쉽게 싫증내고 새것을 좋아한다. 그리고 시장은 매우 잔혹하다. 갑작스럽게 출시된 새로운 제품들은 미처 준비를 못하고 있던 켈로그사에 큰 타격을 입혔다. 속수무책인 상황에서 과거 80%를 상회하던 켈로그의 시장점유율은 38%로 급격하게 하락했다.

켈로그사는 혁신으로 인해 승리했고 또 혁신으로 인해 패배했다. 켈로그의 성공은 최초로 아침식사용 푸레이크를 만든 혁신에 있고, 켈로그의 실패는 다른 기업이 혁신을 하고 있을 때 미처 대비하지 못한 데 있다. 켈로그사의 흥망을 연구해볼 때, 혁신 관리를 하지 않으면 승리의 기회도 없다는 교훈을 얻을 수 있다.

개혁 정신과 회사의 비전을 상실한 켈로그와 달리, 스위스 시계 제조업체는 혁신을 통해 스위스 시계를 위기에서 구해냈다. 1970년대 초, 스위스 손목시계는 세계 시장의 70%를 점유하고 있었다. 그들이 생산한 오메가, 론진 등의 브랜드는 전세계에서 가장 유명했다. 그러나 1970년대 말 전자시계가 등장하자 스위스 손목시계 시장은 크나큰 충격에 빠졌다. 전자시계는 저렴하고 디자인이 다양했다. 게다가 제작기술도 까다롭지 않고 생산원가도 낮아서 많은 사람들이 전자시계 생산에 뛰어들었다. 그 결과 세계 손목시계 시장은 공급과잉 상태가 되었다. 스위스 손목시계업계의 시장점유율은 20%로 급락했고 종사인원 수도 2/3 가까이 감소했다.

이러한 상황에서 어떻게 '시계 왕국' 의 지위와 영예를 탈환해 왔을까? 스위스 시계 제조업체는 기술 혁신을 무기로 잃어버린 진지를 향해 반격을 개시했다.

1981년, 두 명의 젊은 스위스 기술자가 시험 제작에 성공한 전지로 작동하고 플라스틱 재질로 된 저가 손목시계는 'Made in Swiss' 가 상징하는 품질과 명예에 일본의 자동화 생산 어셈블리 라인을 결합했다. 그들의 남다른 점은 정밀하게 수공업 제작을 해야만 한다는 구식 관념에서 벗어났다는 데 있다. 결과적으로 원가 10달러의 'Made In Swiss' 시계는 25달러라는 저렴한 가격과 다양한 디자인으로 순식간에 팔려나갔다.

세월이 흐르고 트렌드가 변했지만 스위스 시계는 지금까지 고급품 위주의 전통을 지키면서도 독창적인 노력으로 '시계 왕국' 의 월계관을 지키고 있다. 하지만 그들은 혁신을 통해 위기를 벗어난 어려웠던 날들을 영원히 잊지 않을 것이다.

이 모든 사례들은 우리에게 이런 메시지를 전해준다. "혁신을 통해 끊임없이 재창조하지 않으면 결국 파멸의 길을 걸을 수밖에 없다."

시장 경쟁에서 기업 성패의 관건은 핵심 경쟁력에 있다. 강력하고 명철한 핵심 경쟁력만이 기업의 끊임없는 성장과 발전을 보장할 수 있다. 그러나 핵심 경쟁력은 결코 정지된 상태가 아니며, 아무리 강대한 때라 해도 끊임없이 발전시켜 나가야 하는 동적인 개념이다. 또한 시대마다 그 내용과 요구 사항이 다르다. 다시 말해 기업의 장기적인 성공은 끊임없는 새로움과 생명력이 있는 핵심 경쟁력에 의지해야 한다. 또 핵심 경쟁력을 새롭게 하는 유일한 경로는 다름아닌 혁신이다.

25

혁신은 큰 회사를 만드는 유일한 길이다

모스 제프리(Moss Jeffrey)

미국의 저명한 경영대가 모스 제프리는 "혁신은 큰 회사를 만드는 유일한 길이다"라고 말했다. 혁신이 없는 기업은 출구도 없다.

세계 500대 기업의 발전사를 훑어보면 상위 그룹에 속한 큰 회사들은 대담하게 혁신을 추진하는 특징이 있다. 그들은 자기 부정과 자아 갱신을 두려워하지 않고 혁신을 위해 전력 질주했으며, 뒤처지는 것을 용납하지 않는 정신으로 기업을 정상의 위치에 올려놓았다.

3M은 『포춘』 선정 500대 기업 순위에서 51위를 차지했다. 방대한 회사 규모에도 불구하고 '개척하고 혁신하는' 정신을 견지하고 있었기에 매우 탄력적으로 경영되었다.

3M은 수십 년을 이어온 혁신 정신으로 동종업계에서 더 많은 신제품을 더 빠르게 개발할 수 있었다. 포스트잇에서 심폐치료기에 이르

는 수만 가지 종류의 상품 중 어느 하나 피복과 접착 기술에 정통한 화학엔지니어들이 개발하지 않은 것이 없었다. 그들은 주력 방향을 고수하면서도 함부로 제품 종류를 확대하지 않았다. 특히 다른 회사들이 도저히 따라갈 수 없었던 점은 3M의 연간 매출액 중 30% 가량이 최근 4년 내 개발한 신제품에서 나왔다는 것이다.

피터 드러커는 "나는 이미 잘 알고 있다. 어떤 일을 하든지 간에 사명감을 가지고 끈기 있게 미친 듯이 하면 반드시 성공할 수 있다는 것을. 3M은 이러한 혁신 정신으로 신제품을 개발해냈다"라고 말했다. 『In Search of Excellence: Lessons from America's Best-Run Companies』의 저자 토마스 피터스(Thomas Peters)가 가장 인정하는 회사가 바로 3M이다. 그는 "내가 잘 알고 있는 큰 회사들 중 3M이 가장 뛰어난 진취적 기상을 가지고 있다. 규모가 3M의 1/10에 불과한 대다수 회사에 비해 더 뛰어난 진취적 기상을 가지고 있다"라고 말했다.

3M의 굳건한 혁신 정신은 다음과 같은 분야에서 구체적으로 드러난다.

첫째, 3M은 아이디어를 함부로 사장시키지 않았다. 만약 해당 부서가 애매한 아이디어의 경우, 아이디어를 낸 사람에게 아이디어의 타당성을 증명하도록 업무 시간의 15%를 할애해준다. 이것이 바로 3M의 규정이다. 자금이 필요한 아이템은 매년 기네스 지원 자금 5만 달러를 배정받을 수 있었다.

둘째, 3M은 실패에 관대했다. 직원들이 더 많은 시도와 모험을 할 수 있도록 격려하자 신제품 성공의 기회는 더욱 많아졌다.

셋째, 3M은 서로 다른 의견을 가진 신규사업 개발팀을 따로 만들었다. 팀 구성원은 모두 자발적으로 참여한 직원들이다. 자발적 참여의 원칙은 혁신에 대한 열정을 자극하여 회사에서 팀원을 배치하는 것보다 효과가 더 뛰어났다.

넷째, 3M에는 독특한 보너스 제도가 있었다. 개인이 신사업 개발에 참여하면 그의 직책과 보수는 그가 발명한 제품 판매액의 증가에 따라 올라갔다. 예를 들어 한 말단 엔지니어가 개발한 제품이 당해 매출액 100만 달러에 도달하게 되면, 인기 상품으로 분류되고 직원의 직책과 급여도 변화되었다. 당해 판매액이 500만 달러에 이르게 되면, 이 제품팀은 별도의 독립 부서가 되고 엔지니어는 담당 부서의 팀장에 임명된다. 판매액이 7,500만 달러에 도달하면 담당 부서 팀장은 지점 매니저로 승진한다. 매니저로 승진을 원하지 않는 엔지니어에게는 별도로 고액의 보너스를 지급했다.

3M은 합리적인 보너스 제도로 충실한 직원들을 양성할 수 있었으며, 매니저와 기타 전문직원의 이직률은 평균 4%에도 미치지 않았다.

3M은 효율적인 제도에 힘입어 몇십 년 동안 끊임없이 혁신 과정을 거쳤고, 또 그에 따른 풍성한 결실을 거둘 수 있었다.

[경영의 지혜]

혁신은 기업 생존과 성장의 생명이다. 기업이 강대하든 반대로 어떠한 위기에 직면해 있든 생존하고 발전하기 위해서는 중단 없는 혁신을 해야만 한다.

이미 어느 정도 경쟁 우위를 확보하고 시장에서 우세한 위치에 있는 기업은 더욱이 혁신을 통해 부단히 기업 경영의 우위를 확보해야 할 필요가 있다.

26

고객은 혁신의 중요한 근원이다

톰 피터스(Tom Peters)

성공하는 기업은 보편적으로 고객에게 가장 훌륭한 제품과 서비스 제공을 확고한 혁신 이념으로 삼아 시장과 기업의 이윤에 결합시킨다. 가장 앞선 기술이 반드시 시장에서 수요되는 것은 아니지만 끊임없이 변화하는 시장 수요와 점점 치열해지는 시장 경쟁은 기업에게 부단한 기술 혁신을 요구한다. 시스코시스템의 CEO 존 챔버스(John chambers)가 "가장 훌륭한 기술이라고 반드시 성공하는 것은 아니다. 시장은 궁극적으로 기술을 무너뜨린다"라고 말한 것과 같은 맥락이다.

3M은 미국에서 가장 혁신적인 마인드를 가진 기업으로 평가받는다. 그들은 '혁신=새로운 사상+이윤을 개선하거나 창조할 수 있는 행동'이라는 마인드를 가지고 있다. 다시 말해 혁신은 새로운 사상, 새로운 기술에만 머물러 있는 것이 아니라 실질적인 수익을 낳을 수 있

는 사상이나 기술이어야 한다. 3M은 연간 매출액 중 최소 30%는 과거 4년 간 발명한 신제품에서 창출되어야 한다는 계획을 세웠으며, 또 혁신을 시장 수요를 만족시키고 유도하는 것으로 정의했다.

경영학자 톰 피터스는 "고객은 혁신의 중요한 근원이다. 고객이 없으면 혁신도 없다. 아무리 창의적이라 해도 고객에게 선택되지 않으면 모든 것이 헛수고다"라고 말했다. 그는 연구를 통해 대부분의 혁신은 소비자에게서 나온다는 사실을 발견했다.

3M은 이 점을 한층 더 강조했다. "우리 회사의 수많은 제품 컨셉은 제품에 대한 소비자들의 불만을 해결하는 데서 나온다." 3M은 고객의 불만을 더할 나위 없는 훌륭한 기회로 보았다.

마쓰시타전기의 경영자도 거의 모든 신제품 컨셉들 중 최소 50% 이상이 사용자에게서 나온다는 사실을 깨달았다. 또한 이것은 마쓰시타전기가 '세이공청(洗耳恭聽, 귀를 씻고 공손하게 듣다) 활동'을 전개한 후 얻어낸 통계 데이터다.

일본 전기다리미 생산 분야에서 마쓰시타전기의 전기다리미 사업부는 높은 권위를 자랑하고 있었다. 1980년대에 이르러 전자제품 시장이 포화 상태가 되자 전기다리미도 판매가 부진했다.

사업부의 기술개발 직원들은 마음이 타들어가듯 급해졌다. 하루는 전기다리미 박사로 불리는 사업부장 이와미 겐이치(岩見憲一)가 다양한 연령층의 가정주부 수십 명을 모아놓고 마시시타 전기다리미의 결함을 자유롭게 지적하도록 했다.

한 여성이 "전기다리미에 전깃줄이 없으면 훨씬 편리할 것 같아요"라고 불만스럽게 말했다.

"기발하군! 무선 전기다리미라…" 마쓰시타의 책임자는 흥분해서 소리쳤다. 사업부는 곧바로 전담연구팀을 조직했다. 처음에는 충전 방식으로 전깃줄을 없앨 생각이었으나 개발된 스팀전기다리미는 바닥 두께 5㎝, 무게 5,000g이었다. 여성들에게는 그야말로 투포환이나 마찬가지였다. 이 난제를 해결하기 위해 전담연구팀은 주부들이 전기다리미로 옷을 다리는 과정을 비디오로 촬영하여 사용 방법을 연구 분석했다.

그 결과 주부들은 전기다리미를 든 채로 옷을 다리는 것이 아니라 여러 차례 다리미를 한쪽에 세워두고 옷을 잘 가다듬은 후에 다시 다림질을 했다. 이에 전담연구팀은 충전 방식을 바꿔 옷을 다린 후에 다리미를 본체에 올려놓을 때마다 충전될 수 있는 다리미를 제작했다. 8초 정도면 충분하게 충전되었고 다리미의 무게도 훨씬 가벼워졌다. 본체에는 자동릴레이어가 있어서 매우 안전했다.

이렇게 탄생한 신형 무선전기다리미는 소비자들의 인기를 얻어 그해 최고로 잘 팔린 상품이 되었다.

주의할 점은 새로움으로 시장을 개척하는 것도 물론 중요하지만, 반드시 이치에 맞아야 한다. 그 어떠한 혁신도 시장의 수요에 부응해야만 진정한 가치가 있다. 시장의 수요 방향에서 벗어난 혁신은 아무리 좋은 혁신이라도 그저 탁상공론일 뿐이다.

[경영의 지혜]

기업 혁신의 본질은 고객의 수요를 만족시키는 것이자 가치 있는 오더(order)를 창출하는 것이고 고객 만족도를 극대화하는 것이다.

스탠퍼드대학의 마이클 보스킨(Michael Boskin) 교수는 "감자칩이든 컴퓨터 칩이든 돈만 벌 수 있으면 좋은 칩이다"라고 말했다. 성공하는 기업은 고객을 지향점으로 하는 시장 이념을 견지한다. 또한 시장 수요에 대한 고도의 민감함으로 제품, 기술, 서비스 분야의 혁신을 유도하며, 기업 혁신을 시장 경쟁력 향상을 위한 근본적 수단으로 삼는다.

27

혁신만이 유일한 출구다. 스스로를 폐기하지
않으면 경쟁이 우리를 폐기할 것이다

앤디 그로브(Andy Grove, 인텔 창립자)

실리콘밸리에서는 해마다 거의 90%에 달하는 벤처기업이 파산한다. 그래서 미국 기업과 기업가는 '세상은 만족을 못하는 사람들에게 속한 것이다' 라는 격언을 신봉하고 있다. 기존 성과에 도취되지 않으며 과거를 잘 망각하고 미래를 향해 용감하게 변혁하는 사람은 소수에 불과하다. 전 휴렛팩커드 회장 겸 CEO 류 플랫(Lew Platt)은 말했다. "과거의 찬란함은 과거일 뿐 미래가 아니다." 미래학자 토플러도 "생존의 제1법칙은 어제의 성공보다 더 위험한 것은 없다"라고 지적했다. 미국 기업들은 강한 위기의식과 기회는 기다리지 않는다는 긴박감을 가지고 있었기에 제때에 혁신의 기회를 잡을 수 있었다. 뿐만 아니라 자신의 기술이나 제품을 과감하게 폐기할 줄도 알았다.

경쟁이 치열한 마이크로프로세서 시장에서 인텔이 영원한 패왕의 지위를 누릴 수 있었던 것은 펜티엄과 같은 속도로 제품을 혁신했기 때문이다. 그들의 제품 업그레이드 속도는 누구도 따라잡지 못할 정도로 빨랐다.

1995년 AMD, 사이릭스(Cyrix) 및 몇몇 회사들이 칩 시장에서 다투고 있을 때, 인텔은 즉각 신형 펜티엄칩을 생산하고 1억5,000만 달러를 투입해 TV 광고전을 펼쳤다. 이외에 인텔은 매분기마다 35%의 할인 판매에 들어갔다. 그 결과 펜티엄의 매출액은 486칩의 초기 매출액 성장 속도보다 8배나 빨랐다. 경쟁자들이 도전의 강도를 점차 높여왔기 때문에 인텔에게는 그다지 많은 선택의 여지가 없었다. AMD사의 486제품은 인텔보다 3년 늦었지만 펜티엄이 출시된 지 겨우 2년 만에 586급 칩을 출시했다. 넥스젠(NexGen)은 펜티엄급 칩을 인텔보다 겨우 18개월이 지난 후에 판매를 개시했다. 그래서 인텔은 경쟁 상대가 없는 첨단 칩에 대한 수요를 촉발하여 수익률 55%를 확보해야 했다.

인텔에게 제품 혁신과 부단한 약진은 다른 선택의 여지가 없는 생존의 길이었다. 인텔은 언제나 업계 선두에 섰으며, 시장이 미처 준비되지 않았을 때 시장을 밀어붙이고 개척했다. "경쟁자들이 평생 우리를 따라오게 하면 된다." 인텔 성공의 비밀은 기술을 앞세워 끊임없이 경쟁자를 뛰어넘고 시장 수요를 개척하는 동시에 기술 혁신을 추진하는 것이었다. 인텔은 언제나 최신 제품을 개발하는 중에 있었으며, 최고의 제품 품질을 보장하기 위해 노력했고 이를 통해 거대한 시장을 점유했다.

인텔의 신화 앤디 그로브 회장은 이런 명언을 남겼다. "실리콘 벨리에서 혁신은 유일한 출구다. 스스로를 폐기하지 않으면 경쟁이 우리를 폐기할 것이다."

1901년에 창립한 미국 질레트사가 100년 동안 면도기 시장에서

70%나 되는 시장점유율을 확보하는 경영 기적을 이룰 수 있었던 비밀은 낡은 것을 버리고 새로운 것을 끊임없이 만들어내는 개발 정신 때문이었다. 그들은 신제품이 나오면 기존 제품을 폐기하고 업그레이드의 발걸음을 가속화했다. 세계 전기면도기 시장을 주도해온 질레트의 핵심 사상은 스스로 자신을 폐기하고 모든 소비자들이 더욱 우수하게 설계된 제품을 사용할 수 있도록 한다는 것이었다.

1962년 영국 윌킨슨(Wilkinson)사가 스테인리스 면도날을 출시했다. 수명은 질레트 면도날보다 세 배나 길었다. 윌킨슨사가 비록 자본이 부족하여 질레트를 위협하지는 못했지만 질레트에게 커다란 교훈을 남겼다. 질레트사는 희생을 마다않고 기존 제품을 혁신하기로 결심했다. 1972년 질레트사는 이중 면도날을 출시했으며, 이중 면도날이 기존의 자사 제품을 점차 잠식해나가는 것을 흐뭇한 마음으로 지켜보았다. 1977년 이중 면도날이 주류 상품의 위치를 차지하고 있을 때 질레트는 회전식 헤드 면도날을 출시했다. 1989년 질레트는 또 센서식 면도날을 출시했다. 이런 혁신적인 움직임은 면도기를 진정한 기호품으로 만들었다. 질레트는 항상 최소 20종의 제품을 기획하고, 매일 직원 200명이 새로운 면도날 기술을 직접 테스트했다. 질레트의 역사는 부단하게 자기 자신을 무너뜨리면서 써내려간 성공사(成功史)이다.

빌 게이츠는 말했다. "우리는 현재의 제품에 만족할 수 없다. 끊임없이 스스로 업그레이드를 해야 한다. 우리 회사 제품은 우리 자신에 의해서 교체되는 것이지 다른 사람들에 의해서 교체되는 것이 아니라는 것을 반드시 기억해야 한다."

　　당신의 기업이 업그레이드된 제품을 출시해서 자사 제품을 먼저 대체하지 않으면 다른 기업이 당신의 제품을 대체할 것이다. 일단 경쟁자의 혁신 속도와 발걸음이 당신의 기업을 뛰어넘게 되면 당신의 기업은 경쟁력을 상실하게 될 것이다. 당신이 부단하게 자기 자신을 폐기하고 기술 혁신과 제품 혁신의 발걸음을 확대하고자 할 때, 경쟁자보다 반보 앞서 나가면서 업계 혁신의 물결을 이끌어 비로소 성공을 거둘 수 있다.

28

창조적 모방이란 무작정 남을
따라하는 것이 아닌 초월과 재창조이다

테오도르 레빗(Theodore Levitt)

'창조적 모방'은 하버드대학 교수 테오도르 레빗이 최초로 내놓은 개념이다. 그는 "창조적 모방은 무작정 남을 따라하는 것이 아닌 초월과 재창조이다"라고 말했다. 많은 기업들의 성공은 창조적 모방에서 비롯되었다.

일본 산업 기술의 시작과 경제 발전은 첨단 기술과 제품에 대한 모방에서 출발하여 마침내 자신만의 발전의 길을 창조해냈다. 2차 세계대전 후 일본의 전자 기술과 자동차 기술은 미국보다 10년 이상 낙후되어 있었다. 그런 일본이 현재는 미국의 전자시장과 자동차시장을 석권하고 있다. 어떻게 일본인은 모방에 성공했을까? 이유는 바로 낡은 것을 몰아내고 새로운 것을 만들어내는 끊임없는 혁신과 초월 정신에서 세워졌기 때문이다. 단순한 기계적 모방이 아닌 다른 사람의 기초 위에서 혁신과 초월을 이뤄냈으며, 이를 통해 미국인을 넘어서고 성공을 거두었다.

모든 이에게 익숙한 IBM은 현재 세계 최대의 컴퓨터 제조업체다. 하지만 IBM을 컴퓨터의 창조자로 꼽는 역사학자는 극히 드물다. 세계 최초의 컴퓨터는 IBM에 의해 만들어지지 않았기 때문이다. 1953년 IBM이 자신의 첫 번째 컴퓨터 IBM701을 출시하기 전인 1946년, 펜실베이니아대학 무어 전기공학부에서 에커트(John P. Eckert)와 머클리(John W. Mauchly)의 주도 하에 성공적으로 세계 최초의 컴퓨터인 에니악(ENIAC)을 개발해냈다. 에니악은 당시 미군 군사용으로 주로 사용되었다. 에니악의 등장은 타자기와 산업용 계산기를 주로 생산하면서 컴퓨터 기능을 혁신하고자 했던 IBM에게는 분명 준엄한 도전이자 절호의 계기이기도 했다.

IBM은 에니악이 급여 계산 등 비즈니스 용도에 더 적합하게 설계되었다는 것을 발견했다. 하지만 에니악의 설계자는 그 점을 전혀 알아차리지 못했다.

컴퓨터의 상업적 활용 전망을 낙관한 IBM은 대량의 인력과 자금을 투입해 에니악의 원리를 응용하여 새롭게 설계한 제품을 대량 생산했다. 에니악을 가장 일상적인 숫자 통계에 응용할 수 있도록 한 것이다. 1953년 IBM이 새롭게 설계된 에니악을 출시하자, 이는 상업용 다용도 컴퓨터 및 컴퓨터 서버의 표준이 되었다.

창조적 모방의 성공으로 IBM은 상용컴퓨터 시장을 신속하게 점령하고 거액의 이윤을 얻을 수 있었다. 이를 바탕으로 그들은 혁신적인 환경을 구축하여 IBM702, IBM703, IBM704, IBM705 등 신제품을 하나씩 순조롭게 출시했다.

IBM은 개인 컴퓨터에서도 마찬가지로 창조적인 모방이라는 책략을 활용했다. 개인 컴퓨터 기술은 원래 애플사가 개발한 것이다. IBM의 모든 직원들은 네트워킹이 되지 않는 컴퓨터는 경제적이지도 합리적이지도 않아 시장성이 없다고 판단했다. 애플사가 개인 컴퓨터를 개발하여 컴퓨터 시장에 일대 혁신을 몰고 올 조짐을 보일 때, IBM도 즉각적인 조치를 취했다. 그들은 애플의 기술을 혁신하여 표준형 개인 컴퓨터와 최소 같은 수준이거나 더 앞선 모델을 개발해냈다. 2년 후 IBM은 개인 컴퓨터 분야에서 애플의 선두 자리를 빼앗았다. IBM은 가장 잘 팔리는 브랜드가 되었으며 개인용 컴퓨터의 표준이 되었다.

IBM의 모방과 혁신이 성공할 수 있었던 것은 참고와 재창조 때문이었다. 그것은 단순한 기계적인 모방이 아니라 자신과 시장의 실제 수요에 근거한 혁신이었다. 찌꺼기를 제거하여 정화를 취합하며 남들의 장점은 취하고 단점은 피해감으로써 경쟁자보다 한층 더 뛰어난 혁신을 이룰 수 있었다.

[경영의 지혜]

성공적인 창조적 모방은 남들이 가는 대로 따라가는 것이 아니라 초월과 재창조를 위한 것이다. 통상적으로 모방은 경쟁자의 성공적인 일면을 흡수하고 개선하여 자신의 강점으로 만드는 동시에 경쟁자의 단점은 버림으로써 후발 주자로서의 경쟁력을 갖출 수 있다.

창조적 모방을 얘기하다 보니 유명한 격언 하나가 떠오른다. "거인의 어깨 위에 서서 보면 더 멀리 보인다." 창조적 모방이 성공하는 까닭은 모방자가 성공적인 선구자의 어깨 위에 서 있기 때문이다.

29

혁신은 일종의 자원 창조다

피터 드러커(Peter F. Drucker)

14년 전, 부채가 자본을 잠식하여 직원 급여도 제대로 못 주던 기업이 있었다. 하지만 올해 이 기업의 매출액은 수백억 위안에 달했고, 매년 평균 성장 속도가 82.8%에 이르렀다. 이 기업이 바로 재계의 기적으로 불리는 '하이얼'이다.

하이얼그룹이 신속하고 안정적인 성장을 유지할 수 있었던 것, 또 시장의 틈새와 소비자의 잠재 수요 속에서 끊임없이 신제품을 개발할 수 있었던 중요한 요인은 바로 혁신 때문이었다.

하이얼그룹의 CEO 장루이민(張瑞敏)은 말했다. "피터 드러커는 '혁신은 일종의 자원 창조다'라는 명언을 남겼다. 우리는 이를 혁신을 통해 새로운 자원, 새로운 시장과 새로운 기술 등을 창조한다는 말로 이해했다. 당신의 발명이 거대한 사회적 효용을 내는 경제 활동으로 전환될 때 비로소 혁신이라고 부를 수 있다." 이러한 사유를 통해 하이얼의 혁신은 시장을 지향점으로, 시장의 난제를 혁신의 과제로, 시장 효과를 혁신의 유일한 검증 표준으로 삼았다.

하이얼은 각종 특허출원 건수가 1,841건(1999년 6월 기준)으로, 중국에서 특허출원 수가 가장 많은 기업이다. 1998년에는 작업일 1일 평균 신제품 1건을 개발했으며 매일 2건의 특허를 출원했다.

장루이민은 기자와의 인터뷰에서 미국 텍사스주 오스틴에 있는 델(Dell)사에 늘 관심을 기울이고 있다고 밝혔다. 델은 모든 고객의 수요에 맞춰 제품을 공급하겠다는 많은 기업가들의 소망을 실현했다. 하이얼그룹의 제품은 현재 8,600종이 넘으며, 몇 년 전에 기업의 생산력을 세분화된 시장 수요에 맞춰 조절했다. 특히 세탁도 가능하고 고구마도 씻을 수 있는 '고구마세탁기'는 농촌 고객들의 실질적인 수요를 만족시켰다.『극동경제평론』도 이에 대해 높은 평가를 내렸다.

하이얼의 고구마세탁기는 판매량은 결코 많지 않았지만 하이얼의 혁신 이념을 검증했고 소비자들에게 신뢰를 주었다. 이러한 시장 수요까지 충족시키는 하이얼이 어떤 사업이든 성공하지 못하겠는가.

"세분화된 시장에서 개성화된 시장으로의 전환은 비약(飛躍)이다!" 장루이민은 현재의 생산 조직 방식에 결코 만족하지 않았다. 그에 따르면, 하이얼은 지금 몇몇 매장에서 고객의 수요에 따라 다양한 모델의 냉장고를 제작해주는 테스트를 하고 있다.

기업의 기술 혁신에서 가장 중요한 것은 시장 효과이다. 시장 효과는 혁신의 성공 여부를 검증하는 유일한 기준이다. 기술 혁신을 통해 얻은 새로운 기술과 성과는 최종적으로 상품화된 형태로 시장으로 유입된다. 시장은 기술 혁신의 출발점이자 종착점이다. 왜냐하면 혁신은 새로운 수요, 새로운 시장, 새로운 고객을 끊임없이 창조할 수 있기 때문이다. 피터 드러커는 "좋은 기업은 수요에 부응하고 위대한 기업은 시장을 창조한다"라고 말했다. 시장은 그 자체로 변화무쌍하다. 변화로써 변화를 제압하고〔以變制變〕, 시장의 최전선을 걸어갈 수 있다면 그 기업은 영원히 승리할 것이다. 이들이 바로 위대한 기업이다.

공급의 측면에서 정의를 내리면 '혁신은 자원의 산출량을 바꾼다'. 수요의 각도에서 보면 '혁신은 자원이 소비자에게 주는 가치와 만족을 바꾼다'. 전자의 혁신은 최종 제품, 최종 용도와 고객을 바꿀 수 없지만 원가를 낮추며, 후자의 혁신은 새로운 소비자 가치를 창조한다.

어떤 의미에서 혁신은 수요를 창조하려는 것이며, 수요를 창조하는 것은 시장을 창조하는 것이고, 시장을 창조하는 것은 소비자를 창조하는 것이다. 이에 대해 기업은 애프터서비스도 있어야겠지만 소비자를 창조하고 육성하는 '비포 (before)서비스'도 있어야 한다. 수요를 창조하고 시장을 창조하고 소비자를 창조하는 것, 이것이 지식경제 시대 혁신의 동력이자 방향이다.

5 장

경영은 소통, 소통, 또 소통이다

'소통'은 오늘날 가장 트렌디하고 사용 빈도가 가장 높은 어휘 중 하나다. 상사와 부하 직원, 동료 간의 효율적인 소통은 매우 중요하다.

마쓰시타 고노스케가 남긴 유명한 말이 있다. "기업 경영은 과거도 소통, 현재도 소통, 미래도 소통이다." 경영은 소통을 벗어날 수 없다. 소통은 경영의 각 분야어 침투해 있으며, 인체 내의 혈액이 순환하는 것처럼 소통하지 않으면 기업은 사망으로 이어질 것이다.

기업 경영이 시종일관 소통으로 관철될 때 기업은 더 빠르고 안정적인 성공 가도를 달릴 수 있다.

30

경영은 소통, 소통, 또 소통이다

잭 웰치(Jack Welch)

기업의 리더들은 보통 개혁 성공의 관건을 선진 경영 기법과 수단을 기업에 도입할 수 있는지의 여부라고 생각한다. 하지만 그들은 개혁 방안의 효율적인 집행 역시 개혁 성공의 열쇠가 된다는 사실을 간과하는 경우가 많다. 집행을 보장하는 중요한 수단은 바로 소통, 소통, 또 소통이다. 소통은 기업 리더와 직원이 생각을 서로 교환하는 유일한 경로다. 또한 문제 발견과 문제 해결, 공감대 형성을 위한 가장 훌륭한 수단이기도 하다.

과거 기업들의 전통적인 소통 방법은 상대적으로 단조로웠다. 많은 경우가 상명하복, 상전하달(上傳下達)의 원칙을 따르고 있었고 부하 직원의 목소리는 경시했다. 과학적인 소통은 위에서 아래로, 아래서 위로 가는 쌍방향의 원칙을 따라야 한다. 충분한 쌍방향 소통을 실현하고 각 부문에서 나오는 의견과 제안을 존중하고 종합할 때 리더는 기업의 실제에 부합하는 의사결정을 내릴 수 있고, 그 결정은 더 큰 집행 가능성을 가지게 될 것이다.

한 연구에 따르면 소통은 '3+7 법칙'을 따른다. 같은 정보에 대해 30%의 사람들만이 완전하게 받아들일 수 있고 나머지 70%의 사람들은 일부만을 받아들인다. 이 법칙에 따르면 리더는 다양한 차원에서, 다양한 시간에, 다양한 지점에서 관련 직원들과 반복적으로 소통해야만 직원들의 대뇌를 자극해서 같은 정보를 충분히 받아들이게 할 수 있다. 동시에 직원들의 생각을 확실하게 이해해서 궁극적으로 전직원의 사상 통일과 행동 일치를 실현할 수 있다.

GE의 전 회장 잭 웰치는 20세기 가장 위대한 기업 리더 중 한 명으로 칭송된다. 취임 초기 GE는 엄격한 계급 제도와 비대한 조직을 가지고 있었다. 잭 웰치는 과감한 개혁을 통해 회사 내부에 비공식 소통의 경영 이념을 도입했다. 웰치는 "경영은 소통, 소통, 또 소통이다"라고 말했다.

GE의 가장 큰 성공은 잭 웰치가 회사 내부에 구축한 비공식 소통의 기업 문화다. 비공식 소통을 통해 웰치는 직원들이 결정적 순간에 그의 존재를 느끼도록 했다.

'비공식' 회사로의 전환은 명령 하달의 사슬을 해체하는 것이며, 각 계층간 교류를 촉진하고 보수 지급 체계를 개혁하는 것을 의미한다. 직원들은 거대한 규모의 회사에서 근무하는 것이 아니라 거의 모든 사람들과 속속들이 잘 알고 지내는 사장과 일을 하고 있다는 느낌을 가지게 되었다.

잭 웰치는 '비공식'이라는 글자의 가치를 다른 사람보다 잘 알고 있었다. 매주 그는 사전에 통보하지 않고 공장과 사무실을 방문하여 즉석에서 관리자들과 오찬을 같이 했다. 작업자들은 팩스를 통해 웰치가 손으로 직접 쓴 메모를 볼 수 있었다. 메모에는 힘이 넘치면서도 깔끔한 필치가 담겨 있었다. 웰치의 의도는 거대하고 복잡한 회사를 지휘 통솔하고 영향력을 행사하기 위해서였다. 그가 가장 즐겨했던 비공식 소통 방식은 펜으로 직접 쓴 메모였다. 메모의 목적은 행동을 장려하고 자극하고 요구하기 위해서였다. 웰치는 메모를 통해 직원에 대한 관심을 표시했고, 직원들이 그들 사이를 단순한 상사 대 부하 관계에서 사람 대 사람 관계로 승화되었다고 느끼게 했다.

GE의 한 관리자는 웰치를 이렇게 묘사했다. "그는 당신을 뒤따라 방을 빙글빙글 돌면서 끊임없이 당신과 논쟁하고 당신의 생각에 반대할 것이다. 당신은 또 그가 당신의 의견에 동의하도록 설득될 때까지 끊임없이 반격해야 한다. 이 과정에서 당신은 반드시 성공할 수 있다는 확신을 가지게 된다." 이것이 바로 소통의 가치다.

웰치는 스스로 말했다. "우리는 사람들이 용감하게 반대 의견을 표현하면서 모든 사실을 노출하는 한편 다른 관점을 존중할 수 있기를 희망합니다. 이것이 우리의 갈등 해결 방법입니다. 훌륭한 소통은 모든 사람들이 사실에 대해 일치된 의견을 가지고 그들의 조직을 위해 계획을 세울 수 있게 합니다. 진실한 소통은 일종의 태도와 환경으로서 모든 단계에서 가장 많은 상호 작용을 보여줍니다. 그 목적은 일치성을 만드는 데 있습니다."

소통은 공감대를 형성하는 것이며, 소통을 실현하기 위한 전제는 모든 사람이 함께 현실을 직시하는 것이다.

비공식 소통은 공식 소통 루트 이외의 방법으로 정보를 교류하고 전달하는 방식이다. 우리가 평소 말하는 '뒷골목 통신'도 비공식 소통 방식의 일종이다. 기업 내부에는 비공식 조직이 존재하며, 사회적 인간으로서 회사 직원들은 비공식 루트를 통해 대량의 정보를 획득하고 그 정보에 대해 반응한다. 기업 경영자가 기업 내부의 비공식 소통 루트를 합리적으로 이용하고 유도하면 정식 루트를 통해서는 획득할 수 없는 많은 정보를 얻을 수 있다. 이를 통해 부하 직원을 이해하는 동시에 잠재적인 문제를 해결함으로써 기업 내부의 응집력을 최대한도로 강화하고 총체적 효과를 발휘할 수 있다.

31

소통은 경영의 생명이다

샘 월튼(Sam Walton, 전 월마트 회장)

전 월마트 회장 샘 월튼은 "소통은 경영의 생명이다. 만약 월마트 체제를 하나의 사상으로 집약해야 한다면 그것은 아마 소통일 것이다. 소통은 우리가 성공하게 된 진정한 열쇠 중 하나이기 때문이다. 우리는 많은 방식으로 소통을 시도한다. 토요일 아침 회의에서 아주 간단한 전화 통화에서 위성 시스템에 이르기까지. 규모가 큰 회사에서 훌륭한 소통을 실현해야 할 필요성은 아무리 강조해도 지나치지 않다"라고 말했다.

샘 월튼은 다름 아닌 회사와 직원 간의 소통을 가장 중요하다고 보았다. 샘 월튼은 매니저 및 직원들과 소통하기 위해 최선을 다했다. 그는 그들을 사랑했고, 그들 또한 그의 마음이 그들을 향해 열려 있다는 것을 확신할 수 있었다.

월튼은 항상 월마트 매장을 비정기적으로 시찰하면서 직원들과 소통을 유지했다. 이를 통해 그는 직원들의 사랑과 존경을 한몸에 받는 한편 대량의 일차적 정보를 얻을 수 있었다. 그는 소통을 통해 문제를 발견하고 그 과정에서 인재를 발굴했다. 그래서 늘 이런 상황이 발생하곤 했다. 그는 부사장에게 전화를 걸어 "누구누구에게 매장 한 곳을 관리하도록 하게. 그 사람은 가능하네"라고 말했다. 부사장은 월튼이 지명한 사람의 경험 등에 대해 의문을 표시했다. 월튼은 말했다. "그 사람에게 매장 하나를 주고 어떻게 하는지 한번 보자고." 월튼은 소통 과정에서 직원의 능력을 이미 알아봤기 때문이었다.

월튼은 자기 매장의 직원을 존중하지 않는 매니저를 절대 용인하지 않았다. 직원과 소통하면서 그런 현상이 있다는 것을 알게 되거나 직접 목격하게 되면 그는 즉각 관리진을 소집해서 회의를 열고 문제를 해결했다. 그래서 월마트의 수많은 직원들은 모두 그를 존경하고 그와의 교류를 즐기고 자신의 문제를 털어놓았다.

과학기술이 진보하면서 월마트와 회사 내부의 소통 수단도 끊임없이 업그레이드되었다. 그들은 컴퓨터, 인공위성 등 최첨단 수단을 활용하기 시작했다.

월마트에서는 현장 조사 외에 회의 중에도 컴퓨터로 결과를 출력해서 회사 내부 매니저와 직원들에게 어떤 상품이 잘 팔리는지 또 어떤 상품이 잘 안 팔리는가를 전달했다. 그런데 정말 가치 있는 정보는 매니저들이 매장에서 직접 가져온 정보였다. 그들은 왜 잘 팔리는 상품이 있고 안 팔리는 상품이 있는지 함께 토론했다. 그런 후 그들은 매장에서 어떤 상품을 판매해야 할지 또는 어떤 상품을 진열대에서 치워야 할 것인가를 의논했다. 회의가 끝난 후 지역 매니저들은 즉각 소지역 매니저들에게 전화를 걸었다. 소지역 매니저들은 다시 각 매장 매니저들에게 알리고 매장 매니저는 부서 매니저에게 즉각 행동을 취하도록 명령했다. 이렇게 전체 회사가 하나의 시스템으로 연결되어 운영되었다.

월튼은 지속적으로 매장을 순시하면서 직원들과 악수를 나누고 많은 사람들의 이름까지도 기억했다. 심지어 매장이 너무 많아서 다 가보는 것이 도저히 불가능할 때도 그렇게 했다. 또 그는 개인 서신을 회사 사보인 『월마트세계』에 실었다. 뒷날 그는 위성 시스템을 이용해 스크린 상에서 직원들을 바라보며 대화했다. 마치 그들의 거실에서 함께 앉아서 담소를 나누는 것처럼 화기애애했다.

월튼은 야유회에서도 수많은 직원들과 대화했다. 모두들 함께 하고 싶은 얘기를 털어놓고 회사의 현재와 미래에 대해 토론했다. 전체 조직의 정보 루트를 원활하게 유지하게 위해 그는 또 각 업무팀 구성원들의 생각과 의견을 수집하는 데도 많은 관심을 보였다. 그는 직원들을 데리고 '월마트친목회' 같은 행사에도 참여했다.

샘 월튼은 직원들에게 회사 사업의 진척 상황을 이해시키고 정보를 공유하는 것은 직원들을 최대한 직책에 충실하게 할 수 있는 중요한 수단이자 감정을 소통하고 연결하는 핵심이라고 생각했다. 월튼은 정보 공유와 책임 분담을 통해 소통과 교류에 대한 직원들의 수요에 부응하는 한편 자신의 목적도 달성했다. 그는 직원들의 책임감과 참여도를 유발함으로써 직원들이 자신의 업무가 회사에서 얼마나 중요한지 깨닫게 하고, 회사의 존중과 신임을 받고 있다고 느끼게 했다. 그리하여 직원들은 더 좋은 실적을 위해 적극적으로 노력했다.

경영에서 소통의 의미는 쉽게 확인될 수 있다. 직원들을 격려하는 모든 요소가 반드시 소통과 함께 연계되어야 되는 것처럼, 기업 발전의 모든 과정도 반드시 소통을 바탕으로 해야 한다. 소통이 없으면 기업 경영자의 리더십도 적극적인 작용을 하기 어렵다. 원활한 소통이 없는 기업은 성공을 말할 수 없다.

32

경영자의 가장 기본적인 능력은 효율적인 소통이다

L. 웰더(L. Welder)

홀륭한 소통 능력 또한 뛰어난 경영인의 필수 덕목이다. 특히 직원들과의 소통은 더욱 중요하다. 직원은 모든 경영자의 시금석이기 때문이다. 더 중요한 것은 그들은 기업의 토대이기 때문이다.

영국의 경영학자 L. 웰더는 말했다. "경영자는 여러 가지 능력을 갖춰야 하지간 가장 기본적인 능력은 효율적인 소통이다."

경영자로서 다른 사람과 소통하고 교류하는 능력은 상당히 중요하다. 다른 사람들과의 교류에 뛰어난 관리자는 부하의 신뢰를 확보할 수 있으며 단결하고 협력하는 분위기가 충만한 부서를 만들 수 있다.

소통은 기업 경영에 있어 매우 중요하다. 기업에는 기업 내 소통의 중요성을 직관적으로 반영할 수 있는 두 개의 숫자가 있는데, 바로 두 개의 70%다.

첫 번째 70%란 기업 경영자들은 실제 70%의 시간을 소통을 위해 사용한다는 것이다. 회의, 협상, 대화, 업무 보고는 가장 흔한 소통 형식이다. 보고서 작성도 사실 일종의 서면 소통 방식이며, 각종 외부 방문, 미팅도 소통의 표현 형식이다. 그래서 70%의 시간을 소통에 쓴다고 말하는 것이다.

두 번째 70%란 기업의 문제 중 70%는 소통의 장애로 야기된다는 것이다. 예를 들어 기업에서 흔히 볼 수 있는 저효율성 문제도 대부분의 경우가 소통이 없거나 소통을 할 줄 몰라 일어난 것이다. 또 낮은 집행력, 리더십 부족 등의 문제도 결국은 부족한 소통 능력과 관련이 있다. 예를 들어 관리자들은 늘 부하 직원들이 더 잘하지 못해 안타까워한다. 그들은 연초에 세운 목표를 부하 직원들이 달성하지 못하고 있으며, 그들에게 거는 기대치만큼 못한다고 생각한다.

왜 부하 직원들이 목표를 달성하지 못하는 상황이 늘 발생할까? 조사에 따르면 부하 직원들은 상사의 목표나 기대를 잘 모르고 있다. 이는 상사의 표현 방식에 문제가 있거나 직원들의 의사 소화 능력 부족을 막론하고 모두 원활하지 못한 소통으로 인해 야기된 것이다.

효율적인 소통의 가능 여부가 기업의 성패를 결정하고 경영자의 성패를 결정한다. 훌륭한 소통 능력을 갖춘 경영자는 아주 수월하게 기업을 성공시킬 수 있다.

오하이오주 나일스에는 US Steel과 여러 가지 티타늄 제품을 생산하는 RMI가 자리하고 있다. RMI사는 몇 년 동안 회사의 작업 효율이 떨어지고 생산성과 수익성도 오르지 않았다.

그러나 빅 짐 대니얼이 RMI 사장으로 취임한 후 상황은 달라졌다. 빅 짐은 특별한 경영 비결은 없었고, 단지 공장 곳곳에 다음과 같은 표어를 붙여놓았다.

"웃지 않는 사람을 보게 되면 당신의 웃는 얼굴을 그에게 나눠주세요."

"무슨 일이든 기쁜 마음으로 해야 성공할 수 있습니다."

표어 아래에는 '빅 짐'이라는 서명이 있었다.

회사에는 또 하나 웃는 얼굴이 그려진 특별한 상징 깃발이 있었다. 사무용품에도, 공장 대문에도, 공장 내 팻말에도, 심지어는 직원들의 안전모에까지 웃는 얼굴을 그려 넣었다. 이것이 바로 미국인들이 말하는 '오하이오의 웃는 얼굴'이다. 『월스트리트저널』은 '순수한 위스키부드러운 마음의 구호, 감정의 교류와 충만한 미소의 혼합물'이라고 표현했다.

빅 짐 자신도 언제나 만면에 봄바람과 같은 따뜻한 미소를 띠고 있었다. 그는 사람들에게 의견을 구할 때 직원의 이름을 크게 부르면서 인사했으며, 공장 직원 2,000명 모두의 이름을 일일이 다 기억했다. 그는 또 노조 회장을 회의에 배석시키고 공장의 계획이 무엇인지 알게 했다.

그 결과 불과 3개월 만에 한 푼의 투자도 없이 생산성은 8% 가까이 향상되었다.

성공하는 모든 경영자는 탁월한 소통 능력을 가지고 있다. 소위 성공하는 경영자는 타고난 우수한 자질 외에도 전직원과 끊임없이 소통하고자 하는 경영 철학에서 그들의 행동이 나온다. 그들은 소통의 중요성을 십분 이해하고 있다. 사교 활동에서든 가정에서든 아니면 근무지에서든 사람들과 소통하는 자신만의 특유한 기술과 능력을 아낌

없이 발휘한다. 이를 통해 그들은 사람들의 사랑과 존경, 신뢰, 협력을 교묘하게 얻어내고 나아가 인생의 성공을 거머쥔다.

경영자는 현장에서 활동할 때 소통 능력의 부족과 부하 직원과의 교류 부족으로 인해 야기되는 업무상의 갈등과 문제를 자주 발견하게 된다. 현대 사회에서 소통은 모든 리더의 필수 능력이 되었다. 하버드대학의 권위 있는 교수들은 '리더의 진정한 업무는 소통이다. 그래서 의사결정 계층과 관리 계층에게 소통은 필요한 것일 뿐 아니라 더 나아가 필수적인 것이다' 라고 입을 모았다.

33

다양한 목소리를 경청하지 못하는 것은 경영자 최대의 실수다

메리 케이(Mary Kay, 메리 케이 창립자)

소통 능력은 경영자의 가장 기본적인 덕목이다. 소통의 핵심은 역시 경청이다.

경청은 인류가 소통하는 가장 효율적인 수단 중 하나다. 안타깝게도 대다수 경영자들이 제대로 경청할 줄 모른다. 소수의 경영자만이 어떻게 경청하고 그것을 실제 경영에 활용할 것인가를 알고 있을 뿐이다.

다른 사람에 대한 경청은 경영자가 가장 효율적으로 소통하는 중요한 기교다. 가장 성공적인 경영자는 가장 훌륭한 경청자다.

"다양한 목소리를 경청하지 못하는 것은 경영자 최대의 실수다." 메리 케이는 『Mary Kay On People Management(메리 케이의 인간 경영)』라는 책에서 경청의 영향력을 이렇게 설명했다.

메리 케이는 20만 명의 뷰티컨설턴트를 거느린 화장품 회사로 급성장했다. 그녀의 회사가 신속하게 발전할 수 있었던 성공 비결 중 하나는 직원 한 사람 한 사람의 가치를 중시하고, 직원이 정말로 필요로 하는 것은 돈도 지위도 아닌 그들의 의견을 진정으로 경청할 수 있는 경영자라는 점을 분명히 인식했다는 점이다. 그래서 그녀는 자신을 비롯한 모든 관리 직원들에게 이 금과옥조를 기억하도록 엄격하게 요구했다. "경청은 가장 우선적인 일이다. 경청의 능력을 절대 하찮게 봐서는 안 된다."

누군가 인류의 모든 행위 가운데 진지한 경청 태도는 사람들로 하여금 자신이 존중받고 있으며 자신의 가치를 인정받고 있다고 느끼게 한다고 말했다.

수많은 정상급 세일즈맨들은 청산유수와 같은 언변도 가지고 있지 않고 설득력도 그다지 뛰어나지 않다. 그런데도 그들의 실적은 비슷비슷한 동료들보다 10배, 20배가 더 많다.

성공한 한 세일즈맨은 자신의 성공 비결을 화룡정점을 찍듯 이렇게 말했다.

"누군가 나에게 어떻게 그렇게 줄곧 우수한 실적을 유지할 수 있었으며, 일곱 자리 숫자에 달하는 월수입을 올릴 수 있는지 물었다. 나는 원인을 자세하게 분석해봤다. 나는 모든 세일즈맨의 의도와 능력은 비슷하다고 생각한다. 단지 나는 모든 미팅에서 어떻게 하면 예비 고객에게 나보다 서너 배 이상으로 말을 많이 하도록 만들 것인가에 대해 생각한다. 마주보고 대화를 나눌 때 나는 아주 충실한 청중의 배역을 맡는다. 아마도 이것이 내가 다른 사람들보다 뛰어난 점일 것이다."

우리는 늘 각종 신문이나 잡지, 조사 보고서를 통해 일반적으로 경청할 줄 아는 사람이 더 좋고 높은 직위에 있으며, 승진 속도도 경청 능력 훈련을 받지 않은 사람보다 훨씬 빠르다는 천편일률적인 글들을 보게 된다.

실제로 정말 그렇다. 걸출한 성공자라 칭할 수 있는 사람들 중 십중 팔구는 모두 전형적인 '가장 훌륭한 청중'이다. 그들은 업무에서 놀랄 만한 기록을 만들어낸다. 그들이 사업에서 성공할 수 있었던 것은 바로 진지한 경청의 결과이다.

[경영의 지혜]

처칠은 '일어나서 발언을 할 때도 용기가 필요하지만 앉아서 경청을 할 때도 역시 용기가 필요하다'라는 훌륭한 말을 남겼다.

경청 기술을 기르는 것은 성공하는 소통의 출발점이다. "하느님은 우리에게 한 개의 혀와 두 개의 귀를 내리셨다." 그래서 우리는 다른 사람에게서 듣는 말 이 우리가 하는 말 보다 두 배 많다. 그리스 철학자가 이 말을 한 의도는 우리에 게 많이 듣고 적게 말하라고 충고하기 위한 것이다.

소통을 할 때 가장 어려운 점은 자신의 의견이나 생각을 어떻게 말하느냐는 것이 아니라 다른 사람의 마음의 목소리를 어떻게 듣느냐에 있다.

34

기업 경영의 과거형은 관리,
현재형은 소통, 미래형 역시 소통이다

마쓰시타 고노스케(松下幸之助)

오늘날 소통은 가장 트렌디하고 사용 빈도가 가장 높은 어휘 중 하나다. 상하 간, 동료 간의 효율적인 소통은 매우 중요하다.

마쓰시타 고노스케는 일본에서 '경영의 신'이라고 불린다. 그의 경영 사상에서 경청과 소통은 매우 중요한 위치에 있다.

그는 경영에 대해 "기업 경영의 과거형은 관리, 현재형은 소통, 미래 역시 소통이다"라는 명언을 남겼다.

마쓰시타의 뜻은 아주 명확하다. 기업 경영은 언제나 소통을 벗어날 수 없다는 뜻이다.

경영은 소통을 벗어날 수 없다. 소통은 경영의 각 부분에 침투되어 있다. 인체의 혈액이 순환하는 것처럼 소통이 활동하지 않으면 기업은 사망으로 가게 될 것이다.

마쓰시타는 직원과의 소통에 매우 뛰어났다. 특히 직원들의 좋은 제안과 일상적인 불평불만을 잘 경청했다.

그는 늘 부하 직원들에게 물었다. "이 일에 대해 어떻게 생각하고 있는지 말해보게", "만약 자네라면 어떻게 하겠는가?" 젊은 관리사원들은 그다지 말하고 싶어 하지 않았으나 회장이 자신을 매우 존중하고 진지하게 경청하면서 메모하는 모습을 보이자 견해를 진지하게 밝히기 시작했다.

듣는 사람이 말하는 사람에 대한 존중을 표시하면서 형식에 구애받지 않고 예의바르고 주의 깊게 들으면 대답하는 사람은 매우 진지하게 하고 싶은 말을 술술 털어놓을 것이다. 이렇게 하급 관리자가 경영 비결을 신속하게 파악하게 되면 회사에 큰 도움이 된다.

이외에 마쓰시타 고노스케는 시간만 나면 공장을 돌아다녔다. 문제점을 찾아내기에도 수월했고, 또 현장 노동자의 의견과 제안을 듣는데도 유리했다. 그는 후자를 더욱 중요하게 생각했다. 노동자가 의견을 반영할 때 그는 언제나 진지하게 경청했다. 상대방이 얼마나 말이 많든 또 자신이 얼마나 바쁘든 그는 늘 진지하게 경청했다. 연신 고개를 끄덕이면서 동의하는 의견에는 수시로 공감을 표현했다. 그는 늘 "어떤 사람의 말이든 항상 한두 마디는 받아들일 만하다"라고 말해왔다.

마쓰시타의 머릿속에는 사람이 보잘것없으면 말까지도 하찮다는 '인미언경(人微言輕)'의 편견이 없었다. 그는 가장 밑바닥에 있는 사람의 의견이라 할지라도 진지하게 경청했다. 하지만 그는 다른 사람이 그에게 아첨하는 것을 경멸했다. 만약 그런 상황이 생기면 상대방이 그와 비슷한 지위에 있다 할지라도 전혀 주저하지 않고 "정말로 그렇게 생각하십니까? 당신도 리더인데 그런 말씀이 적절합니까?"라고

하거나 비슷한 유의 말로 반박했다. 사람들이 당장은 힘들게 느껴도 나중에는 마쓰시타의 사람됨을 더욱 존경하게 되고, 그에게 할 말이 있으면 쓸데없는 말은 늘어놓지 않고 단도직입적으로 이야기했다. 이는 마쓰시타 본인에게나 다른 사람에게나 또 회사의 발전에도 모두 장점이 되었다. 마쓰시타전기는 소통과 교류에 뛰어난 회장 덕분에 적지 않은 수익을 거두었다.

미국의 저명한 미래학자 존 나이스비트(John Naisbitt)는 일찍이 이렇게 말했다. "미래의 경쟁은 경영 경쟁이 될 것이다. 경쟁의 초점은 각 조직 내부 구성원과 외부 조직 간의 효율적인 소통에 있다." 소통은 경영 행위의 가장 중요한 부분으로, 모든 경영 예술의 정수라고도 말할 수 있다. 어느 시대든 기업 경영과 소통은 불가분의 관계에 있다.

[경영의 지혜]

사람들은 굳이 말로 표현하지 않아도 소통의 중요성을 잘 알지만 늘 그것을 잊어버린다. 소통이 없으면 기업의 성공도 없다.

경영의 정의는 아주 간단하다. 과거, 현재, 미래 모두가 다 소통이다. 경영은 소통을 벗어날 수 없으며, 소통은 경영의 각 부문에 침투되어 있다. 인체 내의 혈액이 순환하는 것처럼 소통이 없으면 기업도 사망으로 가게 될 것이다.

기업 경영이 시종일관 소통으로 관철될 때 기업은 더 빠르고 안정적인 성공 가도를 달릴 수 있다.

6장

경영은 의사결정이다

한 학자가 기업 조사를 실시하면서 경영자들에게 세 가지 질문을 했다.

'하루 중 가장 중요한 일은 무엇이라고 생각하는가?', '하루 중 어떤 일에 가장 많은 시간을 쓰는가?', '직책을 수행할 때 가장 곤란한 점은 무엇인가?' 그 결과 얻어낸 응답 중 90% 이상이 모두 '의사결정'이었다.

미국의 저명한 경영학자 허버트 사이먼(Herbert A. Simon)은 "의사결정은 경영의 심장이며, 경영은 일련의 의사결정으로 이루어진다. 경영은 곧 의사결정이다"라고 말했다.

어떤 의미에서 모든 기업의 성공은 의사결정의 성공이며 모든 기업의 실패도 다 의사결정의 실패다.

35

경영은 의사결정이다

허버트 사이먼(Herbert A. Simon)

한 학자가 기업 조사를 실시하면서 경영자들에게 세 가지 질문을 했다.

"하루 중 가장 중요한 일은 무엇이라고 생각하는가?", "하루 중 어떤 일에 가장 많은 시간을 쓰는가?", "직책을 수행할 때 가장 곤란한 점은 무엇인가?" 그 결과 얻어낸 응답 중 90% 이상이 모두 '의사결정'이었다.

확실히 의사결정은 기업의 발전에 중요한 역할을 한다. 기업 경영의 득실을 살펴보면 대체로 이런 결론을 얻을 수 있다. 기업이 생존하고 발전하는 과정에서 의사결정은 중요한 것이며, 심지어 결정적인 요소가 되기도 한다. 같은 기업, 같은 환경이지만 다른 의사결정을 내렸기 때문에 기업의 경영 상황은 현저한 차이를 보인다.

미국의 저명한 경영학자 허버트 사이먼은 "의사결정은 경영의 심장이며, 경영은 일련의 의사결정으로 이루어진다. 경영은 곧 의사결정이다"라고 말했다. 경영 활동의 모든 과정은 의사결정의 과정이다. 경영은 의사결정을 특징으로 하며, 의사결정은 경영자의 주요 임무다. 경영자는 의사결정 문제를 연구하는 데 정력을 집중해야 한다.

어떤 의미에서 모든 기업의 성공은 의사결정의 성공이며 또 모든 기업의 실패 또한 의사결정의 실패다. 많은 기업이 성공할 수 있었던 것은 훌륭한 의사결정을 했기 때문이다. 훌륭한 의사결정을 통해 기업은 신속하게 발전할 수 있으며, 또 위기에서 벗어나 발전의 길을 걸을 수 있다.

크라이슬러자동차는 1970년대에 방만한 경영으로 적자를 보았으며, 1980년대 초에는 미증유의 어려움에 빠지고 말았다. 판매량이 급격하게 하락하자 회사는 연구개발 비용을 삭감해야 했고, 이 때문에 자동차 모델이 노화되고 품질은 떨어졌다. 그러자 판매량은 더욱더 급격하게 줄어들었다.

1978년 크라이슬러는 적자가 2억 5천만 달러에 달했다. 1979년 유가가 폭등하자 더 큰 어려움 속으로 빠져들었다. 총 적자액은 10억 달러에 육박했고, 회사의 앞날에는 악재만 쌓여갔다.

아이아코카가 어려운 가운데 중임을 떠맡아 크라이슬러에 취임한 후, 회사 간부의 무력함이 적자의 중요한 요인이라는 사실을 발견했다. 그는 3년 동안 부사장 35명 중 33명을 해임하는 동시에 포드자동차에서 퇴직한 인력 중 똑똑하고 능력 있는 인물들을 영입했다. 그들은 재무, 설계, 생산, 판매 등 각 부문에서 새롭고 치밀하고 효율적인 관리 시스템을 구축했다. 인사 문제를 적절하게 조정한 아이아코카는 크라이슬러자동차의 당당한 재기를 위해 밑그림을 그리고 있었다.

그런데 인간의 계산은 하늘의 계산을 따라가지 못했다. 아이아코카가 자신의 재주와 능력을 한껏 발휘하고 있을 무렵인 1979년 1월 16일, 이란 국왕 팔레비가 돌연 사임하는 사건이 발생했다. 이란 정국의 불안정은 유가에 직접적인 영향을 주었다. 자동차 산업에 있어 석유는 생명과도 같은 것이다. 불과 몇 주 동안 휘발유 가격은 두 배로 올랐고, 에너지 위기는 맨 처음 서해안의 캘리포니아에 타격을 입혔다. 거리마다 온통 휘발유를 사기 위해 모인 사람들이 장사진을 이뤘고, 뉴욕의 주유소에서는 일대 혼란이 일기도 했다. 6월말이 되자 영업을 하는 주유소를 찾을 수가 없게 되었다.

석유 위기의 직접적인 결과로 레저용 차량, 버스, 캠핑카 등 고급 제품을 생산하던 크라이슬러는 순식간에 시장을 잃어버렸다. 크라이슬러가 공급하던 레저용 차량의 엔진과 플랫폼은 전혀 판매가 되지 않았고, 이러한 상황에서 아이아코카는 냉정하게 시장 상황을 분석한 후 즉각적인 조치를 취했다. 우선 연료 절감형 소형차에 대한 투자를 늘리기로 결정했다.

하지만 이 조치의 대가는 참혹했다. 이때 미국 전역은 경제 쇠퇴기에 빠져들어 자동차 판매량은 50%나 줄어들었고, 크라이슬러는 두 번째 심각한 타격을 입었다.

크라이슬러는 투자를 늘려야 했지만 수입은 기존의 절반에 불과했다. 이렇게 수지 타산이 맞지 않는 상황에서 생존하기 위해서는 더 강력한 조치를 취하는 수밖에 없었다. 아이아코카는 인력을 감축하고 지출을 줄이는 동시에 정부에도 도움을 요청했다.

리 아이아코카는 즉각 연방 정부에 12억 달러의 대출을 신청했다.

그는 정부가 크라이슬러자동차의 몰락을 방치한다면 미시건, 오하이오, 인디애나를 비롯한 다섯 개 주의 노동자와 부품 공급자가 실직을 하게 될 것이라고 주장했다. 대통령 선거가 다가오고 있었기 때문에 민주·공화 양당은 민심을 얻기 위해 이 대출 프로젝트를 전력으로 지원했다. 결국 의회는 아이아코카의 기대대로 12억 달러의 대출을 비준했다. 크라이슬러는 즉각 눈앞의 불을 끄는 데 8억 달러를 사용했으며, 이를 계기로 어려움에서 벗어나 기사회생하여 마침내 재도약의 길을 걷게 되었다.

경영의 과정은 의사결정의 과정이다. 크라이슬러의 성공에서 아이아코카의 의사결정이 기업 발전 과정의 모든 순간에 키포인트 역할을 했다는 점을 어렵지 않게 알 수 있다.

의사결정은 경영의 핵심이다. 경영자가 대세를 파악하여 과학적인 분석으로 적절한 시기에 즉각적인 의사결정을 할 수 있다면 기업은 성공할 수 있다.

[경영의 지혜]

경영은 의사결정이고 의사결정은 경영의 기초다. 기업 경영자는 사고 능력을 키워야 하지만 더 중요한 것은 의사결정의 방법을 배우는 것이다. 의사결정은 기업에서 어떤 일을 하건 항상 첫걸음이 된다. 다시 말해 기업은 먼저 무엇을 할 것인가를 결정해야 하고, 그 다음에 비로소 어떻게 할 것인가 하는 문제를 결정한다. 의사결정은 가장 많은 정력을 소모하고 가장 큰 리스크를 감당해야 하는 핵심적인 경영 업무다.

실제 경영에서 의사결정은 경영자의 가장 중요한 일이라고 보편적으로 인식되고 있다. 경영자에게 의사결정을 해야 할 필요가 있는지 없는지 하는 문제는 존재하지 않는다. 다만 어떻게 더 훌륭하고 합리적이고 효율적인 의사결정을 할 수 있는가 하는 문제만 있을 뿐이다. 각기 다른 경영 단계에서의 의사결정은 영향력도 서로 다르다. 따라서 의사결정 과정을 개선하고 의사결정의 수준을 향상시키는 일은 경영자가 항상 주의를 기울여야 하는 중요한 문제 가운데 하나가 되어야 한다.

36

파산하는 대기업 100개 중 85%는 경영자의
신중하지 못한 의사결정으로 야기된 것이다

랜드사(미국의 컨설팅 회사)

1955년 미국 『포춘』지가 선정한 세계 500대 기업들 중 불과 1/3만이 지금까지 남아 있다. 다시 말해서 100여 개 기업을 뺀 나머지는 이미 파산했거나 다른 기업에 인수 합병되었다.

왜 이런 결과가 생겼을까? 반세기 동안 세계 10대 브레인그룹으로 늘 선두를 달렸고, 미국에서 가장 유명한 의사결정 컨설팅 기구인 랜드사의 전문가는 '세계에서 파산하는 대기업 100개 중 85%는 경영자의 신중하지 못한 의사결정으로 야기된 것이다' 라고 진단했다.

이 데이터는 설사 세계 500대 기업에 속했다 하더라도 발전의 길에서 쇠퇴의 길로 접어들 수도, 대발전에서 대실패로 역전될 수도, 강력한 기업에서 파산 기업으로 갈 수도 있다는 것을 보여준다. 파산 원인을 분석해보면 대다수는 전략적 의사결정의 실수 때문이다. 또 잘못된 의사결정으로 수많은 기업들이 맹목적인 확장을 시도하다가 함정에 빠진 결과이다.

중국 기업들을 살펴보면 개혁 초기에 혁혁한 공을 세웠던 인물들도 오늘날 실패한 인물로 기록되고 있다. 주요 원인은 바로 의사결정의 실수에 있었다.

쥐런(巨人)그룹은 컴퓨터 소프트웨어로 성장한 기업이다. 그러다 1994년 건강보조식품업에 뛰어들어 '나오황진(腦黃金)'으로 첫 승전보를 울리며, 바이오 산업 분야에서 발 빠르게 사업을 확장했다. 그들은 급하게 사업을 확장하면서 경영 체제나 마케팅 전략은 전혀 조정하지 않았다. 그 결과 5,000만 위안 이상의 손해를 봐야 했다.

1993년 하반기 왕안(王安)컴퓨터의 파산으로 큰 충격을 받은 쥐런그룹 경영진은 컴퓨터 산업의 전망에 회의적인 시각을 가지게 되었고, 기업의 의사결정자는 새로운 기반 산업의 필요성을 절감했다. 이와 동시에 막 시작된 바이오 산업의 높은 이윤이 의사결정층의 흥미를 자극했다. 이상 두 가지 생각에 기초하여 쥐런그룹은 바이오 산업에 뛰어들기로 결정했다. 바이오 산업은 쥐런에게 전혀 생소한 분야였다. 우선 기술력이 없었고, 둘째는 시장을 알지 못했으며, 시장 수요의 특징과 소비 경향 등도 몰랐다. 이는 바이오 산업에 성급하게 뛰어든 쥐런그룹의 선천적 결함이자 치명적인 내상이었다.

1993년 쥐런은 캉위안(康元)그룹을 설립하고 '나오황진' 사업을 추진했다. 그 결과 단번에 대박을 터뜨리면서 고액의 이윤을 벌어들였다. 이는 그룹 경영진들도 예측하지 못한 결과였다.

판매가 호조를 보이자 쥐런그룹은 또 다시 시리즈 제품 개발에 1,000만 위안을 투입하면서 바이오 산업을 전면 확대하기로 결정했다. 2년이라는 짧은 기간 안에 쥐런은 바이오 산업에서 빠르게 성장해 나갔다.

쥐런의 '나오황진'이 엄청난 성공을 거두자, 1995년 그룹 총수 스위주(史玉柱)는 광고비로 무려 1억 위안을 쏟아 부었다. 아울러 시장에 제품 12종을 출시하고 전국에 '8대 군구(軍區)'라고 불리는 판매 센터 8개를 설립했다. 그 아래로 판매 회사 18개를 설립하면서 신속하게 몸집을 불려나갔다.

판매 회사가 급속히 늘어나자 당장 관리 인력이 부족한 문제가 부각되었다. 스위주는 매월 한 차례 전국 지점장회의를 열고 각 부문의 보고를 들었다. 동시에 그는 매년 180개가 넘는 자회사를 두 번씩 순시했는데, 한 번 순시하는 데 한 달 이상이 걸렸다. 그는 점차 의욕만큼 건강이 앞서지 않음을 느꼈다. 그래서 처음에는 의식적으로 권한 이양을 시도했으나 결과적으로 더 엉망이 되었다. 2년 동안 사장이 네댓 명이나 바뀌었고, 매번 캉위안그룹에 거대한 손실을 입혔다.

기업이 급속하게 확장될 때 생기는 또 하나의 치명적인 문제는 효율적인 마케팅 전략의 부족이다. 캉위안은 시장을 잘 모르는 상황에서 단번에 1억 위안이 넘는 신제품을 생산한 반면 마케팅은 옛날 방식을 그대로 고수했다. 그 결과 대량의 재고가 발생했으며, 원가를 제대로 통제하지 못해 재무 관리가 혼선을 빚어 채권·채무 관계가 불분명해졌다. 일상적 관리 업무가 흐트러지고 낭비가 심각해지자 점차적으로 빚이 산더미처럼 쌓여갔다. 결국에는 누적 채무가 1억 위안에 달했고, 채권액을 뺀 순수 채무만 5,000만 위안이 넘었다.

잘못된 의사결정으로 인한 방만한 경영이 쥐런그룹에 가져다준 것은 성공이 아닌 철저한 실패였다.

실패한 중국 기업들을 연구한 결과에 따르면, 실패한 기업의 80%가 의사결정의 실패로 인한 것이었다. 실패한 거의 모든 기업이 자기 반성을 할 때 예외 없이 모두 자신의 의사결정 실패를 돌이켜본다. 의사결정의 실수는 기업가와 기업이 실패하는 첫 번째 원인이다. 의사결정은 기업의 모든 신경 조직에 영향을 미친다.

나폴레옹 힐은 말했다. "의사결정보다 더 어려운 일은 없다. 따라서 의사결정보다 더 소중한 일도 없다." 어떻게 각 부문 정책 수립자와 경영자의 의사결정 수준을 높일 것인가 하는 문제는 재계가 당면한 가장 중대한 문제다.

기업이 발전하는 과정에서 경영자는 끊임없이 의사결정 의식을 강화하고 정확한 의사결정 능력을 향상시켜야 한다. 그래야만 정확한 궤도로 영원히 전진할 수 있는 기업을 만들어갈 수 있다.

37

정확한 의사결정은 다수의 지혜에서 나온다

토마스 다이(Thomas Dye)

어떤 기업은 경영 과정에서 한 사람이 독단적으로 의사결정을 한다. 한 사람이 말만 하면 끝이고 그가 모든 중요한 일을 다 처리하여 개인이 기업의 운명을 결정한다.

의사결정자가 맹목적인 자만심과 독선에 빠져 혼자서 다수의 지혜를 대신하고 개인의 의사로 과학적인 의사결정을 대신하면 필연적으로 의사결정의 실패를 불러오게 된다.

'무리가 횃불을 들면 불꽃이 높아진다', '못난 갖바치 세 명이 제갈량 한 사람을 이긴다' 라는 말이 있다. 경영 환경이 복잡다단하게 얽혀 있는 오늘날, 기업의 의사결정자는 전체의 지혜에 의지해야 한다. 그래서 다른 사람의 의견을 듣지 않는 태도를 지양하는 것이 중요하다.

미국의 사회학자 토마스 다이는 말했다. "정확한 의사결정은 다수의 지혜에서 나온다. 만약 한 사람의 말로 모든 상황이 종료된다면 다른 사람들은 아무것도 하려들지 않을 것이다." 결국 집단의 지혜를 모아 의사결정을 할 때 효율적인 집행이 가능하다는 말이다.

세계적으로 유명한 기업인 쉘(Shell)은 기업 내 각 부서별로 충분한 자주권을 부여하고 있다. 회사의 권력이 어느 한 사람에게 집중되어 있는 것이 아니라 각 부서에 분산되어 있다. 각 부서는 결과와 기술 리포트에 근거하여 자체적으로 의사결정을 하고 경영 과정에서 부딪힌 각종 문제를 해결했다. 윗사람의 지시를 받을 필요도, 결재를 받을 필요도 없었다. 부서 책임자는 현지 고객과 긴밀한 관계를 맺고 신속하게 대처하여, 갑작스럽게 닥치는 외부의 돌발 사건도 쉽게 해결할 수 있었다.

중대한 문제에 대한 의사결정을 할 때, 쉘은 6명의 집행이사 팀이 이사회를 구성하고 모든 의사결정은 반드시 만장일치로 통과시키는 방식을 채택했다. 이를 통해 대표이사 한 사람의 독단적 행위를 방지했다. 쉘은 이러한 조직관리 방법을 통해 1980년대 대형 석유회사에 대한 맹목적인 인수합병 물결로 야기된 리스크를 피할 수 있었으며, 대량의 외채 도입으로 인한 리스크도 피할 수 있었다.

쉘은 이와 같은 조직관리 방법으로 집단의 역량을 발휘할 수 있었으며, 집행이사 개인의 역량을 발휘할 수 있는 기회도 제공하였다. 회사의 모든 집행이사는 말단에서부터 올라왔으며, 최소 한 개 지역 이상의 업무를 관장한 경험이 있었다. 그래서 집행이사의 의사결정에는 독특한 식견과 깊이가 있었다.

쉘의 의사결정 관리 제도는 '완벽한 사람은 없다' 라는 깨우침을 준다. 모든 사람의 능력은 유한하다. 많은 의사결정자들의 위대한 성공을 살펴보면 절대 혼자만의 힘으로 난관을 극복한 것이 아니다. 그들이 성공할 수 있었던 비결은 단체의 지혜가 있었기 때문이다.

따라서 변화무쌍한 비즈니스 환경 속에서 성공적인 의사결정은 의사결정자 개인의 지혜뿐만 아니라 여러 사람의 의견을 집결해 더 큰 효과를 창출하는 지혜가 필요하다. 아울러 의사결정자는 의사결정에 대한 다양한 의견을 비교 통합하고, 장단점을 보완해서 시야를 넓히며, 사고의 깊이를 더하는 능력이 필요하다. 이를 통해 집단의 지혜가 가지는 우위를 최대한으로 발휘할 수 있으며 의사결정의 성공을 보장할 수 있다.

[경영의 지혜]

오늘날 세계는 기술과 정보가 넘쳐나는 시대로, 현대 기업 경영은 더욱 커져가는 복잡성, 다변성, 경쟁성에 직면해 있다. 개인의 능력은 제한적일뿐더러 새로운 수요에 적용하기가 매우 어렵다. 따라서 효율적인 경영자는 최대한 민주적으로 집단의 지혜에 근거하여 의사결정을 해야 한다. 전문가로 구성된 브레인트러스트의 역할을 활성화하는 데 주의를 기울이는 한편 의사결정 그룹을 구성해서 집단 토론을 진행하고, 이에 근거한 의사결정을 내리면서 더 큰 성공의 가능성을 만들어가야 할 것이다.

38

성공적인 의사결정은
90%의 정보와 10%의 직감이다

S. M 왓슨(S. M Watson)

의사결정을 내릴 때는 반드시 대량의 정보를 확보하고 있어야 한다. 머리와 가슴만으로는 전혀 통하지 않는다. 의사결정자가 정보 의식을 수립하지 않고, 또 정보 원칙을 따르지 않으면서 큰 사업을 한다는 것은 불가능하다.

구체적이고 신뢰 가능한 정보 파악이 전제되지 않으면 의사결정자는 한 걸음도 나아가기 힘들며, 성공이라는 두 글자는 말할 필요도 없다. 정보는 무형의 재산이다. 경영자는 정보의 망망대해에서 즉각적이고 정확하게 유용한 정보를 획득해야 한다. 이를 기반으로 업계의 발전 추세를 따라잡으면서 자신의 경영 방식을 확정짓고 정확한 의사결정을 내려야만 거대한 성공을 불러올 수 있다. 정보는 의사결정의 기초이며, 의사결정은 정보의 결정체다.

미국 기업가 S. M 왓슨은 "성공적인 의사결정은 90%의 정보와 10%

의 직감이다"라고 말했다. 성공한 기업들은 정보를 가장 중요하게 여긴다. 그들은 정보를 생명으로 간주하며, 또 정보를 이용해서 가장 효율적인 의사결정을 내릴 줄 알다.

미국 자동차 시장을 점령한 일본은 효율적인 정보 활용의 전형적인 사례로 꼽히고 있다. 1970년대에 석유 위기가 발발하자 유가는 배럴당 18달러에서 32달러로 급반등했다. 서방의 수많은 에너지 다소비 기업들이 잇달아 파산했으며, 경영은 일대 혼란에 빠지고 자동차 시장은 충격의 여파로 조금씩 변화가 생기기 시작했다.

똑같은 정보를 앞에 두고도 미국 디트로이트 자동차 생산 기지는 상황을 제대로 파악하지 못했다. 어떤 자동차 제조업체는 얼마 지나지 않아 석유가 더욱 싸고 충분해질 것이라고 낙관했다. 또 어떤 사람들은 미국인이 대형차인 미국 자동차를 버리고 연비는 좋지만 크기가 작은 일본 자동차를 구입하는 경우는 절대 생기지 않을 것이라고 생각했다. 어떤 이는 두 가지 견해를 동시에 가지고 있었다. 일본 자동차업계는 상황을 예의 주시하면서 변화를 예측할 수 없는 미국 자동차 시장에 맞춰 연비가 뛰어난 소형 자동차를 지속적으로 생산해 미국 시장을 점령하겠다는 결정을 내렸다.

당시 미국의 소비자들이 절실하게 필요로 했던 것은 바로 연비가 뛰어난 소형 자동차였다. 미국 자동차 시장의 상황 변화는 점차 일본 자동차업계에 유리하게 작용했고, 일본 자동차는 미국에서 판매가 급신장했다. 미국 자동차 제조업체들이 시장 상황이 전혀 엉뚱한 방향으로 돌아가고 있음을 깨달았을 때는 이미 시기적으로 너무 늦어버렸다.

성공한 모든 기업가는 각종 정보를 수집하고 정확하게 활용하는 데 크게 주의를 기울였다. 리쟈청(李嘉誠)은 신문을 통해 정보를 얻었다. 리쟈청 밑의 정보 부서에는 수준 있고 경영 기초가 튼튼한 인력들이 매우 많았다. 그들의 업무는 매일 홍콩의 수십 개 신문과 미국·영국·일본 등 주요 국가의 신문 수십 개를 다 보고 난 후, 각 신문의 중요 정보를 압축해서 다시 분류를 하고 특이한 뉴스와 유용한 정보에 대한 평가를 내려 최종적으로 정리한 후 리쟈청의 사무실로 보냈다. 리쟈청이 매일 아침 가장 먼저 보는 것이 바로 이 신문 스크랩이었다. 현지의 어떤 뉴스에 홍미가 있을 때, 관련 기사를 요약한 사람에게 원본 기사를 가져오게 하여 자세히 보거나 혹은 관련 정보를 공동으로 연구했다. 이를 통해 정확한 의사결정을 보장받을 수 있었다.

[경영의 지혜]

의사결정 과정은 정보를 투입하고 생산하는 과정이다. 의사결정은 정보를 벗어날 수 없으며, 가치 있는 정보의 획득과 활용은 성공의 전제다.

비즈니스 경쟁에서 시장 정보, 특히 열쇠가 되는 시장 정보에 대한 파악 속도와 정확성은 경쟁의 성패에 중대한 영향을 미친다. 성공하는 기업가는 열쇠가 되는 정보 파악에 출중한 능력을 발휘한다. 그들은 늘 전체를 조망할 수 있는 높이에서 거시적으로 파악하고 미시적으로 처리하며 과감하고 즉각적인 의사결정을 내린다.

정확하고 신뢰 가능한 정보의 획득은 기업이 경쟁에서 승리를 거두는 중요한 수단이다.

39

망설임은 실수의 기회를 없애주기도 하지만
성공의 기회도 빼앗아간다

왕안(王安) 박사

컴퓨터의 대가인 화교 왕안 박사는 여섯 살 때 자신의 일생을 결정 짓는 중대한 사건이 일어났다고 말했다.

어느 날 큰 나무 밑을 지나가고 있는데 갑자기 새집 하나가 머리에 떨어졌다. 새집 안에서는 먹이를 기다리며 짹짹거리는 새끼 참새 한 마리가 굴러 나왔다. 그는 참새를 데리고 가서 기르기로 맘먹고 새집 도 함께 집으로 가져갔다. 집 앞에 도착하자 집에서 동물 키우는 것을 허락하지 않을 어머니가 갑자기 떠올랐다. 그는 참새를 들고 집으로 들어갈지 잠시 주저하다가 일단 문 뒤에 놓아두고 집에 가서 어머니 를 조르기로 결정했다. 그가 애원하자 어머니는 마지못해 허락했다.

왕안은 흥분해서 문 뒤로 달려갔지만 참새는 보이지 않고, 검은 고 양이 한 마리가 아쉬운 듯 입을 닦고 있을 뿐이었다.

이 사건은 어린 그의 영혼에 깊은 상처를 남겼다. 그때 그는 삶의 이

"

치를 깨닫고 깊은 교훈을 얻었다. 모든 일은 기회가 왔을 때 과감하게 결단을 내리고 즉각 행동해야지 우유부단하게 앞뒤를 따져서는 안 된다. 자신이 확신하는 일이라면 신속하게 의사결정을 해야만 한다. 그는 "망설임은 실수의 기회를 없애주기도 하지만 성공의 기회도 빼앗아간다"라고 말했다.

기회는 눈 깜짝할 사이에 사라진다. 성공은 보통사람이 기회를 잡은 후에 얻는 수확이다. 그 후 왕안은 절대 우유부단한 적이 없었으며, 과감한 의사결정으로 필생의 사업을 이루어냈다.

과단성은 경영자의 소중한 품성이다. 어떤 일을 하든 항상 우유부단하고 망설이면서 결정을 못 내리는 사람은 큰일을 이룰 수 없다.

'우물쭈물 하다가 도리어 재앙을 입는다' 라는 말이 있다. 급변하는 사회 속에서 잠시만 한눈을 팔아도 기회와 정보는 금방 사라져 버린다. 결정적인 순간에 과감한 결정을 내리는 능력은 훌륭한 경영자라면 마땅히 갖추어야 할 기본 소양 중 하나다. 그런데 실제 업무에서 모든 경영자가 다 이렇게 할 수 있는 것은 아니다. 한 성공한 기업가는 "자격과 경력이 뛰어난 경영자는 많지만 모두들 아주 중요한 성공 요인이 부족하다. 그것은 바로 과단성이다" 라고 말했다.

뛰어난 경영자는 과감하게 의사결정을 내리는 자질을 갖춰야 하며, 자신이 확신하는 모든 일에 즉각적인 행동을 취해야 한다.

1975년 MS사 창립 초기, 당시 의사결정자였던 빌 게이츠와 폴 앨런은 PC 소프트웨어 시장의 무한한 잠재력을 날카롭게 꿰뚫어봤다. 그들은 과감하게 회사의 주요 사업을 소프트웨어 개발로 설정하고 전력을 기울였다. 한 개발자에게서 DOM 오퍼레이팅 시스템 소프트웨어의 판권을 사들였으며, MS사도 DOM OS를 기초로 한 시리즈 제품들과 훗날 윈도우즈 개발에 힘입어 전세계에서 가장 시장 가치가 높고 큰 소프트웨어 회사로 급성장했다.

1990년대에 이르러 인터넷의 물결이 용솟음치자 MS의 의사결정층은 또 다시 인터넷이 황금알을 낳은 거위임을 꿰뚫어보고, 대량의 인력과 물력을 인터넷 브라우저 익스플로러를 개발하는 데 투입했다. 1997년 말, MS는 과감하게 실리콘벨리에 있는 작은 회사를 인수 합병하는 데 3억 5,000만 달러라는 천문학적인 금액을 투입했다. 설립된 지 채 2년도 안 된데다 직원은 26명에 불과했고 주요 사업이라고는 무료 이메일 서비스뿐이었던 작은 회사, ‘핫메일(Hotmail)’ 이었다.

협상 과정에서 최종 서명까지 3개월이 채 걸리지 않았다. MS 빌 게이츠 회장은 협상 테이블에 앉아 직원 20명에 불과한 핫메일의 젊은 창업자와 합병 계약 조항에 대해 얼굴을 맞대고 협상했다. 그는 이처럼 벤처 투자와 기업 합병에서 위대한 성공 사례를 남겼다. 핫메일의 급속한 성장에 힘입어 ‘www.msn.com’ 사이트는 전세계에서 가입자와 방문자 수가 가장 많은 3대 사이트로 일약 발돋움했다. MS는 다시 한번 이 시대의 맹주 자리에 올랐다.

MS의 성공을 통해 ‘기회 포착과 과감한 의사결정은 기업에게 훌륭한 발전 기회를 가져다준다’ 라는 결론을 도출할 수 있다.

[경영의 지혜]

의사결정을 해야 할 때 대부분의 경영자들이 머뭇거리면서 결단을 내리지 못하거나 의사결정을 거부한다. 주저하면서 결단을 내리지 않는 것도 일종의 의사결정—문제를 해결하지 않겠다는 결정—이다.

　치열하게 경쟁하는 비즈니스 세계에서 경영자는 우유부단해서는 안 된다. 꼬리에 꼬리를 물고 찾아오는 긴박한 문제에 대해 과감한 의사결정을 해야 한다. 우유부단하고 의사결정 능력이 없는 사람은 항상 질질 끌다가 결국에는 좋은 기회를 놓치고 만다.

　과감한 결단은 모든 성공 인사들의 일관된 스타일이다. 수동적인 공격과 우유부단은 평범한 소인배들의 공통점이다. 사람들의 행동을 자세히 연구해보면 성공의 비결을 발견할 수 있을 것이다. 적극적이고 주동적인 사람들은 앞장서서 기회틀 포착하고 과감하게 의사결정을 내린다. 수동적인 사람들은 우유부단하고 끊임없이 핑계를 대면서 지연시키다가 결국 기회를 놓치고 후회만 남긴다.

40

다른 의견이 나오기 전에는
어떠한 의사결정도 내리지 않는다

알프레드 슬로언(Alfred Sloan, 전 GM 회장)

경영자가 선택 가능한 여러 방안을 고려하려 들지 않는다면 그는 폐쇄적인 사상을 가지고 있는 사람이다. 효율적인 의사결정자는 의견 일치를 추구하기보다는 다양한 의견을 듣는 것을 즐기는 경우가 많다.

효율적인 의사결정은 쏟아지는 환호 속에서만 나오는 게 절대 아니기 때문이다. 관점의 대립, 다른 의견을 가진 사람과의 대화 및 다양한 판단 기준 속에서 한 가지를 선택해야만 경영자는 비로소 효율적인 의사결정을 내릴 수 있다. 따라서 의사결정의 첫 번째 원칙은 다른 의견이 나오기 전에는 어떠한 의사결정도 내리지 않는다는 것이다.

알프레드 슬로언은 오랫동안 GM의 회장을 역임한 경영자다. 그는 의사결정을 매우 완벽하게 이해했다. 그는 의사결정 과정에서 시스템적으로 다른 의견의 제시를 유도했다. 슬로언이 주도하는 의사결정 회의 분위기는 항상 격렬했다. 한번은 회의를 하다가 중요한 의사결정에 대해 모든 사람들이 찬성하는 태도를 보이자, 그는 "이 문제에 대해 어떤 의견을 제시해도 좋다"라고 강조하며 말했다.

슬로언은 이어서 말했다. "여러분, 나는 우리 모두가 이 결정에 만장일치로 동의한다고 생각합니다. 맞습니까?" 회의에 참석한 사람들은 고개를 끄덕이며 동의를 표시했다. 그러자 슬로언은 "그렇다면 이 결정에 대해 다음 회의에서 다시 진일보한 토론을 합시다. 다른 의견이 나올 수 있는 시간을 갖고, 결정과 관련된 다양한 방면에 대해 이해해볼 것을 제안합니다"라고 말했다. 그 결과 슬로언은 잘못된 의사결정을 피할 수 있었다.

슬로언은 의사결정을 내릴 때 절대 직감에 따르지 않았다. 그는 "다른 의견이 나오기 전에는 그 어떤 의사결정도 내리지 않는다"라고 말했다. 슬로언은 박수소리만 있는 의사결정은 좋은 결정이 아니라는 것을 알았다. 의견이 일치된다는 것은 직원 각자가 자신의 업무를 진지하게 생각하지 않고, 준비 작업이 철저하지 않았기 때문이다. 그가 원하는 것은 다른 의견이었고, 그도 적극적으로 다른 의견이 나올 수 있도록 분위기를 조성했다.

지나치게 빠른 속도로 의견 일치가 이루어지면 훌륭한 경영자는 두려움을 느끼게 된다. 평화의 이면에는 분명 어떤 문제가 숨겨져 있기 때문이다. 조금만 깊이 분석해보면 부하 직원에게 다른 관점이 있다는 것을 발견할 수 있다. 다른 관점은 늦어도 의사결정을 하려는 단계에는 반드시 표출된다.

　의사결정을 내리는 데 다른 의견이 필요한 것은 다음의 세 가지 이유 때문이다.

　첫째, 의사결정자가 조직의 어떤 이익에도 구속을 받지 않도록 보장한다. 모든 사람들이 어떤 부분에서 의사결정자에게 요구하는 것이 있다. 모든 사람은 다 특수한 간청자이고, 또 의사결정자가 그 자신에게 유리한 결정을 내리도록 공을 들인다. 의사결정자가 대통령이든 아니면 젊은 엔지니어든 다 마찬가지다.

　둘째, 다른 의견은 의사결정자에게 여러 가지 선택의 여지를 제공한다. 만약 충분한 선택의 여지가 없다면 문제를 얼마나 깊고 세밀하게 고려했든 간에 의사결정은 마지막 판돈을 올인하는 것과 같은 모험적 행동이 될 것이다.

　셋째, 다른 의견은 상상력을 자극하는 데 도움이 된다. 상상력은 자극이 있어야만 충분히 발휘될 수 있다. 그렇지 않으면 단지 잠재적이고 아직 개발되지 않은 능력에 불과하다. 다른 의견, 특히 치밀한 판단과 반복적인 사고를 통해서 나온 논거가 충분한 다른 의견은 상상력을 자극하는 가장 효과적인 요소다. 상상력의 스위치만 켜면 상상력은 수돗물처럼 끊임없이 흘러나올 것이다. 상상력의 스위치는 다름 아닌 다른 의견들 간의 질서 있는 논쟁이다.

　따라서 효율과 이익을 중시하는 의사결정자는 사람들이 다른 의견을 발표하도록 격려하는 방법을 알고 있다. 다른 의견 속에서 양분을 섭취함으로써 맞는 것 같지만 사실은 그렇지 않은 단편적인 견해를 식별해내고, 또 의사결정을 할 때 더욱 광범위하게 고려하고 선택할 수 있는 여지를 가질 수 있다. 그래서 의사결정 후의 집행 과정에서 문제가 발생하거나 실수가 생긴다 해도 어쩔 줄 몰라 당황하는 경우는 없을 것이다. 다른 의견은 의사결정자와 동료들의 상상력을 자극하고, 일리 있어 보이는 의견을 정확한 의견으로 전환시키고, 나아가 정확한 의견을 훌륭한 의사결정으로 승화시킬 수 있다.

다른 의견을 많이 들어야 좋은 의사결정이 나올 수 있다. 정확한 의사결정은 다른 의견을 듣고 많은 사람들의 생각을 모아 반복적으로 비교한 후에 얻어지는 결과다. 의사결정자는 의사결정 과정에서 다른 의견을 듣는 능력이 뛰어나야 하며, 반복적인 논증을 통해 의사결정의 과학성과 신뢰성을 확보해야 한다.

감정이 아무리 격해지고 상대방 의견이 말이 안 된다고 확신한다 해도, 정확한 의사결정을 하고 싶은 경영자라면 반드시 스스로에게 다른 의견을 받아들이도록 주문해야 한다. 왜냐하면 다른 의견은 여러 가지 선택 가능한 방법들을 헤아리는 필수 도구이기 때문이다. 이러한 도구가 있음으로 해서 의사결정자는 어떤 한 문제가 가질 수 있는 다양한 측면을 깊이 있게 고려할 수 있다.

41

달걀을 절대 한 바구니에 담지 마라

제임스 토빈(James Tobin)

1980년대 초 대다수 사람들은 '포트폴리오 선택이론'이 무엇인지 몰랐다. 예일대학이 토빈의 노벨상 수상을 축하하기 위해 개최한 기자회견에서 토빈은 가장 평범하고 쉬운 언어로 그의 이론을 설명했다. 하지만 기자들은 여전히 이해를 못하고 어리둥절해 했다. "오! 부탁드려요, 쉬운 말로 설명해주세요." 어쩔 수 없이 토빈은 포트폴리오 선택이론의 정수를 리스크 분산 투자라고 설명했다. "모든 달걀을 한 바구니 안에 담지 않는 것과 같은 이치입니다." 다음 날 전세계의 신문들은 일제히 "예일대학 경제학자 '달걀을 한 바구니에 담지 마라'로 노벨경제학상을 받다"라고 보도했다.

달걀을 한 바구니에 담지 말라는 토빈의 뜻은 모든 투자를 한 아이템에 집중하지 말라는 것이다. 분산 투자를 하면 리스크가 닥쳤을 때 손실을 최소화할 수 있다.

'달걀을 한 바구니에 담지 않으면' 사업의 과도한 집중을 효율적으로 피해갈 수 있으며 경영 리스크도 줄일 수 있다. 이것 역시 많은 대기업들이 사업을 여러 개 분야로 확대해나가는 주요한 원인이다.

신중한 경영자는 사업 다각화 노선을 결정할 때, 어떤 한 제품의 붕괴로 인해 기업의 경영이 크게 손상되는 일이 없도록 최선을 다한다.

아주 쉽게 상처를 입는 기업은 제품이 단 한 가지뿐이기 때문이다. 이러한 기업은 장기적으로 봤을 때 점차적으로 악화될 가능성이 높다. 내일과 그 이후의 수익률을 보장하기 위해 경영자는 오늘의 높은 수익을 포기하고 다각화 경영을 위해 투자해야 한다.

다각화 경영은 기업 불패의 유용한 무기다. '동쪽에서 여명이 찾아오지 않을 때 서쪽에서 여명이 찾아오도록' 하려면 다각화 경영으로 기업에 닥칠 리스크를 분산해야 한다. 실제로 적지 않은 기업들이 다각화 경영을 통해 성공의 길로 접어들었다.

미국 기업 듀폰은 다각화 투자 경영으로 발전하고 성장했다.

1802~1902년 사이, 듀폰은 단일 품종의 화약을 생산하여 주로 각국 군대에 납품했다.

1908년은 듀폰에게 있어서 다각화 경영의 원년이었다. 듀폰은 위원회와 개발부를 통해 대량의 니트로셀룰로오스(nitrocellulose : 화약을 생산하는 중간 재료)를 비화약 제품에 적용하는 방법을 공동 연구하여, 새로운 업종으로의 전환을 시도했다. 이것은 세계 기업사상 최초로 기술적 측면에서 시작된 계획적인 다각화 경영이었다.

듀폰의 다각화 발전은 네 단계로 구분할 수 있다.

1908~1919년 : 니트로셀룰로오스를 원료로 한 초기

1920~1930년 : 기술 도입을 위주로 한 발전기

1931~1979년 : 자주적 기술 개발을 위주로 한 발전기

1980년~현재 : 대규모 인수합병, 합자를 통한 발전기

듀폰은 1920년대에 다각화를 통해 경영에 성공했으며, 1929년~ 1933년 미국 대공황기에도 손실을 가장 적게 입었던 소수의 대기업 중 하나다.

1930년부터 듀폰의 다각화 발전 방식에는 중대한 변화가 생겼다. 주로 외국 기술을 구매하고 도입하던 방식에서 내부 연구 개발과 신제품 생산을 위주로 하는 방식으로 전환하여, 1931년에는 합성냉각제 프레온, 네오프렌 합성고무, 형광수지 등을 개발 생산했다. 1937년에는 폴리아미드를 개발했다. 폴리아미드는 훗날 '나일론' 이라는 이름으로 세상에 알려졌다. 2차 세계대전 이후 듀폰은 올론(orlon), 폴리에스테르(polyester), 마일라(mylar) 필름 등 신제품을 개발하고 제약업 등 새로운 업계로 진출했다. 1972년에는 전자 부품을 생산하기 시작했다.

1981년, 듀폰은 76억 달러를 투입해 석유회사 콘티넨털오일 (Conoco)을 인수하고 석유 산업에 진출했다. 그 후 지속적으로 Inland Steel Industries, 시라석탄회사, 다우(Dow) 케미컬, 쉘사의 미국 작물 보호 사업부, 포드자동차 북미자동차 도색 사업부 등을 인수했다. 이로써 듀폰은 석유, 석탄 등 진일보한 사업 다각화를 실현했다.

이외에 듀폰은 몇몇 대기업과 합자를 통해 기업을 설립하고 지속적인 사업 다각화를 추진했다. 일본 Idenitsu사와는 부탄을 생산했으며,

미쯔비시와는 고온 수소화합물을 함께 생산했다. 필립스와는 CD-Rom을, 영국 ICI와는 자동차 제품을 공동 생산했다.

1990년, 듀폰은 5억 5,000만 달러를 투자해서 듀폰-머크(Merck)사를 설립하고 듀폰이 연구 개발한 진통제, 협심증 완화제 및 기타 약품을 생산했다. 1992년에는 식물유전학회사와 살균제를 공동으로 연구 개발하여 생산했으며, 동시에 영국 로열나일론사를 인수했다.

1991년 듀폰의 연간 매출액은 381억 5,100만 달러에 육박했으며, 제품 비율은 다음과 같다. 화학제품 9%, 섬유제품 16%, 폴리머제품 14%, 석유제품 4.1%, 석탄 5%, 기타 각종 화학제품 15%.

듀폰은 다각화의 길을 고수했다. 길은 가면 갈수록 넓어졌고, 그들은 마침내 찬란한 성과를 이룩했다.

[경영의 지혜]

'달걀을 한 바구니에 담지 마라'는 중요한 경제학 원리다.

모두들 이 이치를 알지만 많은 기업들이 투자를 할 때 '보물'을 거대하고 리스크가 넘치는 아이템 속에 묻어버린다. 달걀은 몇 개의 바구니에 나누어 담아야 하며, 각 바구니에 몇 개씩 담아야 예상되는 손실(리스크)과 회수액을 최적의 상태로 만들 수 있는가 하는 것이 금융 투자에서 유명한 포트폴리오 이론의 출발점이다. 이 이론이 기업의 영역에 접목될 때 나타나는 효과 역시 만족스럽다. 왜냐하면 경영 다각화는 기업의 리스크를 줄이고 예상 외의 이윤을 가져다주기 때문이다. 이를 바탕으로 기업은 규모를 확대할 수 있을 뿐만 아니라 확장식 발전을 통해 더 큰 성공을 거둘 수 있다.

42

한 번의 훌륭한 후퇴는
한 번의 위대한 승리와 마찬가지다

조미니(A.H.Jomini)

실제 경제활동 속에서 달리는 호랑이 등 위에 올라탄 것처럼 중도에 그만둘 수 없는 투자 아이템이 수도 없이 많다. 도대체 계속 투자해야 할지 과감하게 뛰쳐나와야 할지, 이것은 의사결정자들이라면 한 번쯤 부딪힐 수밖에 없는 난제다.

스위스의 군사이론가 조미니는 "한 번의 훌륭한 후퇴는 한 번의 위대한 승리와 마찬가지다"라는 명언을 남겼다. 이 말은 비록 전쟁에 국한되는 것이지만 의사결정에도 어울리는 말이다.

마쓰시타전기의 마쓰시타 고노스케 회장은 컴퓨터 투자 프로젝트에서 돌연 발을 뺐는데, 이는 조미니 이론의 멋진 활용이었다.

1964년 10월, 마쓰시타는 여러 가지 상황을 분석한 후 대형 컴퓨터 개발을 중단하기로 결정했다. 프로젝트를 위해 마쓰시타전기 통신사업부가 거대한 인력, 물자, 자본을 투입하여 이미 시제품 생산에 성공한 상태였다. 그러나 대형 컴퓨터의 시장 전망은 낙관하기 어려웠고 수요량은 극히 적었다. 이러한 상황을 고려하여 마쓰시타는 즉각 사업을 포기하기로 결정했다. 계획이 발표되자 순간 여론이 들끓었다. 회사 내부는 물론 외부 여기저기서도 각종 의견들이 쏟아져 나왔다.

장장 5년이라는 시간을 소모하고 거대한 자금이 투입된 사업을 이제 와서 포기하면 득보다 실이 훨씬 많다는 의견이 대부분이었다. 일본 내에 있는 7개 생산업체 중에서 왜 하필이면 마쓰시타가 먼저 포기해야 하는가?

여론에서는 마쓰시타전기가 기술이 못 미치거나 재정 적자 때문에 사업을 포기한다는 등 수많은 억측들이 무성했다. 오랫동안 업계에 몸을 담았던 고위 간부들조차도 마쓰시타의 계획에 회의적 태도를 보였다. 당시 마쓰시타는 많은 어려움과 번뇌에 휩싸였지만 결국 이런저런 의견과 여론을 물리치고 의연하게 전망이 불투명한 사업을 중단하고 인력, 물자, 자본을 다른 사업에 투자했다. 마쓰시타의 의사결정이 옳았다는 것은 훗날 사실을 통해 증명되었다.

왜 마쓰시타전기는 5년이라는 시간을 소비하고 거액의 자금을 투입해서 개발한 제품을 하필이면 눈앞에 수확을 두고 있을 때 포기했던 것일까?

마쓰시타는 컴퓨터 시장의 경쟁이 날이 갈수록 치열해지고 있음을 발견했다. 일본만 해도 후지쯔, 히타치 등이 마지막 피치를 올리고 있었고, 그때 만약 마쓰시타전기마저 뛰어든다면 생존은 가능하겠지만 공멸하는 사태가 벌어질 수도 있었다. 이는 회사 전체를 걸고 도박을 하는 것과 마찬가지였다. 이 같은 시장 상황을 앞에 두고 그는 대형 컴퓨터 시장에서 철수 결정을 내렸다. 정말 냉정하고 깨인 사고를 거친 후의 용감한 후퇴였다.

교전 중에 후퇴하기란 매우 어렵다. 하지만 후퇴하지 않다가 치명적인 일격을 당할 수도 있다.

"한 번의 훌륭한 후퇴는 한 번의 위대한 승리와 마찬가지다." 후퇴를 할 때는 전체를 바라보는 계획과 장기적인 목표를 가지고 단계적으로 진행해야 한다. 그래야만 군심이 흩어지고, 무기를 아무 데나 버리며, 군사들이 자멸하여 적군에게 반격의 기회를 주게 되는 최악의 상황에 내몰리지 않는다.

한 번의 훌륭한 후퇴는 비록 실패이기는 하나 동시에 일종의 승리이기도 하다. 왜냐하면 실패의 길에서 즉시 뒤를 돌아보고 자신을 새롭게 가다듬어 다른 방법으로 승리를 거둘 수 있기 때문이다. 한 군사전략가가 "우리는 절대 후퇴하는 것이 아니다. 단지 또 다른 방향으로의 공격을 할 뿐이다"라고 말한 것처럼.

43

시기를 포착한 신속한 의사결정이
오늘날 기업 성공의 관건이다

캐슬린 M. 에이센하디트(Kathleen M. Eisenhardt)

스탠퍼드대학 교수 에이센하디트는 한 경영학회에서 "시기를 포착한 신속한 의사결정이 현대 기업 성공의 관건이다"라는 의견을 발표했다.

성공한 많은 기업들은 시기를 포착하고 빠른 의사결정을 내림으로써 성공할 수 있었다.

기회와 시기라는 것은 어떤 사물의 발전 과정에서 가장 적합한 환경과 조건이다. 기회를 포착하고 잘 활용하여 사업을 추진한다면 절반의 노력으로 두 배의 성과를 올리는 효과를 거둘 수 있다. 기회는 영원히 존재하거나 영원히 불변하는 것이 아니다. 기민한 안목이 없이는 기회를 발견하지 못한다. 마치 바로 눈앞에 있는 속눈썹이 보이지 않는 것과 같은 이치다. 기회를 발견하면 확실하게 포착하고 그것을 활용할 수 있는 의사결정을 신속하게 내려야 한다. 의사결정을 할 때는 시기를 놓치지 말아야 하며, 신속한 결단과 행동이 요구된다.

최근 몇 년간, 하얼빈의 중약(中藥)제3공장은 대량의 정보를 수집하면서 물질적·문화적 수준의 향상으로 삶의 질에 대한 요구가 점차 높아지고 있음을 발견하고, 즉각 '삼신해마환(三腎解馬丸)'을 생산하기로 결정했다. 그러나 그때 또 다른 세 개 업체에서도 이 정보를 입수하고 사업에 착수하여 경쟁이 불붙었다. 중약제3공장은 테스트, 허가, 인력, 설비, 공장의 다섯 가지 문제를 한꺼번에 해결하고, 단 48일 만에 생산 능력을 구축하여 그해에 엄청난 이익을 거두었다. 반면 나머지 세 개 업체 중에서는 가장 빠른 곳이 반년이 지나서야 겨우 생산에 들어갔다. 중약제3공장 공장장은 "우리는 함께 머리를 맞대고 시간을 황금처럼 아꼈다. 다른 사람들보다 시간을 4/5나 절약했으며, 그 결과 반년 먼저 시장을 점령했다"라고 흥분해서 말했다.

『손자병법』에 '전쟁은 신속하게 이기는 것이 중요하지, 오래 버티는 것은 중요하지 않다(兵貴勝, 不貴久)'라는 말이 있다. 경쟁의 한가운데에 서 있는 기업에게 시간은 곧 돈이다. 반드시 신속함을 바탕으로 유리한 시기를 포착하고, 자신의 경쟁 우위를 구축해야 한다. 그래서 한 기업가는 "남들보다 한 걸음 먼저 나아가야 사업을 성공으로 이끌 수 있다"라고 말했다.

아무리 정확한 의사결정이라고 해도 시기를 놓치면 실패하기 마련이다. 따라서 경영자는 의사결정의 기교를 활용할 때 '3-스피드'의 습관을 길러야 한다.

첫째, '스피드'하게 의사결정을 해야 한다. 어떤 경영자는 새로운 상황과 문제에 부딪히면 느릿느릿 생각에 생각을 거듭한다. 마치 그렇게 하지 않으면 보스로서의 품격을 보이기에 부족한 것처럼. 의사결정 방안이 나올 무렵에는 이미 시간은 지나가고 상황은 종료된 후다.

둘째, '스피드' 하게 결정된 방안을 집행해야 한다. 마쓰시타 회장은 "급변하는 현대 사회에는 수많은 불확실성이 존재한다. 조금만 머뭇거려도 원래는 아주 뛰어났던 구상이 잠시 잠깐 사이에 한 푼 값어치도 없는 것으로 전락해버린다. 따라서 오늘의 아이디어는 내일 바로 집행해야 한다"라고 말했다. 그의 말은 확실한 경험담이다. 의사결정을 통해 예상하는 목적을 달성하기 위해서는, 조건이 성숙되었을 때 전혀 주저하지 말고 집행에 옮겨 머릿속과 종이 위에서만 머무르고 있던 생각을 현실로 승화시켜야 한다.

셋째, '스피드' 한 리듬으로 결정된 방안을 집행해야 한다. 어떤 리더는 결정을 하는 과정에서 3일이면 될 일을 굳이 7, 8일까지 끌고 간다. 이렇게 꾸물대는 스타일은 자신의 결정을 평가 절하시키고, 심지어 모든 노력이 수포로 돌아가는 상황을 만들기도 한다.

기회를 놓치지 말라. 때는 다시 오지 않는다. 시기를 포착하고 신속한 의사결정을 내리는 능력은 성공하는 기업의 훌륭한 보물이다.

[경영의 지혜]

경쟁이 치열한 비즈니스 세계에서 순식간에 성패가 바뀌는 경우가 허다하다. 성공하는 리더는 성공적인 의사결정으로 향하는 열쇠를 재빠르게 포착할 줄 아는 공통된 특징이 있다. 그들은 경영 활동을 하면서 성공으로 향하는 대문이 닫혀 있는 것을 발견하면, 즉각 알맞은 '열쇠'를 찾아내 순조롭게 대문을 통과한다. 성공적인 의사결정의 열쇠는 기회를 발견하고 적시에 포착하는 것이다. 이것은 성공하는 모든 경영자가 갖추고 있는 능력이다. 이러한 능력을 갖추고 있는 까닭에 그들의 의사결정은 항상 성공을 거둘 수 있다.

44

선택이 불가능한 상황에서는
절대 중대한 의사결정을 내리지 않는다

리 아이아코카(Lee Iacocca, 전 크라이슬러자동차 회장)

의사결정은 행동 전략에 대한 선택이다. 따라서 의사결정의 필요조건은 반드시 선택 가능한 여러 개의 전략이 있어야 한다는 것이다.

만약 단 한 가지 방안만 있다면 비교와 선택의 여지가 없는 것이고, 어떤 결정을 내리든 상관없다. '선택이 없으면 결정도 없다' 라는 말이 있다. 여러 경영인들도 이 격언을 통해 늘 자신을 일깨운다. '만약 단 한 갈래의 길뿐이라고 생각된다면 그 길은 가지 말아야 할 것이다.'

크라이슬러자동차의 전 회장 리 아이아코카는 "선택이 불가능한 상황에서는 절대 중대한 의사결정을 내리지 않는다"라고 말했다. 사실 역시 마찬가지다. 선택의 여지가 많지 않은 상황에서는 가장 훌륭한 선택을 하기가 어렵다.

여러 개의 선택 가능한 전략은 의사결정의 전제이자 의사결정의 필요조건이다.

　의사결정의 본질은 선택 효과다. 기업의 의사결정자가 결정을 내릴 때는 반드시 모든 방안을 분명하게 인식해야 한다. 과학적인 의사결정은 최고를 맹목적으로 추종하는 것에 반대한다. 카스트는 "뛰어난 의사결정자는 슈퍼맨도 아니며, 또 모든 것을 통찰할 수 있는 것도 아니다. 그는 핵심을 포착하는 능력이 뛰어날 뿐이다"라고 힘주어 말했다.

　의사결정을 실천하는 과정에서 상호 대체가 가능하거나 차이가 크게 나지 않는 유사한 의사결정 방안이 많기 마련이다. 의사결정자는 다르면서도 비슷한 방안 앞에서 선택의 문제에 부딪힌다. 심지어 모든 의사결정 단계마다 여러 가지 선택이 존재한다. 많은 방안 중에서 좀더 훌륭한 방안을 선택하게 되면 더 큰 성공의 가능성을 가지게 될 것이다.

　굴삭기를 제조하는 한 업체가 우수한 품질로 국가품질우수상 은상을 수상했다. 그들 제품은 전국으로 팔려나갔고 늘 공급이 부족했다. 하지만 그들은 절대 자만하지 않았다. 회사의 의사결정자들은 시장의 발전 추이를 조사 연구하고, 경영 발전에 대해 몇 가지 의사결정 방안을 제시했다. 한 가지 방안은 생산 확대에 총력을 집중하여 시장 수요를 만족시키는 것이었으며, 둘째는 광고 홍보비와 각종 판촉 비용을 줄이는 것이었다. 광고와 판촉은 돈 낭비일뿐더러 공장에 부담을 가중시켰기 때문이다. 또 한 가지 방안은 회사 제품에 대한 홍보를 확대하고 판촉 비용을 늘리면서 생산도 늘리는 것이었다.

　의사결정자는 세 가지 방안에 대해 반복적인 평가와 분석을 한 후 최종적으로 세 번째 방안을 채택했다. 그들은 다방면의 홍보 매체를 이용해 광고를 하는 동시에 제품 설명회, 고객 서비스 좌담회 등을 개최하여 전국 각지의 대표들을 회사로 초청했다. 초빙된 사람들에게 샘플 기계를 견학시키고 스스로 주문도 하고 의견과 요구 사항을 제시할 수 있는 기회를 제공했다. 이런 활동을 통해 그들의 명성은 더욱 높아졌다. 판매와 생산이 촉진되었고 회사는 경쟁 속에서 끊임없이 앞으로 나아갔다.

훗날 이 회사가 선택한 의사결정은 최고였음이 증명되었다. 그들이 지불한 대가는 컸지만 효과와 이익 역시 컸다. 반면 리스크는 최소였다. 왜 리스크가 최소였을까? 그들은 대량의 판촉 활동을 통해 자발적으로 소비자를 찾아 나섰기에 회사의 제품 지명도는 더 올라갔고, 제품이 팔리지 않을 수도 있는 리스크는 줄어들었다.

[경영의 지혜]

의사결정 과정에서 경영자는 통상적으로 최종 선택을 해야 한다. 하지만 결정은 의사결정 과정 중의 한 단계에 불과할 뿐이다. 한 가지 방안을 선택한다는 것─가능한 모든 방안을 고려한 후 그 중에서 문제를 가장 잘 해결할 수 있는 방안을 선택하는 것─이 보기에는 간단하지만 실제로는 아주 어렵다. 가장 훌륭한 결정은 통상적으로 치밀한 판단의 기초 위에서 내려지기 때문에 훌륭한 결정을 내리고 싶은 경영자는 모든 사실을 심도 있게 고찰해야 하고, 충분한 정보를 확보해서 궁극적으로 최고의 방안을 선택할 수 있는지 자신할 수 있어야 한다.

45

아이템이 있다면 우선 담당할 사람이 있는지 고려해라.
담당할 사람이 없다면 포기해야 한다

류촨즈(柳傳志)

성장의 시대에 많은 기업들이 전에 없는 발전 기회를 만났다. 이러한 상황에서 어떤 기업의 리더는 기회를 잡아 사업 다각화를 통해 기업을 성장의 길 위에 올려놓는다. 하지만 어떤 기업은 단 하나의 기회도 놓치지 않으려 하다가 결국 자신의 기업을 실패의 늪으로 빠뜨린다.

기회는 모든 이에게 공평하게 주어지지만 모든 기업에 알맞게 적용되는 것은 아니다.

R&D 문제의 의사결정에서 류촨즈의 견해는 100% 적중했다. 새로운 제품을 개발할 때 세 가지를 먼저 물어야 한다. 시장이 있는가? 이윤이 있는가? 적합한 인물이 있는가? 그중 가장 중요한 것은 '적합한 인물이 있는가?' 이다. 만약 적합한 인재가 없다면 논의를 지속할 방법이 없다.

미국의 한 화학 공장이 절호의 사업 확장 기회를 만났다. 그들은 개도국에 공장을 설립하기로 하고, 여러 차례의 검토 끝에 인도에 공장을 설립하기로 결정했다.

누구를 인도 사업 책임자로 파견할 것인가? 그들은 세계 각지에 있는 공장에서 적임자를 수소문한 끝에 최종적으로 두 사람을 선발했다. 브라질 공장 기술 부문을 책임지고 있는 퍼니스는 기술이 매우 뛰어났으며, 명문 대학 화학과를 졸업했다. 또 한 사람인 스페이시는 나이 54세로 줄곧 본사 업무를 담당했으며, 일정한 관리 능력을 갖추고 있었지만 시장 개척 분야에서 능력을 발휘한 적은 없었다. 결국 그들은 개도국에서 일한 경험이 있는 퍼니스를 선택했다.

그런데 퍼니스의 형편없는 실력 때문에 인도 투자사업은 지지부진하게 되었다. 그는 브라질에서 몇 년 동안 지낸 경험이 있었지만 인도와 브라질은 엄청난 차이가 있었다. 그는 하청업체의 요구를 제대로 처리하지도 못했고, 허가증을 신청하지도 않았다. 노조와의 관계에서 존재하는 갈등 역시 전혀 해결하지 못했다. 심지어 자신이 필요로 하는 인력조차 찾지 못했다. 공사가 지연되어 공장 착공이 예정된 기한을 훨씬 넘긴 후에야 가동을 시작했지만 이번에는 제품 판로에 연이어서 문제가 터졌다.

훗날 회사 리더는 자신의 잘못된 결정을 되돌아보면서 말했다. "비록 퍼니스의 이력은 여기저기 눈길을 끄는 화려함이 있었지만 우리는 그가 엔지니어에 불과하다는 사실을 간과했다. 그는 충분한 관리 능력을 결코 갖추지 못했다. 그가 브라질에서 뛰어나게 잘 할 수 있었던 것은 그곳에서 회사 전체가 아닌 기술 부문만 관리했기 때문일 가능성이 크다."

기업의 전략 결정은 집행 능력이 뛰어난 관리 인재가 담당해야만
한다. 꼭 그 일을 할 수 있는 적합한 인물이 없다면 실패의 가능성은
매우 크다.

아무리 좋은 기획도 적합한 인력과 결합되어 있지 않으면 실패하기
쉽다. 리더는 어떤 사람이 기획을 추진할 것인지, 회사 내부에 적당한
후보가 있는지, 적합한 후보를 어떻게 확보할 것인가를 반드시 알아
야 한다. 만약 적합한 대상자가 없고, 또 그런 사람을 찾기도 힘들다면
그 전략은 좋은 전략이 아니므로 변경을 고려해야 할 것이다.

렌샹그룹의 CEO 류촨즈는 "아이템이 있다면 우선 담당할 사람이
있는지 고려하라. 만약 없다면 포기해야 한다. 이것은 필요조건이다"
라고 말했다. 인재는 전략 집행의 관건이다. 아무리 좋은 기회나 아이
템이라고 할지라도 업무를 담당할 만한 인재가 없다면 성공하기 어렵
다. 어떤 부문을 이용해서 집행할 것인가? 어떤 사람이 가서 완성할 것
인가? 집행 과정에서 나타나는 문제는 어떻게 해결할 것인가? 전략의
지속적인 진행을 보장하는 조치는 어떤 것들이 있는가? 이런 문제들
은 기업의 리더가 우선적으로 고려해야 할 사항들이다. '일을 도모하
는 것은 사람이고 일을 성사시키는 것은 하늘이다' 라고 하지만 치밀
한 사업 계획과 그것을 집행할 수 있는 인재가 있다면 성공의 지평선
이 영원히 하늘에 걸려 있지마는 않을 것이다.

　의사결정을 할 때는 우선 적합하고 의사결정을 집행할 능력이 있는 인재가 있는가를 고려해야 한다. 예를 들어 어떤 기업이 자동차 산업에 진출하려고 한다. 자동차업계의 전망이 좋은가? 아주 좋다. 하지만 반드시 훌륭한 인재가 추진해야 한다. 그런 사람이 없다면 절대 추진해서는 안 된다.

　기업이 새로운 영역에 진입할 것인가를 결정할 때 기회는 중요한 것이 아니다. 적합한 인재가 있는지 여부가 가장 중요하다. 적합한 후보가 없으면 기회가 있어도 진행하지 말아야 한다. 적합한 후보가 있으면 기회를 만들고 그들이 이끌어가게 만들어야 한다.

7장

직원들을 사랑하라.
그러면 당신의 기업에 백배로 보답할 것이다

프랑스 재계에는 '직원들을 사랑하라. 그러면 당신의 기업에 백배로 보답할 것이다' 라는 유명한 말이 있다. 경영학의 이 새로운 관념은 점점 더 많은 사람들의 마음을 파고들고 있다. 또 점점 더 많은 경영자가 받아들이고 있다. 그들은 현장 경험을 통해 직원들의 적극성과 업무 효율을 높이는 데는 직원에 대한 관심과 사랑보다 더 좋은 것이 없다는 사실을 깨닫게 되었다.

장기적 안목을 가진 많은 경영자들이 '직원을 사랑해야 기업도 직원들의 사랑을 받는 이치' 를 깨달았다.

자신의 직원을 존중하고 인정하면서 인성 관리를 중시하는 경영자의 기업은 직원들의 추진 하에 진정한 성공을 향해 나아갈 것이다.

46

직원들을 사랑하라.
그러면 당신의 기업에 백배로 보답할 것이다

프랑스 재계 명언

프랑스 재계에는 "직원들을 사랑하라. 그러면 당신의 기업에 백배로 보답할 것이다"라는 유명한 말이 있다. 경영학의 이 새로운 관념은 점점 더 많은 사람들의 마음을 파고들고 있다.

장기적 안목을 가진 많은 경영자들이 이 말을 통해 '직원을 사랑해야 기업도 직원들의 사랑을 받는 이치' 를 깨달았다.

관심과 격려는 애정의 힘에서 나온다. 그것이 체현하는 것은 사람과 사람 상호간의 존중과 서로 관심을 갖는 돈독한 인간 관계다. 직원들에게는 관심과 사랑이 필요하다. 그것은 직원의 영혼을 소통시킬 수 있으며, 회사에 대한 직원들의 애정을 증진시키고, 직원의 잠재력을 발굴해낼 수 있다. 미국의 저명한 경영학자 잭 슈스터(Jack Schuster)는 사람에 대한 중시와 관심을 미래 기업 발전의 'A전략' 으로 제시했다. 그는 미국 전역 1,300개 대기업을 조사 분석한 후, '적자

생존의 법칙에 따라 직원들에게 관심을 갖는 기업은 안정적으로 전진하고 그렇지 않은 기업은 경쟁에서 실패했음을 보여준다' 는 결론을 내렸다.

관리자는 높은 곳에서 내려다만 볼 것이 아니라 직원들을 사랑해야 한다. 이에 대한 선례로 높은 곳에 앉아서 현실과 동떨어진 행동을 하다가 사람의 마음을 잃어버린 포드자동차 헨리 2세가 있다. 직원들과 한마음이 되어 움직이는 경영자는 성공의 기초를 마련한 것이나 다름없다.

1993년에 발생한 경제 위기는 미국에 커다란 충격을 던져주었고, 미국 전역이 불황의 늪으로 빠져들었다.

이때 미국 캘리포니아주에 위치한 해리슨방직회사도 마찬가지로 큰 타격을 입었다. 엎친 데 덮친 격으로 회사에 화재까지 발생하여 회사 대부분이 전소되고 말았다. 이로 인해 3,000명의 직원들은 집으로 돌아가 회사의 파산 소식과 실업 폭풍의 도래를 비관적으로 기다리는 수밖에 없었다.

하지만 누가 알았으랴? 기약 없이 긴 시간을 기다리던 직원들은 뜻밖에도 전직원에게 한 달 치 급여를 지불하겠다고 약속하는 앨런 보스(Alan Boss) 사장의 편지를 받았다. 이 소식이 전해지자 직원들은 정말 의외라고 생각했다. 놀라움과 반가움을 금치 못한 직원들은 회장 앨런 보스에게 전화를 걸어 감사를 표시했다.

한 달 후 직원들이 다음 달 생계 때문에 곤란해 하고 있을 무렵, 회장의 두 번째 편지를 받았다. 직원들에게 한 달 치 급여를 더 지급하겠다는 것이었다. 편지를 받아든 직원들은 더 이상 놀라움과 반가움만이 아닌 눈가에 따뜻한 눈물이 맺혔다.

하지만 많은 사람들이 회장의 행동을 이해하지 못했다. 앨런 보스의 친구는 전화를 걸어 감정적으로 일을 처리하지 말라고 충고하면서 비즈니스적 사고가 부족하다고 비난했다.

당시 실업의 파고가 전국을 휩쓸어 사람들이 모두 생계를 고민하고 있을 때, 허리슨방직회사 직원들은 자신들을 돌봐주는 사람이 있다는 데 크게 감격했다. 이튿날 직원들은 '한 방울의 은혜를 베풀면 샘물 같은 보답을 하는' 마음으로 자발적으로 팀을 구성하여 폐허가 된 회사를 깨끗하게 청소하고 기계를 닦았다. 중단된 물량 공급처로 연락을 먼저 하는 직원도 있었다. 직원들은 혼신의 힘을 기울여 밤낮을 가리지 않고 열심히 일했다. 마치 자신이 회사의 주인이 된 것처럼 하루에 이틀 치 일을 해치우지 못하는 것을 원망할 뿐이었다.

3개월 후 기적이 일어나 회사는 다시 일어서게 되었다. 이렇게 이 방직회사는 금방 기사회생했다. 오늘날 해리슨은 미국 방직기업 중 1위로 손꼽히는 최대의 방직회사로 성장하여, 60개가 넘는 지사가 세계 각지에 퍼져 있다.

당초 앨런 보스가 직원들의 입장에서 그들을 사랑하고 잘 대해주지 않았더라면 위기에서 살아남을 수도, 사업을 크게 이루지도 못했을 것이다.

자신의 직원을 사랑하는 것은 경영자의 기본이다. 경영자에게 사랑을 받은 직원은 경영자의 진심에 감동하고 행동으로 기업을 사랑하게 될 것이다.

　'직원들을 사랑하라. 그러면 당신의 기업에 백배로 보답할 것이다.' 이것은 기업 연구에 힘을 쏟는 해외 전문가들이 경영자에게 주는 충고다. 이 경영 이념은 점점 더 많은 경영자들에게 받아들여지고 있다. 현실은 직원에게 관심을 가지고 그들을 사랑하는 것보다 더 그들의 적극성을 자극해 작업 효율을 향상시킬 수 있는 것은 없음을 깨닫게 했다.

　자신의 직원을 사랑할 줄 아는 경영자의 기업은 진정으로 성공을 향해 걸어가게 될 것이다.

47

경영은 일종의 엄숙한 사랑이다

사이러스 맥코믹(Cyrus H. McCormick)

사이러스 맥코믹은 인터내셔널 하베스터(International Harvester : 현재의 나비스타 인터내셔널Navistar International)의 사장으로 원칙주의자였다. 누구든지 회사 규정을 위반하면 주저하지 않고 규정대로 처리했다.

그는 "경영은 일종의 엄숙한 사랑이다"라고 말했다. 그는 경영에 대해 매우 엄격했지만 인정을 무시한 것은 결코 아니었다. 오히려 그는 직원들의 아픔에 매우 자상했으며, 늘 직원들의 입장에 서서 생각했다.

한번은 맥코믹과 10년 동안 함께 일한 직원이 회사 규정을 어기고 폭음과 술주정을 했다. 전날 술 때문에 늦게 출근해서 일찍 퇴근한 그 직원은 이로 인해 작업감독과 실랑이가 벌어졌다. 회사가 정한 규정에 따르면 이는 절대 용인할 수 없는 일이었다. 규칙을 어긴 사람은 누가 됐든 단호하게 해고되었다. 공장의 작업감독이 그 직원이 벌인 소동을 보고하자 맥코믹은 잠시 망설였다. 하지만 펜을 쥔 손으로 '즉시 해고'라는 네 글자를 썼다.

맥코믹과 그 직원은 어려운 시절을 함께 한 사이로, 그는 퇴근 후에 그 직원의 집으로 가서 상황을 알아보려고 했다. 회사로부터 예상치 못한 해고 통보를 받은 그는 당장 발등에 불이 떨어져 맥코믹을 찾아가 씩씩거리며 말했다. "회사가 빚더미에 앉아 있을 때 당신과 나는 어려움을 함께 했소. 3개월 동안 월급을 못 가져가도 전혀 원망하지 않았소. 그런데 지금 잘못 좀 했다고 나를 해고하다니 정말 인정이라고는 눈곱만큼도 없구려!"

직원의 말을 다 들은 맥코믹은 차분하게 말했다. "당신은 옛 동지요. 회사 규정을 모르는 바 아니잖소. 먼저 솔선수범하여 지켜야 하잖소. 게다가 이건 우리 두 사람만의 사적인 일이 아니라 나는 규정대로 처리한 거요. 조금도 예외가 있어서는 안 되오."

맥코믹이 소동을 벌인 까닭을 자세히 물어보자 그는 이렇게 하소연했다. 최근에 아내가 아이 둘만 남기고 세상을 떠났는데, 아이 하나는 다리 하나가 부러져 병원에 입원했고 또 다른 아이는 엄마 젖을 먹지 못해 배가 고파 계속 보채기만 했다. 그는 너무도 괴로워 술을 마시고 술기운으로 근심을 풀려다가 그만 출근 시간에 늦게 되었다는 것이다.

사건의 진상을 들은 맥코믹은 깜짝 놀랐다. "왜 그렇게 어리석은가? 우리 모두 자네의 상황을 전혀 몰랐네. 자네한테 관심이 부족했어!" 맥코믹이 직원을 위로하며 말했다. "지금 아무것도 생각하지 말고 어서 집으로 돌아가게. 부인의 장례를 잘 마무리 짓고 애들을 돌보게. 나를 친구로 생각하는 것 아닌가? 그러니 마음 놓게. 자네를 궁지로 모는 일은 없을 것이네." 그리고 가방에서 지폐를 꺼내 직원의 손 안에 쥐어주었다.

그는 사장의 배려에 감동해서 눈물을 흘리며, 목이 메어서 말했다. "당신이 이렇게 좋은 사람인지 정말 몰랐습니다."

맥코믹은 직원에게 부탁했다. "안심하고 돌아가서 집안일이나 돌보게. 일 걱정은 할 필요 없네."

사장의 말을 들은 직원은 슬픔이 기쁨으로 바뀌어서 말했다. "나를 해고하라는 명령을 철회할 생각인가요?"

"내가 그렇게 하길 바라나?" 맥코믹이 친근하게 물었다.

"아니오. 나 때문에 회사의 규정을 깨지 않길 바랍니다."

"맞아. 자네는 정말 좋은 친구야. 마음 놓고 돌아가게. 내가 적절하게 처리할 테니."

맥코믹은 안타깝지만 그를 해고하여 회사의 기율을 유지하는 동시에 그 직원을 자신의 목장 집사로 보내 직원의 어려움을 해결하고 생활을 보장해줬다. 더욱 중요한 것은 이렇게 함으로써 다른 직원들의 마음을 얻었다는 것이다. 모두들 맥코믹은 직원에게 관심을 가지는 사람으로 생각했고, 그런 사람을 위해서는 목숨 바쳐 일할 가치가 있다고 여겼다.

[경영의 지혜]

규정을 엄격하게 지키면서도 직원의 감정을 다치지 않게 하는 것은 '경영은 일종의 엄숙한 사랑이다' 라는 명언의 가장 훌륭한 해석이다.

기업이 직원들에게 엄격한 요구를 하는 것은 직원들이 자발적으로 성공하는 습관을 기르도록 도와주기 위해서다. 나태한 업무 분위기와 느슨한 기율은 서서히 중독되는 마약과 같다. 이런 회사는 사막 위에 세워진 기업처럼 천천히 기울어지고 무너질 것이다.

제도를 중시하면서도 직원들에게 관심과 사랑을 줘야만 직원들을 분발시킬 수 있고, 기업을 잘 관리할 수 있다.

48

사랑으로 뭉치는 회사가
두려움으로 묶어두는 회사보다 훨씬 안정적이다

허브 켈러허(Herb Kelleher, 사우스웨스트항공 CEO)

미국 사우스웨스트항공은 세계에서 가장 우수한 항공사로, 유일하게 28년 연속 흑자를 기록했다. 사우스웨스트항공의 광고 카피는 줄곧 '사랑으로 건립된 항공사'였으며, 증권거래소 코드 역시 사랑이다.

'사랑으로 건립된 항공사'는 단순한 카피를 넘어서서 직원들의 인식 속에 깊이 각인되어 있다. 가장 좋은 예는 '9·11 테러' 직후 이 항공사 직원들이 보여준 행동이었다. 대다수 항공사의 고위층은 노조의 반발을 예상하면서도 직원들에게 모금을 강요했지만, 사우스웨스트의 직원들은 완전히 자발적으로 모금 활동을 전개했다. 그들의 노력 하에 사우스웨스트항공은 그해 3분기 미국 항공사 중 유일하게 흑자를 냈다.

이것은 사우스웨스트항공사의 리더 허브 켈러허가 다년간 중시해온 사랑을 바탕으로 한 독특한 기업 문화의 힘이었다. 켈러허는 말했다. "사랑으로 뭉치는 회사는 두려움으로 묶어두는 회사보다 훨씬 안정적이다." 이것이 바로 사우스웨스트항공 성공의 비결이다.

사우스웨스트항공은 창립 때부터 줄곧 '사랑'이라는 기본 이념을 견지했다. 켈러허는 직원 한 사람 한 사람을 회사라는 대가족의 일원으로 여겼으며, 직원들이 업무 속에서 기쁨을 찾도록 격려했고 자신이 솔선수범하여 모범을 보였다. 새로운 노선을 홍보할 때는 직접 엘비스 프레슬리 분장을 하고 비행기에서 땅콩을 나누어 주었으며, 또 직원들과의 회식 자리를 자주 갖고 회사의 뮤직비디오에서 공연을 하기도 했다. 그는 항상 직원들과 함께 하고 필요한 정보를 전달했으며, 직원들에게 누구를 위해 일하는지, 그들의 일이 얼마나 중요한지 말해줬다. 그는 직원들로 하여금 자신들이 매우 중요한 일을 하고 있고 또 존중받고 있다고 생각하게 했다.

회사는 직원들이 자유를 누리고 항상 즐거운 마음을 가지도록 격려했다. 승무원이 유쾌한 마음을 가지고 있으면 승객에 대한 서비스도 그만큼 좋아지게 된다. 업무 분위기가 화기애애하면 다른 사람을 대할 때도 친절할 수 있다.

사랑의 분위기는 사우스웨스트항공사 직원들이 회사에 오는 것을 즐겁게 느끼고 업무를 기쁨으로 여기게 했다. 켈러허는 말했다. "아마 다른 회사와 우리 회사의 자본은 똑같을 것입니다. 또 다른 회사의 서비스 질도 우리 회사와 같을 것입니다. 하지만 다른 회사들이 우리 회사를 따라잡지 못하는 것이 하나 있습니다. 그것은 바로 우리 직원들이 고객을 대하는 마인드와 태도입니다."

즐거운 근무 여건은 직원의 서비스 태도를 더욱 친절하게 만들고 작업 효율도 크게 향상시킨다. 사우스웨스트항공은 비행기당 평균 매달 70시간을 비행하는 반면 다른 회사는 55시간밖에 비행하지 못한다. 그들의 지상 관제탑에서는 경쟁사 절반의 인력만으로도 모든 업무가 원활히 돌아가고 있으며 비행기 배치 속도가 매우 빨라, 경쟁사가 45분에 처리할 일을 15분이면 해결했다. 사우스웨스트항공의 높은 업무 효율은 저렴한 항공료를 유지할 수 있었던 중요한 요소다. 사우스웨스트의 항공료는 업계 평균 수준보다 25% 저렴하다.

사우스웨스트항공은 사랑으로 뭉친 회사다. 이런 회사만이 모든 경쟁자를 이길 수 있는 진정한 역량을 가지고 있다.

[경영의 지혜]

많은 기업들의 대다수 사장들은 위엄과 훈계로 직원들을 리드한다. 이런 방법보다 더 잘못된 것은 없다. 훌륭한 리더는 사람을 대할 때나 일을 할 때 모든 방면에서 사람의 요소를 개입시킨다. 만약 사장이 공포 분위기를 조성하여 기업을 경영한다면 직원들은 긴장하게 되고 문제가 있어도 함부로 말하지 못해 결과적으로 상황을 더욱 악화시킬 것이다.

경영 고정에 약간의 사랑을 보태서 직원들을 사랑하고 관심을 가지면 응집력 있는 기업을 구축할 수 있다.

49

감정 투자는 모든 투자 중에서
비용은 가장 적게 들고 수익률은 가장 높다

후지타 덴(藤田田, 전 일본 맥도널드 회장)

사람들은 다음과 같은 전혀 상반된 두 가지 현상을 보게 된다. 급여는 높지만 직원들의 불만이 매우 많고, 직원들은 회사를 떠난 후에도 끊임없이 회사의 죄상을 낱낱이 공개하는 경우와 급여 수준은 보통이지만 직원들의 근무 태도가 안정적이며, 회사에 대한 만족도가 매우 높고, 퇴사한 후에도 항상 연락하며 심지어 친정집 드나들 듯 하는 경우가 있다. 이 두 가지 상황이 나타나는 주요 원인은 기업 내부에서 '친정(親情) 관리'를 중시했는가와 감정 투자를 했는가의 여부이다.

세상에서 가장 수익률이 높은 투자는 무엇일까? 일본 맥도날드의 전 회장 후지타 덴은 『나는 돈을 가장 잘 벌 줄 아는 사람이다』라는 저서에서 "나는 모든 투자에 대해 수익률을 분석해봤다. 그 결과 감정 투자가 모든 투가 가운데 비용은 가장 적게 들고 수익률은 가장 높은 투자였다"라고 말했다.

후지타 덴은 감정 투자에 매우 뛰어났다. 그는 매년 거액을 병원에 지불하여 직원이나 그 가족들이 병이 나거나 의외의 사고가 났을 때 즉각 입원 치료를 받을 수 있게 했다. 일요일에 응급 상황이 발생해도 지정 병원에 바로 입원할 수 있었기 때문에 여러 병원을 전전하다가 제때 치료를 받지 못해 생명을 잃는 경우를 피할 수 있었다.

어떤 사람이 후지타 덴에게 직원이 몇 년 동안 병이 나지 않으면 그 돈은 쓸데없는 낭비가 아니냐고 물었다. 후지타 덴은 대답했다. "직원이 안심하고 일만 할 수 있다면 회사로서는 손해 보는 것이 아니다."

후지타 덴이 최초로 시도한 또 한 가지가 있다. 바로 자기 생일날 가족과 함께 보낼 수 있도록 직원들의 생일을 개인 공휴일로 지정한 것이다. 맥도널드 직원들은 개인적인 기념일인 생일날 가족들과 즐거운 시간을 보내고, 몸과 마음을 충전한 후 다음날 일터로 향했다.

직원의 부인이 생일을 맞이하면 후지타 덴은 꽃을 보내 축하했다. 사실 생화 한 다발은 비싼 게 아니지만 부인들은 매우 기뻐했다. "남편도 내 생일을 잊어버리는데 사장이 기억하고 생화를 보낼 거라고는 생각도 못 했어요." 후지타 덴은 늘 부인들로부터 감사 편지와 전화를 받았다.

일본 맥도날드는 6월말과 연말에 보너스를 지급했으며, 그 외에 매년 4월에 추가로 보너스를 지급했다. 4월 보너스는 직원에게 지급하는 것이 아니라 직원 부인들에게 지급하는 것으로, 남편은 손을 댈 수 없었다. 직원들은 이를 '부인 보너스'라고 불렀다.

이밖에 일본 맥도날드는 매년 호텔에서 파티를 열었다. 결혼한 모든 직원들은 반드시 아내를 데리고 참석해야 했다. 파티에서 우수 직원을 표창하고, 부인들에게 정중하게 말했다. "부인 여러분, 여러분들의 남편이 회사를 위해 아주 큰 공헌을 하여 각 부문별로 표창을 했습니다. 부인들께 한 가지 요청하고 싶은 게 있는데, 남편들의 건강을 잘 보살펴 주십시오. 저는 여러분들의 남편이 일류 인재로 성장하여 인생의 꿈을 실현하고 여러분 가정의 화목을 앞당길 수 있기를 희망합니다. 하지만 저는 그들의 건강을 더 많이 더 세심하게 보살펴줄 수 없습니다. 그래서 남편들의 건강을 보살피는 중책을 여러분들께 넘기는 바입니다."

이 말을 듣고 어느 부인이 감격하지 않겠는가? 이러한 감격은 또 한 가정에 어떤 의미를 가질까? 이런 감정 투자는 직원들을 최대한으로 격려하고 응집시키는 작용을 한다.

[경영의 지혜]

후지타 덴의 신조는 "직원을 위해 돈과 감정을 투자하는 것은 절대적인 가치를 지닌다. 감정 투자는 비용이 많이 들지 않지만 그 대가로 돌아오는 직원들의 적극성과 그로 인해 생겨나는 거대한 창조력은 어떠한 다른 투자도 견줄 수 없는 것이다."

우수한 경영자는 직원들에 대한 감정 투자가 뛰어나다. 감정 투자는 직원들에게 사장이 자신을 존중하고 관심과 사랑을 가지고 있다고 느끼게 한다. 이를 통해 그들은 자신이 할 수 있는 모든 일을 하고 싶어 하고 자신의 잠재력을 충분히 발휘하게 된다.

기억하라. 한 마디 축복의 말, 친절한 안부 인사, 한 번의 힘 있는 악수를 직원들은 평생 잊지 못하고 기꺼이 당신을 위해 일생을 바칠 것이다.

50

마음에 두는 것으로는 부족하다.
두 손을 모으고 부처에게 절하는 것처럼
성심을 다해 직원을 이끌어야 한다

마쓰시타 고노스케(松下幸之助)

마쓰시타 고노스케는 기업주가 어떻게 기업을 관리해야 할 것인가를 논하면서 이렇게 말했다. "직원이 백 명 있을 때 앞장서서 직원들을 이끌고 구호를 외쳐야 한다. 직원이 천 명으로 늘어났을 때 직원들의 중간에 서서 직원들이 함께 힘을 모아 일할 것을 간청해야 한다. 직원이 만 명으로 늘어났을 때는 직원들 뒤에 서서 감사해 하면 된다. 만약 직원이 5~10만으로 늘어나면 마음의 감사만으로는 부족하다. 부처에게 절하듯 두 손을 모으고 경건하게 그들을 리드해야 한다."

마쓰시타는 기업의 성장 단계별로 경영자가 해야 할 역할을 이처럼 형상적으로 묘사했다. 그는 규모가 작으면 모든 일을 직접 할 수 있지만 사업이 일정한 규모를 갖추게 되면 부하 직원들에게 더 많이 의지해야 하고, 사업이 거대한 규모로 발전하면 반드시 정신적 역량을 바탕으로 리드해야 한다고 생각했다.

그의 이 말에는 부드러운 경영의 정신이 충분히 표출되어 있다.

그는 현대 기업 경영에서 훌륭한 리더는 중국 고대의 훌륭한 장수가 사병을 사랑하듯 자기 직원에게 관심을 가지고 자상하게 돌보고 직원들에게 차 한 잔 올리는 마음으로 기업을 경영해야 한다고 지적했다.

경영자는 우선 직원들을 평등하게 대해야 한다. 그들을 고용인으로 보지 말아야 하며, 더더욱 그들을 일만하는 노예로 보지 말아야 한다. 그들은 동지이자 협력자로, 경영자의 사업은 직원의 노력을 벗어날 수 없다. 회사의 모든 성과는 직원들의 땀과 힘에서 나온다.

마쓰시타는 "직원들이 마음을 합쳐 목표를 향해 힘껏 나아가는 것을 볼 때 감개무량하기 그지없다"라고 말했다. 그래서 그는 직원들에게 차를 올리는 정신을 언급하며 사장들을 이끌었다. 그는 '사장은 높은 곳에서 내려다보는 것이 아니라 직원들 뒤쪽에서 그들이 전진할 수 있도록 밀고 나가는 사람'이라고 여겼다. 이런 따뜻하고 겸허한 마음을 가지고 있는 사장은 일단 책임을 다하는 직원을 보게 되면 자연스럽게 가슴이 뿌듯해서 말한다. "정말 수고하네, 와서 차 한 잔 하게." 마쓰시타의 뜻은 사장이 꼭 직원에게 차를 따라야 되는 것은 아니지만 진실된 마음을 표현하면 매너리즘에 빠진 직원도 분발하게 되고 작업 효율이 올라가게 된다는 것이다.

마쓰시타는 "회사의 직원들이 많아서 각각의 직원들에게 다 감사의 뜻을 표할 수는 없다 해도 감사하는 마음을 가지고 있으면 말하지 않아도 행동 속에서 자연스럽게 우러날 것이고 직원들의 마음으로 전달될 것이다"라고 말했다. 그의 말에는 직원들을 존중하고 평등하게 바라보는 정신이 체현되고 있다.

그는 직원들을 사랑하고 관심을 가지면서 직원들이 회사를 위해 분투하도록 자극했다.

어느 깊은 밤, 마쓰시타가 한 간부 집으로 전화를 했다. 그 간부는 사장이 중요한 업무 지시를 내릴 것이라고 생각했다. 그런데 예상 밖으로 마쓰시타는 "갑자기 자네 목소리가 듣고 싶어졌네"라고 말했다. 장유유서를 중시하는 일본 기업에서 마쓰시타의 말은 기쁨과 불편함을 동시에 느끼게 했다.

마쓰시타는 이와 같은 진실한 마음으로 부하 직원에 대한 관심을 표현했다. 전화를 받은 사람은 누구든지 존중받고 있음을 느끼게 되고, 회사를 위해 더 많은 노력을 할 것이다.

직원들에 대한 마쓰시타의 관심은 회사를 위해 열심히 일하고자 하는 직원들의 자발적 노력으로 되돌아왔다. 이 때문에 마쓰시타전기는 급속도로 발전할 수 있었고, 마침내 일본에서 수익성이 가장 높은 제조업 그룹이자 세계적인 기업이 되었다.

[경영의 지혜]

인정(人情)을 활용한 경영 마인드로 직원들을 리드하고 교육하면서 그들에게 자상한 관심을 가지면 '소리 없이 내리는 가는 봄비가 만물을 소생시키는' 신비한 효과를 낼 것이다.

기업가는 날로 성장하는 기업을 앞에 두고 순수하고 바른 마음으로 경영에 임해야 한다. 마쓰시타는 이에 대해 "부처를 모시는 마음으로 직원을 리드하라"고 말했다. 바로 이런 점 때문에 마쓰시타는 명확한 이념, 탄력적인 격려 수단, 기업가의 성실한 정신으로 마침내 직원들의 마음속에 정신적인 등대를 세우고 기업은 끊임없이 진보할 수 있었다.

51

시종일관 사람을 최우선으로 두고 직원을 존중하는 것이 성공의 관건이다

토마스 왓슨 1세(Tomas Watson, Sr.)

미국 재계 10대 명인 중 하나로 꼽히는 IBM의 창업자 토마스 왓슨 1세는 늘 이렇게 말했다. "기업가로서 이윤을 생각해야 하는 것은 당연한 일이지만 이윤을 너무 중요하게 보지 말아야 한다. 기업은 시종일관 사람을 최우선으로 두고 직원을 존중하는 것이 성공의 관건이다."

IBM이 내건 구호는 '인간 존중'이었다. 직원이 회사에서 존중받지 못하는데, 그 직원이 회사의 경영 이념과 기업 문화를 존중하고 인정할 것이라고 기대하는 것은 어불성설이다. 경영자는 직원 존중을 구호에 그치지 않고 몸소 실천해야 한다.

직원 존중은 우선 직원의 말과 행위를 존중하는 것이다. 경영자는 직원의 말과 행동을 본 척 만 척해서는 안 되며, 직원과 최대한 평등한 커뮤니케이션을 해야 한다.

IBM의 여러 가지 조치 중에서도 우수한 커뮤니케이션 시스템은 매우 독창적이다. 그들은 훌륭한 커뮤니케이션 시스템을 통해 회사에 대한 직원들의 동질감과 충성을 확보할 수 있었다. 직원들은 명령에 따르기만 하는 고용인이 아닌 회사의 일원으로 느꼈고, 적극성과 자주성을 충분히 발휘했다.

상급자들은 먼저 하부 조직 깊숙이 들어가야 한다. 왓슨을 비롯한 IBM의 리더들은 늘 친절한 태도로 부하 직원들의 희망 사항과 불만 사항, 목표를 이해하고 직원들의 사기를 드높였다. 둘째, 문책 방식에 주의해야 한다. 정확하게 잘못한 일만 문책하고 함부로 인신공격을 해서는 안 된다. 문책을 위한 문책은 절대 불가하다. 꾸짖은 후에는 반드시 해결 방법을 제시하여 직원이 자신의 잘못을 개선할 수 있도록 하고, 자존심 회복 및 신뢰를 구축해야 한다.

하급자들에게는 상급자나 회사 CEO에게 의견을 제시할 수 있는 분위기를 만들어줘야 한다. 회사 내에 민주적 분위기가 형성되면 구체적인 문제를 해결할 수 있을 뿐만 아니라 단결을 강화할 수 있다. IBM은 회사에 의견함을 만들어 커뮤니케이션 경로를 넓혔다. 직원들이 업무에 대한 의견이나 건의 사항이 있으면 의견함을 통해 각 부서 간부와 직접 연락할 수 있었다. 의견함 관리에 별도로 책임자를 두고 실질적으로 집행 가능한 건의 사항을 선별하여 제안자에게 큰 상을 내렸다. 결코 형식적이 아니라 실제로 시행되었기 때문에 매년 10만 장의 의견 카드가 접수됐다.

커뮤니케이션을 통해 직원들은 회사에서 자신의 가치를 확인했다. 이는 IBM이 성공하게 된 중요한 요인 중 하나다. 왜냐하면 기업에게 가장 두려운 것은 업무에 대한 직원들의 열정이 줄어드는 것이기 때문이다. IBM은 직원들이 자신의 가치를 소중하게 여길 수 있도록 도와줌으로써 거대한 이익을 얻었다.

너무나도 많은 기업들이 '직원은 우리의 가장 소중한 재산이다', '우리는 직원들과 함께 성장할 것이다' 와 같은 말을 회사 브로셔에서, 홍보 책자에서, 웹사이트에서 남발하고 있지만 대부분 선전 구호에 불과하다. 그러나 왓슨은 진정으로 '직원 존중' 이라는 신념을 IBM의 혈액 속에 용해시켰다. 그는 경영은 사람을 중심으로 하는 것임을 강조했다. 또 직원들의 가치를 충분히 존중하고 사람들의 다양한 수요를 중시했으며 공동의 가치관, 신념, 조화로운 인간 관계 등을 활용해서 업무에 대한 직원들의 열정을 불러일으키고 그들의 사기를 진작시켰다.

[경영의 지혜]

직원 존중은 인성화 관리의 필수조건이다. 직원들 개개인이 존중을 받을 때 진정으로 존중과 격려를 받고 있음을 느끼게 되며, 더 노력해서 일하게 될 것이다. 또 경영자의 입장에 서서 자발적으로 경영자와 소통하면서 업무에 대해 토론하고 경영자가 건네준 임무를 완성하며 기업의 영예를 위해 기꺼이 헌신할 것이다.

직원을 한 사람의 사회인으로 대우하고 관리해야 한다. 경영은 존중에서 시작된다.

52

회사를 먹여 살리는 것은 직원들이다

리쟈청(李嘉誠, 홍콩 최고의 재벌)

몇몇 경영자나 사장들이 "우리 회사는 몇 명의 직원을 먹여 살리고…"라고 말하는 것을 자주 듣게 된다. 이 말에는 마치 자신의 자식들을 먹여 살리는 듯한 어감이 담겨 있다.

'먹여 살린다' 라는 말은 헌신, 의무, 마땅히 해야 할 책임을 포함하고 있다. 결국 이 말은 사장이 직원을 먹여 살린다는 의미를 내포하고 있다. 그 사상적 배경은 직원에 대한 사장의 은덕과 시혜다.

조금만 주의를 기울이면 이러한 생각을 가진 경영자와 사장이 적지 않다는 것을 쉽게 발견할 수 있다. 몇몇 경영자와 사장의 눈 속에, 그들의 깊은 의식 속에는 직원이 창조하는 가치가 보이지 않는다. 이는 경영자로 하여금 직원이 창조하는 가치를 경시하게 만드는 단편적이고 잘못된 생각이다.

아시아 제일의 부자 리쟈청은 "회사가 직원을 먹여 살린 것이 아니라 직원이 회사를 먹여 살렸다"라고 말했다.

창장(長江)빌딩은 리쟈청이 소유한 최초의 산업용 빌딩이다. 훗날 부동산 산업의 주춧돌이 되었고, 그에게 '플라스틱 조화(造花)의 대왕'이라는 명예를 가져다준 근거지다.

1970년대 후반, 홍콩의 커리어우먼 린옌니(林燕妮)가 사무실을 임대하려고 창쟝빌딩에 왔다가 이곳에서 플라스틱 조화를 생산하고 있던 리쟈청을 발견했다.

그때 플라스틱 조화는 이미 황금 시절이 지났고 거의 수익성이 없었다. 창쟝부동산은 당시 수익이 상당히 괜찮았기 때문에 플라스틱 조화는 있어도 그만 없어도 그만인 사업이었다.

여전히 소규모로 플라스틱 조화를 생산하고 있는 것을 본 린옌니는 내심 의아해했다. 뒷날 창쟝빌딩이 임대되어 플라스틱 조화 공장도 문을 닫게 되었다. 하지만 직원들은 여전히 남아서 빌딩 관리 등의 업무를 담당하도록 배려했다.

어떤 사람이 리쟈청에게 옛 직원들을 잘 대해준 일을 언급하면서 "직원들과의 옛정을 정말 중시하는군요. 어쩐지 직원들이 당신의 은덕에 감격하더라고요"라고 말했다.

리쟈청은 "기업은 대가족과 같고, 직원이야말로 기업의 공신이므로 그들은 걸맞은 예우를 받아야 한다. 지금 그들도 늙었다. 나는 연장자로서 그들을 보살펴야 할 의무를 마땅히 져야 한다"라고 대답했다.

상대방이 감동해서 말했다. "리 선생의 정신은 정말로 고귀합니다. 많은 사장들이 나이든 직원을 못 쫓아내서 안달인데 당신은 정말 다르군요. 직원들이 과거에는 공장에서 일하면서 먹고 살았고, 지금은 공장은 없어졌지만 여전히 그들을 남겨두셨군요."

이때 티쟈청이 다급하게 설명했다. "절대 그렇게 말하지 마시오. 사장이 직원을 먹여 살렸다는 것은 구식 기업의 관점이오. 직원이 사장을 먹여 살리고 회사를 먹여 살렸다고 말해야 될 것이오."

'직원이 사장을 먹여 살리고 회사를 먹여 살렸다' 는 생각은 모든 경영자들이 심사숙고할 만한 가치가 있다.

보통 사람의 눈에 비친 사업가는 모두 이윤을 좇는다. 그들은 단지 돈을 벌기 위해서 움직인다. 사업가는 자선가가 아니므로 공장에 이윤이 없으면 문을 닫아도 그다지 비난할 일이 아니다. 하지만 리쟈청은 '무정(無情)' 을 '유정(有情)' 으로 승화시킨 아주 감동적인 휴먼드라마를 연출했다.

[경영의 지혜]

'직원이 사장을 먹여 살리고 회사를 먹여 살렸다' 는 리쟈청의 생각은 확실히 심사숙고할 만한 가치가 있다. 예를 들면 다음과 같다. 급여는 회사가 당신에게 지급하는 것이 아니라 당신들이 열심히 일해서 번 것이고 또 회사를 먹여 살린 것이므로 회사가 당신들에게 감사를 해야 한다.

많은 직원들의 노력 없이는 아무리 능력 있는 사장이라 해도 성공을 이루기 어렵다. 반대로 기업이 큰 응집력을 가지고 있고, 또 직원들이 성심으로 단결하고 공동으로 노력한다면 그 기업은 전망이 아주 밝을 것이다.

8 장

권한 이양은 연날리기와 같다

권한 이양의 성공 여부는 크게는 기업의 흥망성쇠를 결정하고, 작게는 업무의 순조로운 진행에 영향을 미친다. 따라서 권한 이양은 반드시 필요한 요소다.

우명한 국제전략관리고문 린정다(林正大)는 "쉽게 말해서 권한 이양은 연날리기 와 같다. 부하 직원의 능력이 약하면 연줄을 당겨야 하고, 부하 직원의 능력이 강하면 연줄을 놓아야 한다" 라고 말했다.

뛰어난 통솔력을 가진 리더는 연날리기의 고수다. 수하의 인재는 하늘을 나는 연과 같다. 그들은 생김새도 다르고 특징도 서로 다르지만 리더는 그들을 하나하나씩 모두 하늘로 날려 보내야 한다. 그러나 그들이 얼마나 높이 날아가든 리더(조직)의 손에는 튼튼한 얼레가 있어서, 모든 것은 리더의 손 안에서 통제된다. 직무를 훌륭하게 수행하는 리더는 연 만드는 기술자가 아닌 연날리기의 고수가 되어야 한다.

53

지나치게 간섭하지 않는 것이 효과적인 관리다

잭 웰치(Jack Welch)

잭 웰치가 GE 회장을 역임할 때, 그에게는 경영의 최고 원칙이 있었다. 바로 '지나치게 간섭하지 않는 것이 효과적인 관리다!' 반대로 말해도 마찬가지다. '효과적인 관리는 적게 간섭하는 것이다!' 이러한 경지는 일종의 기업 전략, 기업 문화에 근거하여 구축된 완벽한 경영 플랫폼이다. 일부 기업들을 살펴보면 이들에게는 이러한 자신감과 여유가 부족한 듯하다.

많은 경영자들이 자신만 믿고 타인을 믿지 못해서 함부로 다른 사람의 업무에 간섭하는 직업병을 가지고 있다. 문제는 그렇게 함으로써 악순환이 계속된다는 점이다. 상사가 처음부터 끝까지 모든 일을 간섭할수록 일을 다 자기가 직접 해야 하고, 독단적으로 행동하게 되며, 이것저것 의심이 많아진다. 동시에 부하 직원은 점점 더 속수무책이 돼버려 의타적이고 폐쇄적인 습관을 가지게 되고, 자발성과 창조성을 완전히 상실하게 된다. 크고 작은 일 모두 직접 해야만 직성이 풀리는 사장은 직원의 자존심과 귀속감에 큰 상처를 입히는 결과를 낳는다. 그렇게 되면 회사는 마치 마술처럼 원심력이 점점 더 커져 결국 사분오열 붕괴될 것이다.

권위 있는 보고서에 따르면, "중국 기업은 관리에 80%의 시간을 쓰고 업무에 쓰는 시간은 20%에 불과하다"고 밝혔다. 저명한 경제학자 후안강(胡安鋼)은 한발 더 나아가 이렇게 지적했다. "서방 선진국에서 '관(管)'과 '리(理)'의 비율은 보통 20 : 80이다. 이는 중국의 상황과 정반대다. 중국 기업은 '관'이 80%를 차지하고, '리'는 20%에 불과하다. 중국 기업에서는 사람을 '관'하는 것이 업무를 '리'하는 것보다 더 중요한 것 같다. 이것은 아마도 대다수 중국 기업이 경쟁력이 부족하게 된 타당한 원인일 것이다."

어떻게 하면 지나치게 간섭하지 않고도 효과적인 관리를 할 수 있을까? 관건은 '통제'에 있다. 경영자가 모든 일을 직접 해야 할 필요는 없다. 그는 권한을 어떻게 위임하고 이양을 하는가를 익히기만 하면 된다.

타이완의 치메이(奇美)사는 석유화학 제품 ABS를 생산하는 기업으로, 전세계 업계 순위 1위다. 쉬원룽(許文龍) 사장은 기업 내부의 크고 작은 모든 일에 대한 권한을 전부 이양했다. 서면 지시를 하지 않을뿐더러 어쩌다 열리는 간부 회의에서도 일상적인 대화를 나눌 뿐이다. 그는 도장을 어디에다 두었는지 전혀 몰랐으며, 더 이상한 것은 사장실조차도 없다는 것이다. 그는 사장실이 없어서 늘 차를 몰고 여기저기 낚시를 하러 다녔다. 한번은 비가 억수같이 내려 회사에 가보고 싶어졌다. 직원이 그를 보고서 깜짝 놀라 물었다. "사장님, 일도 없는데

뭣 하러 오셨어요?” 그는 잠시 생각을 하다가 “맞아, 일도 없는데 왜 왔지?”라고 대답했다. 그리고 차를 몰고 홀연히 사라졌다.

이 사례는 우리에게 이런 가르침을 준다. 사장으로서 기왕에 사람을 고용했다면 충분히 믿고 업무에 대한 자주성을 부여해야 한다. 쉬 사장처럼 전혀 듣지도 묻지도 않는 것은 너무 극단적인 면도 없진 않지만, 어느 정도 수준에서 그의 방식은 취할 점이 많다. 그렇지 않다면 치메이가 어떻게 성공할 수 있었겠는가?

이러한 관리 방식을 채택하는 이유는 궁극적으로 ‘관리하지 않는 관리’에 도달하기 위한 것이 아니라 직원들에게 더욱 충분한 공간을 제공하기 위한 것이다. 그 결과는 직원들의 더 큰 노력으로 돌아오게 되고, 일종의 선순환을 형성하게 될 것이다.

[경영의 지혜]

‘적게 관리’ 하면서 또 ‘잘 관리’ 하려면 반드시 합리적으로 권한을 위임하고 이양해야 한다. 모든 일을 자기가 직접 하게 되면, 첫째 효율이 떨어지고 둘째 직원들이 업무에 대한 적극성을 상실하게 된다. 따라서 합리적인 권한 이양을 통해 조직 구성원들이 각자의 능력을 충분히 발휘할 수 있는 환경을 만들어줘야 한다. 필요한 지도와 감독 하에 고용한 사람은 의심하지 않고 의심되는 사람은 고용하지 말아야 한다. 또 부하 직원에게 상응하는 책임과 권리를 부여해서 업무를 독자적으로 완수할 수 있도록 격려해야 한다.

리더와 직원 간에 신뢰 관계가 쌓이고 효율적으로 권한과 책임을 이양하는 시스템이 형성된다면, 직원의 사명감과 업무 동기가 강화되어 회사 실적의 안정적인 발전을 키워갈 수 있다.

54

타인의 지혜를 이용해서
자신의 사업을 완성하는 사람은 위대하다

단 피아트(Dann Piat)

경영자란 무엇인가? 쉽게 말해 경영자란 '자신은 일을 하지 않으면서 다른 사람은 목숨 걸고 일하게 하는 사람'이다. 경영자는 다른 사람을 통해 사업을 진행한다. 왜냐하면 개인의 시간과 지식, 정력은 모두 유한하기 때문이다. 설사 경영자 자신이 더 빨리, 더 잘 업무를 완수할 수 있다고 해도 문제는 모든 일을 혼자서 다 떠맡을 수 없다는 점이다. 일을 더 효율적으로 하고 싶다면 반드시 부하 직원에게 권한을 이양해야 한다.

경영 전문가 단 피아트는 "타인의 지혜를 빌려 자신의 사업을 완성하는 사람은 위대하다"라고 말했다.

『부자아빠, 가난한 아빠』라는 책에는 다음과 같은 말이 있다. "당신보다 더 똑똑한 사람으로 하여금 당신을 대신해서 돈을 벌게 하라." 이 말은 권한 이양의 중요성을 아주 잘 표현하고 있다. 그러나 실제 업무에서 많은 경영자들이 하루 종일 모든 일을 도맡아 처리하느라 골 머리를 썩는다. 말 그대로 소방수처럼 문제가 발생하는 곳마다 경영 자가 불을 끄는 모습이 보인다. 하나 막고 돌아서면 또 하나가 터지고 피곤하기 짝이 없다.

개인의 능력은 유한하기 마련이다. 매일 필사적으로 노력한다고 해 도 결국에는 힘이 모자라 두 마리 토끼를 다 잡을 수 없다. 결과적으 로 당신은 매일 정신없이 바쁘지만 직원들은 한가하고 무료해서 불만 이다. 그러다 직원들은 일에 대한 원동력도 책임감도 모두 사라지게 된다.

권력이 한 사람에게 집중되어 있으면 망하기 마련이다. 권한 이양 을 하지 않고 모든 것을 직접 하려는 경영자는 아무것도 제대로 할 수 없다.

'자동차 왕'으로 불리는 헨리 포드는 사업이 전성기에 다다랐을 때, 남의 말은 전혀 듣지 않는 고집스러운 사람으로 변해버렸다. 그는 재능 있는 직원을 시기하고 부하 직원이 세력을 키우는 것을 절대 용 납하지 않았다. 그래서 직원들에게 중임을 맡길 엄두도 못 냈고 또 맡 기고 싶어 하지도 않았다. 심지어 회사를 위해 땀 흘려 일하며 공헌 한 직원들도 인정사정없이 해고했다. 부하 직원들은 극도의 두려움을 느꼈고, 사업은 급격하게 내리막길을 걷게 되었다. 포드 2세는 63세 에 가슴이 찢어지는 아픔 속에 포드자동차 회장직에서 사임하며, 포 드가(家)가 35년간 이어온 경영 대권을 포드 집안이 아닌 필립 카드엘 (Philip Caldwell)에게 넘겨주었다. 그가 구성한 고문단은 전문가 집단 의 지도 체제를 채택하고 회사를 관리했다. 이 조처는 포드 왕국의 철저한 마감을 선고한 것이나 다름없었다.

우리가 잘 알고 있는 '철강왕' 카네기는 철강 제품을 제조하고 생산하는 공정에 대해서는 잘 몰랐다. 하지만 그는 300명이 넘는 엘리트들을 채용하고 중임을 맡겼다. 카네기는 일에 대한 그들의 열정을 최대한 불러일으켜, 마침내 모든 사람이 우러러보는 '철강왕'의 보좌에 오를 수 있었다.

권한 이양의 방법을 아는 경영자는 성공을 향해 나아갈 수 있다. 하지만 권한 이양의 방법을 모르는 경영자는 피곤함으로 인생을 마감하게 된다. 언제 권한 이양을 할지 시기를 모르면 분통이 터져 죽고, 또 누구에게 이양할지를 모르면 조급증이 나서 죽을 지경이 될 것이다. JC PENNY의 창업자 제임스 페니(James C. Penny)는 이런 말을 했다. "회사 사장이 가장 확실하게 자살하는 방법은 고집스럽게 권한을 이양하는 방법을 배우지 않고 권한 이양의 시기와 대상을 정하지 않는 것이다."

경영자는 카네기처럼 자신을 도와줄 사람을 찾아서 적극적으로 권한을 이양하고 그들을 통해 일을 성사시키는 법을 배워야 한다. 이것은 절대 직무유기가 아니다. 경영 전문가 딘 피아트가 "타인의 지혜를 이용해 자신의 사업을 완성시킬 수 있는 사람은 위대하다"라고 말한 것과 같다. 권한 이양을 제대로 아는 경영자가 진정으로 성공하는 사람이다.

경영자가 모든 일을 직접 다 해야 할 필요는 없다. 효율적으로 권한을 이양하는 방법을 익히고, 사소한 일에 시간과 정력을 낭비하지 말아야 한다. 재능 있는 수많은 부하 직원들을 앞에 두고 왜 그들에게 권한을 넘겨주고 업무를 처리하도록 하지 않는가? 권한을 넘겨주면 당신은 더 큰일에 정력을 집중할 수 있다. 또 부하 직원은 더 큰 책임감을 가지고 적극성과 창조성을 충분히 발휘할 수 있다. 권한 이양을 원하지 않거나 권한 이양에 서투른 리더가 이끄는 기업은 분명 생기가 없는 기업일 것이다.

55

성공하는 기업 리더는 권한 이양의 고수일 뿐만 아니라 나아가 권한 통제의 고수다

피트 스탠다드(Pitt Standard)

"권력은 칼날의 양면과 같다. 제대로 사용하면 모든 난관을 제거할 수 있지만 그렇지 못하면 나와 남을 다치게 하고 일을 그르치게 된다. 성공하는 기업 리더는 권한 이양의 고수일 뿐만 아니라 나아가 권한 통제의 고수다"라고 경영 전문가 피트 스탠다드는 말했다.

일부 경영자는 권한 이양을 하고 나면 전혀 관여하지 않아도 된다는 생각을 가지고 있다. 사실 이것은 잘못된 생각이다. 뛰어난 리더는 권한 이양의 고수일 뿐만 아니라 권한 통제의 고수이기도 하다. 그렇지 않으면 권한 이양의 의의가 퇴색되고 회사에 손실을 입히게 된다.

모토롤라 창업자의 손자인 크리스토퍼 갤빈(Christopher Galvin)은 많은 사람들이 인정하는 호인으로 성격이 온화하고 관대했다. 1997년 그가 모토롤라 CEO직을 인수받았을 때, 자신은 회사에서 완전히 손을 떼고 고위 간부들이 자유롭게 일할 수 있는 여건을 만들어줬다.

그런데 2000년부터 모토롤라는 시장점유율, 주가, 회사 수익 등이 연달아 하락했다. 휴대전화의 선두주자였던 모토롤라의 시장점유율은 13%로 떨어졌고, 그들의 적수였던 노키아가 무려 35%를 점유하고 말았다. 급기야 주가도 72%나 하락했고, 2001년 1분기에 모토롤라는 15년 사상 최초로 적자를 기록했다.

『비즈니스위크』가 당시 갤빈의 등급을 매겼는데, 장기적 전망에서 B등급을 받은 것 외에 경영, 제품, 혁신 부문에서는 모두 C등급을 받았다. 주주공헌도에서는 D등급이었다.

갤빈은 너무 과도하게 손을 놓고 권한 통제에 소홀했기 때문에 회사의 경영 상황을 제대로 파악하지 못했다. 그는 한 달에 겨우 한 번 간부회의를 열었고, 직원들에게 이메일을 보낼 때에도 기껏해야 일과 생활의 균형을 어떻게 맞출 것인가 하는 내용이 전부였다.

갤빈의 '방임 철학'이 옳을 수도 있겠지만 문제는 회사 상황에 대해 제대로 이해하지 못한 데서 생겨났다. 모토롤라는 2000년에 휴대전화 1억 대 판매를 공표했으나 목표에 도달하지 못했다. 직원들은 몇 달 전부터 목표를 달성할 수 없다는 것을 알고 있었으나 갤빈 혼자서만 상황을 파악하지 못했다.

그가 경영에서 손을 떼면서 조직은 활력을 잃어버린 채 거대한 관료 체제로 변해버렸다. 모토롤라는 원래 6개의 사업부가 있었는데, 각 사업부 총괄 책임자가 독립적으로 손익을 책임졌다. 하지만 과학 기술이 발달하면서 제품별 경계가 불분명해지자, 모토롤라는 구조조정을 실시하여 모든 사업부를 하나의 큰 우산 아래에 집합시켰다. 그 결과 모든 조직에 등급이 생겨났고 거대한 피라미드를 형성했다.

2001년 초반에 이르러서야 갤빈은 문제의 심각성을 깨달았다. 그는

COO(Chief Operation Officer, 운영 책임자)를 해고하고 구조조정을 단행하여, 6개의 사업부가 직접 자신에게 보고하도록 했다. 처음에 그는 매주 간부회의를 열었다. 갤빈은 자신의 '호인, 방임'의 이미지를 바꾸고 난국을 타개하기 위해 노력했다.

열심히 일하는 부하 직원을 간섭하지 않는다는 것은 그들의 소홀한 부분까지도 신경을 쓰지 않는다는 뜻이 아니다. 책임자의 자리에 있는 사람은 해야 할 말은 반드시 하고 넘어가야 된다. 하지만 이야기하는 방식에 특별히 주의해야 한다. 충분한 권한을 주는 동시에 늘 부하 직원의 보고에 귀를 기울이면서 적절하게 지도해야 한다.

효율적인 권한 이양은 듣지도 보지도 않고 방임하는 것이 아니다. 훌륭한 권한 이양법은 일정한 권한을 부하 직원에게 주면서도 완전하게 인정받고 있다는 느낌을 줘서는 안 된다. 대담하게 그들을 신뢰하면서도 어느 정도 견제를 해야 한다.

[경영의 지혜]

권한 이양은 반드시 통제가 가능해야 한다. 통제 불가능한 권한 이양은 권한을 포기하는 것이다. 다시 말해서 경영의 비결은 부하 직원에게 채찍과 당근, 두 가지를 함께 주는 것이다. 채찍은 권한을 이양 받은 자의 권한 범위를 통제하는 것이며, 당근은 부하 직원이 권한 범위 내에서 최대한으로 잠재력을 발휘하도록 격려하는 것이다. 합리적으로 권한을 이양하는 한편 또 합리적으로 권한을 통제하는 것이 무엇보다도 중요하다.

권한 이양에 뛰어난 경영자는 반드시 권한 통제에도 뛰어나야 한다. 양자를 상호 보완적으로 운용해야 효율적인 통제를 할 수 있고 권력의 질서를 확보할 수 있다.

56

신뢰도 물론 좋지만 관리 감독이 더 중요하다

레닌(Lenin, 러시아의 혁명가 · 정치가)

권한 이양은 신뢰를 기반으로 할 때만이 효과를 거둘 수 있다. 하지만 신뢰만으로는 부족하다. 레닌은 "신뢰도 물론 좋지만 관리 감독이 더 중요하다"라는 명언을 남겼다. 어떤 경영자는 권한 이양을 한 후에 부하 직원을 지나치게 신뢰하고 효율적인 관리 감독에 소홀해 권한 이양이 실패로 끝나기도 한다.

권한 이양의 본질은 관리, 감독과 통제다.

피터는 모회사 생산 부서의 매니저로, 권한 이양의 기교에 뛰어났다. 간부인 그는 권한 이양의 중요성을 알고 있었고, 또 이를 효율적으로 활용할 줄도 알았다. 그는 모든 업무에 대한 권한을 다른 사람에게 이양하고 일을 시켰다. 자신은 거의 야근을 하지 않으며 더욱이 일을 집으로 들고 가지도 않는다.

하지만 지금까지 공장에 문제가 발생한 적은 한 번도 없었다. 그에게 성공 비결을 물었을 때, "비결이라? 글쎄요. 저는 업무를 분배한 후에 점검을 하고 감독과 통제를 할 뿐입니다. 제 밑에 있는 와트가 공장 하나를 책임지고 있었는데, 매일 저에게 전화를 걸어왔습니다. 그의 전임 사장이 피드백을 요구했기 때문이죠. 이때 저는 그의 판단을 믿고 매주 한 번씩 전화를 해서 10분간 상황 보고를 해달라고 말했습니다. 지금 그는 뛰어난 관리자가 되었습니다."

관리 감독의 관건은 직원의 집행 상황을 이해하는 것이다. 직원의 집행 상황을 이해해야만 직원이 자신의 임무를 효율적으로 마치도록 할 수 있다.

적절한 시기에 적절한 정도의 관리 감독은 불신임의 표현이 아니라 오히려 당신이 어떤 일을 중시하고 있다는 것을 보여준다. 따라서 적당한 관리 감독은 결코 직원의 적극성을 떨어뜨리지 않는다.

적절할 시기의 효율적인 관리 감독은 사업이 예정된 궤도를 따라 순조롭게 진행될 수 있도록 만드는 조치다. 효율적인 관리 감독이 없으면 집행 강도가 약해지고 형식적인 권한 이양이 되기 쉽다. 그리하여 끝내 예상한 결과를 얻지 못하거나 철저한 실패로 마감하게 된다.

따라서 경영자는 직원에게 어떤 프로젝트나 임무를 맡길 때, 편차를 발견하게 될 경우 효율적인 관리 감독을 통해 업무를 바로잡아야 한다.

편차가 발생하거나 집행 과정에서 먼 길로 돌아가는 직원에게는 "가까운 시일에 내 사무실에 들러주게. 자네가 하는 업무에 약간 문제가 있어서 서로 의견을 교환할 필요가 있는 것 같네"라고 말해보라. 이때 당신은 이미 통제자의 배역을 맡고 있는 것이고, 또 통제의 효과도 슬슬 나타날 것이다. 하지만 모든 경영자가 이러한 변화를 의식할 수 있는 것은 아니며, 구체적인 업무 외에는 어떻게 효율적인 통제를 할 수 있는지 모른다.

뛰어난 경영자는 가장 적절한 시기에 가장 적절한 방식으로 길을 잘못 들어선 말을 정확한 궤도로 이끌기 위해 한시도 잊지 않고 자신의 통제 기술을 치밀하게 점검한다.

[경영의 지혜]

권한 이양을 완료한 경영자는 다음 단계로 통제 시스템을 구축해야 한다. 업무 보고, 심사, 예산 점검 등의 방법을 통해 직원들의 행동에 대한 정보를 확보하여 즉각적이고 효율적인 통제를 해야만 한다.

경영에서 권한 이양과 관리 감독은 반드시 함께 진행되어야만 한다. 만약 권한 이양만 하고 관리 감독을 소홀히 하면 기업은 사분오열되는 결과가 나타날 것이고, 권한 이양은 하지 않고 관리 감독만 하면 기업은 썩은 물이 고인 웅덩이가 되어버릴 것이다.

따라서 효율적인 관리 감독도 일정한 기준이 있어야 한다. 관리 감독이 지나치면 부하 직원의 권한이 박탈당해 권한 이양이 가져다주는 긍정적 효과도 빛을 잃게 된다.

57

권한 이양은 연날리기와 같다.
부하 직원의 능력이 약할 때는 줄을 당기고
부하 직원의 능력이 강할 때는 줄을 풀어야 한다

린정다(林正大, 국제전략관리고문)

권한 이양은 업무를 분배할 때 부하 직원에게 상응하는 권력을 부여하고, 일정한 범위 내에서 인력, 물자, 자금에 대한 재량권을 주는 것이다. 아울러 부하 직원이 독자적으로 결정을 내리고 임무를 완성할 수 있도록 허가하는 것이다. 쉽게 표현하면 권한 이양은 업무에서의 '연날리기'와 같다.

권한 이양의 성공 여부는 크게는 기업의 흥망성쇠를 결정하고, 작게는 업무의 순조로운 진행에 영향을 미친다. 따라서 권한 이양은 반드시 필요한 요소다. 그렇다면 어떻게 해야 효과적인 권한 이양을 할 수 있으며, 어떻게 권한 이양이라는 연을 잘 날릴 수 있을까?

유명한 국제전략관리고문 린정다는 "쉽게 말해서 권한 이양은 연날리기와 같다. 부하 직원의 능력이 약하면 연줄을 당겨야 하고, 부하 직원의 능력이 강하면 연줄을 놓아야 한다"라고 말했다.

린정다는 권한 이양의 기술을 매우 형상적으로 설명했다. 그의 뜻은 매우 명확하다. 바로 효율적인 권한 이양은 대상을 정확하게 바라보고, 부하 직원의 능력에 맞춰 권한을 이양해야 한다는 것이다.

다시 말해 리더의 권한 이양은 '능력을 보는 것'이다. 능력이란 부하 직원의 능력을 말한다. 리더는 부하 직원에게 어떤 권한을 나눠줄 것인지, 어느 정도의 권한을 부여할 것인지 부하 직원의 능력을 보고 결정해야 한다. 능력이 뛰어나면 권한을 좀더 많이 주어서 더 많은 책임을 지우고, 능력이 부족하면 권한 이양의 정도를 축소했다가 능력이 나아지면 다시 권한의 범위를 점차적으로 확대한다. 따라서 권한 이양을 하기 전에 리더는 권한 이양의 대상, 업무의 난이도와 요구 조건 등을 전면적이고 자세하게 분석하여, 적절한 권한과 책임을 가장 적합한 후보에게 부여해야 한다.

권한 이양은 연날리기와 같아서 하늘 높이 비상할 수 있는 충분한 공간을 확보해줘야 한다. 그러나 경영자는 반드시 지속적인 점검을 통해 권한을 이양한 임무가 정확한 궤도에서 집행되고 있는가를 확인해야 한다.

제한적인 범위 내에서, 당연히 연이 높이 날면 날수록 멋지게 보인다. 권한은 놓으면 놓을수록 더 큰 힘을 발휘한다. 자신이 통제할 수 있는 범위를 넘어서지만 않으면 리더는 대담하게 권한 이양을 해야 한다. 그렇게 하면 직원은 충분한 권력을 가지고 업무를 진행할 수 있고, 경영자는 업무량을 최소한으로 줄여 남는 시간을 활용해 더 가치 있는 일을 할 수 있다. 모기업의 생산 담당 간부는 생산 부문의 모든 업무를 부하 직원에게 넘겨주고, 일일 생산 계획, 생산 라인 인원 배치 등 중요한 사항까지도 부하 직원에게 일임했다. 자신은 생산 진행 상황과 제품 품질만 비정기적으로 점검했다. 이를 통해 그는 부하 직원의 능력을 효율적으로 훈련시켰으며, 자신도 총체적인 거시 전략을 연구하는 데 더 많은 시간을 할애할 수 있었다.

권한 이양은 연날리기와 같다. 연은 풀어주기도 잡아당기기도 해야 한다. 당기기만 하고 풀어주지 않으면 날 수가 없고, 풀기만 하고 잡아당기지 않으면 연은 날지 못하거나 하늘에서 자취를 감추었다가 결국은 땅에 떨어져 버린다. 풍향에 따라 풀기와 당기기를 적절하게 운용해야만 오랫동안 높이 날 수 있다.

연은 연줄이 튼튼해야만 언제든지 마음대로 당길 수 있다. 그렇지 않으면 풀어만 놓고 당겨지지 않는 일이 벌어지며, 또 당긴 후에 다시는 날릴 수가 없다. 따라서 리더는 권력을 내려놓을 때 자신의 능력을 벗어나지 않는 범위 내에서 충분한 통제력을 가져야 한다.

권력은 내려놓을 수 없는 것이 아니다. 연도 날지 못하는 것이 아니다. 일정한 기준만 확보하면 연을 날리는 사람은 연날리기의 즐거움을 만끽할 수 있다. 연도 드넓은 하늘을 맘껏 비상할 수 있으니 일거양득이다. 어찌 즐겁지 아니한가!

[경영의 지혜]

연날리기를 통해 뛰어난 리더십을 가진 리더, 즉 연날리기의 고수를 상상할 수 있다. 리더의 직원은 하늘을 나는 연과 같다. 그들은 생김새가 다르고 특징도 다르지만 리더는 그들을 모두 하늘로 날려 보내야 한다. 하지만 얼마나 높이 날아오르든 리더(조직)의 손 안에 튼튼한 얼레가 있기 마련이다. 모든 것은 다 리더의 손 안에서 통제된다. 직무를 훌륭하게 수행하는 리더는 연 만드는 기술자가 아닌 연날리기의 고수가 되어야 한다.

58

신임은 가장 효율적인 권한 이양의 길이다

스티븐 코비(Stephen R. Covey)

신임과 권한 이양에 대해 경영 전문가 스티븐 코비는 "신임은 가장 효율적인 권한 이양의 길이다"라고 말했다. 하지만 실제 업무 속에서 많은 경영자들은 오만에 빠져 능력 있는 부하 직원을 시기한다. 그들은 부하 직원이 권한을 이양 받은 후 공로를 세우고 자신을 누르게 될까봐 두려워한다. 신임을 권한 이양의 첫 번째 조건으로 삼지 않은 이러한 생각은 어리석은 행동에 불과하다. 신임할 만한 가치가 있는 사람을 신임하지 않으면 최대의 리스크에 부딪히게 될 것이다. 사실 권한 이양을 하면서 신임의 씨앗을 뿌리지 않으면 경영자가 아무리 애를 쓴다 해도, 직원들이 아무리 힘들게 경작을 한다 해도 성공의 열매를 맺기가 어렵다.

권한 이양과 신임은 밀접한 관련이 있다. 경영자가 하급자를 믿지 못하면 하급자에게 권한 이양을 할 수 없고, 권한 이양을 했다 해도 모양새는 그럴 듯하나 형식에만 그치게 된다. 어떤 경영자는 하급자에게 권한을 주면서도 마음을 놓지 못한다. 업무를 담당할 능력이 되는지 나중에 실수를 하게 되는 건 아닌지 전전긍긍한다. 신임이 결여된 권한 이양은 부하 직원의 동기를 빼앗고 업무 효율을 떨어뜨린다.

뜻이 맞는 형제 몇 명이 공동으로 창립한 대기업이 있었다. 1993년 회장이 형제들에게 권한 이양을 한 차례 실시했는데, 마음이 놓이질 않아서 4일 만에 철회했다. 반년이 지나서 회장은 다시 권한 이양을 했다가 2주 후에 또다시 철회했다. 또 반년이 흐르고 한 달간 권한 이양을 했다가 또 철회로 끝을 맺었다. 원인은 단 하나였다. 직원에 대해 마음을 놓지 못하는 것이었다.

서너 번 거듭되는 권한 이양과 철수 과정을 통해 직원들을 신임하지 못하는 회장의 속내가 여지없이 드러났다. 이로 인해 그의 권한 이양은 치명적인 타격을 입었고, 그룹의 고위층도 서로를 의심하기 시작했다. 직원들의 사기가 떨어지고 기업은 곤경에 빠지게 되었다.

인본(人本) 경영의 정신은 사람을 근본으로 한다. 직원을 충분히 믿고 존중하여 직원이 스스로를 가치 있는 존재라고 느끼고 재능을 자발적으로 발휘하게 해야 한다. 모든 직원의 마음 깊은 곳에는 연소되기를 갈망하는 격정의 횃불이 존재한다. 신임을 내포한 권한 이양은 그들의 횃불에 불씨를 붙인다. 직원들이 가진 격정의 횃불은 일단 점화되면 거대한 역량을 발휘할 것이다. 직원들은 끊임없이 노력하고 나아가며 변함없는 충성심으로 사업에 헌신하게 될 것이다.

포브스에서 근무하는 사람들도 똑같은 느낌을 받았다. 자신의 자리에서 상상력과 창의력을 충분히 발휘하고 자주적으로 업무를 처리할 수 있었으며, 사장이 이래라저래라 사사건건 간섭할까 걱정할 필요도 전혀 없었다. 이런 점에서 레이 제푸나는 큰 감명을 받았다. 그가 포브스에 입사할 때 회사는 그에게 많은 연봉을 지급했다. 당시 그의 임무는 포브스의 부속기구인 IAI를 되살리는 것이었다. IAI에서 출간하는 『IAI WEEKLY』가 다시 한 번 선풍을 일으킬 수 있도록 브루스 포브스(Bruce Forbes)가 그에게 내린 유일한 지시는 '모든 것은 당신이 전권으로 처리하고, 사후에 작업 결과만 보고하면 된다' 였다.

레이 저 푸나는 브루스 포브스가 자신을 신임하고 있다는 생각에 업무에 대한 열정이 비할 데 없이 높아졌다. 매일 아침 그는 『포브스』 간부들과 돌아가면서 회의를 열어 각 부서 업무의 진척 상황을 파악하고 누가 브루스 포브스와 면담을 할지 결정했다. "내손에 무한한 대권이 있다는 것을 느낀 것은 그때가 처음이었다." 레이 제푸나는 이렇게 고백했다. 그는 과감하게 개혁을 단행하여 부하 직원들에게 일이 있으면 과거처럼 여러 단계를 거치지 말고 직접 보고하게 했다. 6개월이 채 지나지 않아 IAI는 또 다시 선풍을 일으켰고, 레이 제푸나가 명성을 얻는 계기가 되었다. 이 모든 성공은 브루스 포브스의 충분한 신임과 불가분의 관계에 있다.

이 사례를 통해 신임의 가치는 거대하며 신임은 권한 이양의 근본이자 출발점이라는 사실을 알 수 있다. 권한 이양은 신임의 궤도 위에서 운행될 때, 최종 목적—회사의 가치를 더욱 훌륭하게 실현하는—을 달성할 수 있다.

리더는 부하 직원에게 권한 이양을 한 후 그를 신임해야 한다. '자네가 담당하면 나는 안심할 수 있다'는 생각을 가지고 부하 직원이 직권 내에서 독립적으로 문제를 처리하는 데 간섭해서는 안 된다. 더욱이 부하 직원과 의논도 하지 않고 마음대로 별도의 결정을 내리거나 명령을 내려서는 안 된다.

반대로 부하 직원은 권한을 이양 받은 후 최선을 다해 업무에 임해야 한다. 모든 일마다 상급자의 지시를 받을 필요도 없고, 리더가 여러 방면에서 자신을 지원하고 있다는 점을 믿어야 한다.

상하간에 상호 신뢰의 관계가 성립되어야 효율적이고 순조로운 권한 이양을 이룰 수 있다. 그렇지 않으면 상급자는 부하 직원에 대해 우려가 끊이질 않고 사사건건 다 물어보게 된다. 또 부하 직원은 상급자에 대해 경계심을 갖게 되어 맘 놓고 일을 하지 못한다. 그렇게 되면 권한 이양이라고 할 수 없다. "사람을 통솔할 때는 군대를 통솔하는 것처럼 하고 군대를 통솔할 때는 마음을 통솔해야 한다"라는 말이 있다. 부하 직원의 신뢰를 얻어내고 상호 신뢰의 관계를 구축해야만 권한 이양의 진정한 효과를 발휘할 수 있다.

59

사람을 썼으면 신임해야 하고
신임하지 않는다면 쓰지 말아야 한다

마쓰시타 고노스케(松下幸之助)

오늘날 기업을 잘 이끌어가려면 반드시 신임을 기업의 가장 훌륭한 투자로 인식해야 한다. 신임은 미래 경영 문화의 핵심이며 선진 기업의 발전 방향을 상징한다.

마쓰시타 고노스케는 "사람을 썼으면 신임해야 한다. 신임하지 않는다면 쓰지 말아야 한다"라고 말했다. 마쓰시타는 그렇게 말했고 또 그렇게 실천했다.

마쓰시타는 회사 내부의 직원을 볼 때마다 그들이 자신보다 우수하다고 생각했다. 그가 직원들에게 "나는 이 일에 대해 자신이 없지만 자네는 반드시 해낼 수 있다고 믿네. 그래서 자네에게 맡기네"라고 말할 때, 직원들은 존중 받고 있다고 느끼게 되고 기꺼이 제안을 받아들여 사업을 성공시켰다.

1926년 마쓰시타전기는 가나자와(金澤)시에 영업소를 개설했다. 마쓰시타는 가나자와에 가본 적은 없었지만 여러 가지 측면을 고려해서 그곳에 영업소를 설치해야 할 필요성을 느꼈다. 새 영업소에 파견할 고위 간부는 많았지만 본사 업무에 지장을 줄까 우려되었다.

그때 마쓰시타는 한 젊은 영업사원을 떠올렸다. 그는 이제 막 만으로 스무 살이 된 젊은이였지만 마쓰시타는 젊음이 곧 서투름을 의미하지는 않는다고 생각했다.

그래서 마쓰시타는 그를 가나자와 영업소의 책임자로 보내기로 결정했다. 마쓰시타는 그를 찾아가 이렇게 말했다 "이번에 회사에서는 가나자와에 영업소를 설치하기로 결정했네. 자네가 가서 맡아주었으면 좋겠네. 지금 즉시 가나자와로 가서 적당한 장소를 물색해 건물을 임대하고 영업소를 설치하게. 자금은 이미 준비가 됐으니 가지고 가서 진행만 하면 되네."

마쓰시타의 말을 들은 젊은 영업사원은 깜짝 놀랐다. 그는 의아해서 물었다. "이렇게 중요한 업무를 감당할 능력이 안 될 것 같습니다. 저는 회사에 들어온 지 2년도 채 안 된 신입사원에 불과합니다. 나이도 이제 갓 스물이 넘었고 경험도 별로 없어서…." 그는 약간 불안한 표정을 지었다.

그러나 마쓰시타는 그를 매우 신임했다. 그래서 거의 반 명령조로 "자네가 못할 일은 없네. 반드시 할 수 있어. 마음 놓게. 자네는 할 수 있어"라고 용기를 북돋았다.

이 직원은 가나자와에 도착하자마자 열심히 뛰어다녔다. 그는 매일의 진척 상황을 일일이 편지로 마쓰시타에게 보고했다. 얼마 지나지 않아 준비 작업은 마무리되었고, 마쓰시타는 오사카에서 직원 두세 명을 더 파견해서 영업소를 개설했다.

용인(用人)에는 아주 많은 기교가 있다. 하지만 마쓰시타는 신임과 대담한 업무 위임이 가장 중요하다고 생각했다. 통상 상사의 신임을 받으면서 과감하게 일처리를 할 수 있는 사람은 책임감이 크다. 그래서 상사가 어떤 일을 맡기든 모두 최선을 다해 처리한다.

반대로 경영자가 부하 직원을 신임하지 않고 걸핏하면 이것저것 지시하기를 좋아하면 부하 직원은 자신을 명령을 받고 일처리를 하는 기계일 뿐이라고 느끼게 된다. 또 일의 성패가 그와는 무관하다고 생각하게 되고, 맡겨진 임무에 대해서도 자연 최선을 다하지 않게 된다.

[경영의 지혜]

직원을 신임하지 못해 생겨나는 결과는 경영의 가장 큰 손실이다. 『제5세대 경영』의 저자 찰스 새비지(Charles Savage)는 의심과 불신을 기업 손실의 근원이라고 생각했다. 그것들은 생산 원가가 아니면서도 생산 원가에 영향을 미치고, 연구개발 원가가 아니면서도 기술의 발전을 질식시킨다. 또한 마케팅 원가도 아니면서 시장 개척 원가를 대폭 증가시고 관리 원가도 아니면서 내홍을 일으켜 관리 원가 부담을 가중시킨다.

리더가 직원을 전혀 신임하지 않고 의심하면서 시시각각 감시하면 부하 직원의 업무 태도와 적극성에 영향을 주게 될 것이 분명하다. 리더가 그렇게 해서는 이상적인 업무 효과를 기대하기 어렵다. 업무 결과도 좋지 않은데다 내부 갈등만 격화시켜 상하간의 긴장 관계만을 증폭시킬 따름이다.

신임은 일종의 투자다. 신임은 당신에게 아주 큰 수확을 가져다줄 것이다.

관리계층의 단계는 적으면 적을수록 좋다

본 비드월(Bon Bidwill)

본 비드월은 크라이슬러자동차 사장을 역임했다. 회사 조직 구조에 정통했던 그는 "5단계의 관리계층은 15단계의 관리계층보다 절대적으로 우수하다. 가장 적당한 숫자는 존재하지 않으며, 회사들마다 구체적인 정황은 각기 다르다. 그러나 관리계층의 단계는 적으면 적을수록 좋다"라고 말했다.

이렇게 말한 이유는 관리계층 단계가 많을수록 부정적 결과가 생기기 때문이다.

자리를 하나 더 만들면 비서 1명, 보좌 직원 1명, 영업사원 1명, 타자수 1명 등이 더 필요해진다. 수많은 사실들이 이를 증명하고 있다. 업무가 있든 없든 누군가 시간을 때우기 위해 일을 늘리면 근무 인원수는 배로 늘어나게 된다. 늘어난 인력은 한가하게 놀지 않을 것이며 그들도 끊임없이 일을 만들어낸다. 과거 한 사람이 작성했던 보고서는 아마 다섯 사람의 손을 거쳐야 할 것이다. 인원이 계속 늘어나면 사무실도 함께 늘어날 것이고, 남아도는 사무실이 있다 해도 금방 꽉 차버릴 것이다.

전 MCI월드콤 회장 빌 맥고원(Bill McGowan)은 반년마다 한 번씩 새로 임용된 사장들을 소집해서 말했다. "당신들 중 일부는 MBA를 졸업했으며, 벌써 조직기구 일람표를 만들고 각종 업무 과정에 대한 매뉴얼을 작성했다고 알고 있다. 누구라도 이 사실이 발각되는 즉시 해고해 버리겠다."

처음에 맥고원은 이러한 관점을 명확하게 전달했다. "고급 관리자를 포함한 모든 직원들은 업무를 위한 업무를 더 많이 만들지 않아야 한다. 모든 직책과 모든 관리 단계에서 그것이 정말로 필요한가를 의심하라. 예를 들어 두 개의 관리 단계를 합칠 수는 없는지? 모든 직무의 가치가 그에 따르는 비용을 넘어서는지? 필요 없는 일을 더 만들고 있지는 않은지? 생산에 도움이 안 되는 것은 아닌지? 만약 '그렇다' 라는 답이 나오면 합치거나 간소화해야 한다."

회사에서 관리층을 하나 늘릴 때마다 실제 가장 말단에 있는 직원과 최고위층 간의 교류에는 층이 하나 더 생겨난다. 하지만 MCI에서는 관리 단계를 간소화했기 때문에 그런 상황이 거의 발생하지 않는다. 회사 내부의 상하부 간의 커뮤니케이션은 원활하고 효율적이었다. 모든 직원들이 가장 가치 있는 일을 하기 위해 노력하자, 회사는 생기와 적극성으로 충만해졌다.

MCI뿐만 아니라 완벽한 관리가 이루어지고 효율이 높은 우수한 회사들 모두 이런 노력이 밑받침이 되었다. 그들의 특징은 우수한 인력을 보유하고 있으며 관리계층 단계가 간소하다는 점이다. 에머슨일렉트릭, 슐룸베르거, 미국 다나(Dana)사 같은 회사들은 연간 매출액이 3~6억 달러에 달하는데도 본사 직원은 100명을 넘지 않았다.

일반적으로 기업 규모가 클수록 관리계층 단계도 많아진다. 업무가 일정하다면 관리계층 단계가 많을수록 필요한 인력도 많아지고 기업 운영 원가도 높아진다. 따라서 기업이 정상적으로 관리 기능을 행사한다는 전제 하에서 관리계층 단계는 적으면 적을수록 좋다.

관리계층 단계를 간소화하면 불필요한 일을 줄일 수 있고 관리를 최적화할 수 있다.

[경영의 지혜]

기업의 관리계층 단계는 정확하고 합리적이어야만 조직의 효율을 높일 수 있다. 단편적으로 '다다익선'을 강조해서는 안 된다. 관리계층 단계를 정할 때는 기업의 실제 상황을 고려해야 한다. 기업이 필요한 관리 기능을 행사할 수 있다는 전제 하에서 관리계층 단계는 적으면 적을수록 좋다.

61

잭 웰치(Jack Welch)

많은 경영자들이 업무 과정 중에 출현하는 복잡한 문제에 대해 아무런 대책도 세우지 못해, 일이 진행되고 시간이 흐를수록 더욱 바빠지기만 하고 업무 효율은 떨어지는 경우를 종종 목격한다. 이는 경영의 요령을 파악하지 못했음을 설명한다. 경영은 어떤 의미에서 원칙과 제도, 절차이며 명확하고 효율적인 권한 이양이다. 이것들이 지켜지면 아무리 복잡한 문제도 시스템 속에서 신속하게 간단한 문제로 분해되고 해결된다.

잭 웰치는 세계 최고의 CEO로 칭해질 정도로 명성이 자자하다. 그의 경영 원칙이자 성공의 최대 비결은 '업무 간소화' 이다. 그는 "경영은 복잡한 문제를 간소화하고 혼란한 일을 규범화하는 것이다"라고 말했다.

잭 웰치는 간소한 것을 좋아하고 간소화를 부르짖었다. "나는 늘 가장 간단하고 가장 직접적인 방법을 신뢰한다." GE의 변혁 과정에서 그는 기존의 26개 관리 단계를 6단계로 줄였다. 직원과의 일상적인 소통을 하면서 자신의 중요한 사상과 명령을 메모 한 장으로 간단하게 정리해서 전달했다.

창사(長沙)궐련공장의 공장장 루핑(盧平)은 말했다. "출장에서 돌아올 때마다 책상 위에 가득 쌓인 서류더미를 보면 머리가 아파온다. 그래서 나는 모든 문서는 종이 한 장, 메모 한 장으로 정리하도록 요구했다. 주절주절 쓰지 말고 상단에 제목, 문제, 방안, 기회, 리스크, 결론, 결재 등의 내용을 간단명료하게 작성하라. 결과 보고서 역시 마찬가지다. 실적이 아무리 형편없는 사람이라도 화려하고 번지르르한 말로 보고서를 작성한다. 하지만 결국 남는 것은 아무것도 없다. 그래서 나는 결과 보고서를 없애려고 한다. 대신 분기별로 '경제운용 품질분석'을 한 차례 실시하겠다. 이때 당신의 관심은 당신 개인이 어떠한가가 아닌 우리의 업무 진척은 어떠한가, 우리 경쟁 상대의 비전은 어떠한가, 우리 업계의 최고 수준은 어떠한가로 쏠리게 된다. 자신이 훌륭하다고 생각하지 마라. 데이터를 뽑으면 격차는 바로 보인다."

간소한 것이 바로 훌륭한 것이다.

많은 경영자들이 살아 있는 기업 문화를 만들어가는 과정 중에 복잡함을 간소함으로 바꾸고 간소함으로 복잡함을 다스리는 이념과 방법을 열심히 부르짖었다. 복잡한 일은 간단하게 할 것, 간단한 일은 진지하게 할 것, 표면적인 일은 절제할 것, 번거로운 일은 시비를 가릴 것 등과 같은 기본적인 요구 사항을 제시했다.

간소함을 부르짖는 목적은 간단한 일을 복잡하게 만들지 않고 복잡해 보이는 문제를 간단한 방법으로 해결하는 데 있다.

간소함은 미덕이자 지혜이며 효율이다. 간소함을 부르짖는 것은 새롭고 효율적인 분위기를 만들기 위해서다. 회사 규모를 막론하고 그 본질은 간단하다. 복잡함은 단지 사람이 만든 것일 뿐이다. 기업은 간소한 사풍을 제창해야 하며, 복잡한 것을 간소화하고 간소함으로 복잡함을 다스리는 경영의 지혜를 활용해야 할 것이다. 이것이야말로 가장 중요한 것이다.

9 장

기업 내부에는 원가만 존재한다

기업 경영의 근본은 끊임없는 원가 절감이다. 피터 드러커(Peter F. Durcker)는 『새로운 현실(The New Realities)』이라는 책에서 원가에 대해 '기업 내부에는 원가만 존재한다' 라는 예리한 분석을 내렸다. 원가에 대한 통제와 관리를 강화하그 전방위적인 원가 의식을 수립해서 기업 경쟁력을 높이는 것은 기업의 가장 긴박하고, 가장 핵심적인 문제 가운데 하나다.

원가 절감에는 끝이 없다. 경영자는 회사 내부에서부터, 또 원가를 절감할 수 있는 각종 방면에서부터 엄격한 원가 통제 시스템을 구축해야 한다. 심사 강도를 높이고 효율적이고 구체적인 조치를 통해, 에너지, 노동 효율, 판매 등 각 부문에서 재원은 늘리고 지출은 줄이는 엄격한 원가 통제를 실시해야 한다.

기업은 원가를 유지하고 통제해야만 경쟁에서 이길 수 있고, 변화무쌍한 시장에서 수익을 실현해 생존할 수 있다.

62

기업 내부에는 원가만 존재한다

피터 드러커(Peter F. Drucker)

기업 경영의 근본은 끊임없는 원가 절감이다. 피터 드러커는 『새로운 현실(The New Realities)』이라는 책에서 원가에 대해 '기업 내부에는 원가만 존재한다' 라는 예리한 분석을 내렸다.

원가는 기업 실적 관리의 핵심이다. 기업의 절대 다수 경영 활동은 모두 원가를 둘러싸고 전개된다. 원가는 기업의 투입량 대 산출량 비율을 가늠하는 근본적 척도이자 생산성, 시장점유율, 수익률을 살펴보는 유일한 참고 기준이다. 원가 관리를 잘 하기 위해서는 체계적이고 효율적이며 절약하는 원가 관념을 수립해야 한다. 원가를 잘 관리해야만 기업의 모든 업무는 근본을 장악했다고 말할 수 있다.

힐튼호텔이 오랫동안 흑자를 유지할 수 있었던 중요한 비결은 호텔의 경영 원가를 잘 통제했기 때문이다. 힐튼호텔은 호텔 각 부서에 서비스와 수익을 자율적으로 조정할 수 있는 권한을 주었다. 권력 분산을 통해 모든 근무자와 종업원들이 자신들만의 적극성과 지식, 기술, 특기를 충분히 발휘했기 때문에 호텔의 경영 상태는 아주 훌륭했다. 하지만 원가와 비용 면에서는 매일, 매주, 매월별로 엄격한 통제를 했다.

힐튼호텔의 매니저는 다음날 객실, 로비, 엘리베이터에 몇 명의 인원이 필요한지, 주방장, 레스토랑 종업원은 또 몇 명이 필요한지 정확하게 파악해야 했다. 동시에 호텔에서 필요한 모든 용품도 수요 예측에 맞추어 적정량을 구매해야 했다. 일일 전기 사용량, 물 사용량도 컴퓨터에 일일이 입력해서 원가를 계산했다.

힐튼은 원가 비용과 회계 승인 절차만은 절대적으로 중앙집중식 관리를 고수하며, 권한 분산은 절대 안 된다고 강조했다. 객실, 주방용품, TV, 성냥, 전구, 비누, 수건, 침대시트, 냅킨, 식탁, 테이블보처럼 비용이 많이 드는 모든 항목은 LA 힐튼호텔 체인 본부의 중앙 구매과나 뉴욕·시카고 지점에서 결재를 내려야 구매할 수 있었다. 힐튼은 원가 비용을 통제함으로써 낭비를 줄이고 이윤을 늘릴 수 있다고 생각했다. 힐튼호텔 체인점들이 매년 성냥을 구매하는 데 드는 비용은 약 25만 달러다. 소모품인 수건, 침대시트, 냅킨 등은 매년 300만 달러의 비용이 든다. 식탁보는 200만 달러가 필요하고, 주방용품은 100만 달러가 필요하다. 이처럼 어마어마한 비용은 반드시 엄격하게 통제되어야 한다.

원가 비용에 대한 엄격한 통제는 힐튼이 호텔을 경영하는 가장 큰 특징이며, 힐튼호텔이 불패의 위치에 설 수 있었던 무기이기도 하다.

원가에 대한 통제와 관리를 강화하고, 전방위적인 원가 의식을 수

립해서 기업 경쟁력을 높이는 것은 가장 중요하고 핵심적인 문제 가
운데 하나다. 경영자는 원가 절감이 가지고 있는 무한한 잠재력과 다양한 방식을 분명히 인식해야만 한다. 원가는 기업 생산 활동의 시작과 끝을 관통하고 있다. 기업 각 부문에서 강력한 원가 절감 의식을 수립하고, 업무 속에서 실천하기 위해 노력해야 한다.

원가 절감에는 끝이 없다. 경영자는 회사 내부에서부터, 또 원가를 절감할 수 있는 각종 방면에서부터 엄격한 원가 통제 시스템을 구축해야 한다. 심사 강도를 높이고 효율적이고 구체적인 조치를 통해, 에너지, 노동 효율, 판매 등 각 부문에서 재원은 늘리고 지출은 줄이는 엄격한 원가 통제를 실시해야 한다.

기업은 원가를 유지하고 통제해야만 경쟁에서 이길 수 있고, 변화무쌍한 시장에서 수익을 실현해 생존할 수 있다.

[경영의 지혜]

기업의 가치 증식은 원가의 높고 낮음과 직접적인 연관이 있기 때문에 끊임없는 원가 절감은 기업 경영의 기본이 된다.

원가는 시장 경쟁에서의 성패 여부와 경제적 이익의 획득 여부를 결정하는 관건이다. 또 기업의 경쟁력을 높이는 핵심이기도 하다. 따라서 원가 관리를 지속적으로 추진하고 전면적인 원가 통제를 실시하여, 원가를 '사후 통제'에서 '현장 통제', '사전 통제'로 전환해야 한다. 제대로 된 원가 통제는 어느 기업에게나 아주 중요한 작업이다. 낮은 원가를 유지할 수 없다면 기업은 시장 경쟁에서 버티기 어렵다. 단순하게 가격을 올림으로써 원가를 유지하려 한다면 오늘날과 같은 박리다매 시대에는 통하지 않을 뿐더러 리스크도 크다. 그러므로 원가 절감을 위한 노력이 가장 훌륭한 선택이다.

63

돈을 많이 버는 방법은 단 두 가지다.
많이 팔든가, 경영 비용을 절감하든가

리 아이아코카(Lee Iacocca)

일상생활 속에서 사람들은 모두 근검하게 가정을 꾸려간다. 기업도 마찬가지다. 더 많은 이윤을 얻고 싶다면 한 푼이라도 절약하고 최저 원가 원칙을 고수해야 한다. 세계적인 기업들은 원가를 절감하고 불필요한 지출을 한 푼이라도 줄이기 위해 고심하고 있다.

리 아이아코카는 그의 자서전에서 "돈을 많이 버는 방법은 단 두 가지다. 많이 팔든가, 경영 비용을 절감하든가"라고 말했다.

포드자동차를 퇴사하고 크라이슬러자동차에 들어간 아이아코카는 회사의 판매량에 대해서는 만족했다. 하지만 회사의 경영 상황을 면밀하게 검토한 후 지출을 대대적으로 줄일 수 있을 것이라고 확신했다.

그래서 아이아코카가 크라이슬러자동차에서 한 첫 번째 일은 간부

회의를 열고 원가 절감 계획을 확정지은 것이었다. 그는 '4개의 5,000만' 과 '손해 안 보기' 계획을 제시했다.

'4개의 5,000만' 은 기회 포착, 생산 혼란 줄이기, 디자인 원가 절감, 구식 경영 방법 개혁의 네 가지 방법으로 각각 5,000만 달러의 관리 비용 절감을 위해 노력하자는 것이었다.

과거에 공장에서는 매년 생산 품목을 바꿀 때마다 2주간의 준비 기간이 필요했다. 그 기간 동안 대다수의 작업자와 기계는 모두 놀고 있었다. 이로 인해 발생하는 인력과 물자의 낭비가 장기적으로 누적되어 상당한 손실을 보았다.

아이아코카는 컴퓨터를 잘 활용하고 더 치밀한 계획을 세우면 준비 기간을 2주일에서 1주일로 줄일 수 있을 것으로 판단했다. 3년 후 크라이슬러는 주말을 이용해 준비를 완벽하게 마칠 수 있게 되었다. 그 속도는 당시 자동차업계에서는 전대미문의 사건이었으며, 매년 수백만 달러의 원가 절감 효과를 거뒀다.

3년 후 아이아코카는 마침내 '4개 5,000만' 의 목표를 실현했고, 회사 이윤은 2억 달러가 늘어났다. 자동차를 더 팔지 않는 상황에서 40%의 이윤을 증가시킨 것이다.

일반적으로 대기업은 수십 가지 사업에서 손해를 보고 있거나 혹은 이윤이 매우 적다. 아이아코카는 회사의 모든 사업을 이윤을 기준으로 판단했다. 그는 각 공장의 책임자들이 다음과 같은 문제에 대한 대책이 있어야 한다고 생각했다. 그의 공장이 회사에 돈을 벌어다주는가? 그가 만드는 부품의 원가는 외주 구매보다 더 비싸지 않은가?

그는 각 책임자들에게 '3년 안에 돈을 벌지 못하는 부문은 매각해 버리겠다' 고 선포했다.

1970년대 초, 아이아코카는 20여 개에 달하던 적자 부문을 없애버렸다. 그중 하나는 세탁기 설비를 생산하는 공장이었다. 공장을 설립하고 몇 년 동안 단 한 푼도 벌어들이지 못했다. 이것이 바로 아이아코카의 '손해 안 보기' 계획이다. 그는 이러한 방법을 통해 회사의 부담을 최소화했다. 원자재, 노동력, 기계 설비 등을 절약해서 회사의 상대적 이윤이 급격하게 올라갔다.

아이아코카는 여러 방면으로 원가 계산을 강화하여 원가를 최대한 떨어뜨렸다. 부품의 자체 생산이 외주 구매보다 비싸면 외주 구매를 했다. 수입 부품이 비싸면 수입을 하지 않고 자체 생산을 했다. 각 사업별 원가 계산은 수요에 따라 편성하는 것이 아니라 반드시 동종업계의 최저 원가와 비교했다. 이 모든 조처를 통해 효율적으로 원가를 낮출 수 있었고, 기업은 경쟁에서 불패의 위치에 설 수 있었다.

[경영의 지혜]

철강왕 앤드류 카네기는 "원가에 세심한 주의를 기울이면 이윤은 걱정할 필요 없다"라고 말했다. 아이아코카는 원가를 낮추고 지출을 줄임으로써 성공적인 경영을 할 수 있었다. 원가 지출을 줄이고 제품 판매가를 낮추는 것은 어느 기업에서나 경쟁력을 높이고 경영 효율을 개선하는 관건이 된다.

64

돈을 아끼는 것이 바로 돈을 버는 길이다

존 록펠러(John D. Rockefeller)

기업을 제대로 경영하고 최대의 경제적 효과를 얻으려면 반드시 큰 틀을 살피면서 작은 것에서부터 꼼꼼하게 따지고, 사소한 것 하나까지도 절약해야 한다. 이런 점에서 록펠러는 성공적인 사례다.

미국의 '석유왕' 존 록펠러는 세계 최고의 부자였다. 그럼에도 그는 절약의 중요성을 절실하게 깨달아, 아랫사람들에게 항상 '돈을 아끼는 것이 바로 돈을 버는 길이다' 라고 말했다.

19세기이 석유로 부를 이룬 사람은 수천수만에 이르렀지만 결국에는 록펠러만이 홀로 두각을 나타냈다. 그의 성공은 결코 우연이 아니었다. 한 전문가가 록펠러의 재산 축적 방법을 분석하면서, 그가 성공할 수 있었던 것은 꼼꼼한 계산에서 비롯되었다는 사실을 알아냈다.

록펠러의 최초의 직업은 장부 기록원이었다. 이 경험은 훗날 그의 직업 생활에 좋은 기반이 되었다. 그는 회사에서 근면성실하고 일처리가 완벽해 자신의 담당 업무뿐만 아니라 은행에 보내는 자료에서도 잘못 기재되거나 누락된 것을 찾아내 상당한 지출을 줄였기 때문에 사장의 인정을 받았다.

훗날 록펠러는 스스로 회사를 경영하면서 원가 절감을 특히 중시하여, 원유 가공 원가를 소수점 세 자리까지 정확하게 계산했다. 그래서 그는 매일 아침 출근하자마자 각 부서에 순수고정자산 보고표를 올리도록 요구했다. 다년간의 경험을 통해 록펠러는 보고서 상의 원가 지출, 매출, 손익 등 각종 숫자를 정확하게 읽어냈고, 이를 통해 각 부서의 업무를 점검할 수 있었다.

1879년, 그는 한 정유 부서의 관리자에게 물었다. "자네들은 원유 1갤론을 정유할 때 1.82센트를 쓰는데, 동부의 정유 공장에서는 똑같은 작업에 왜 0.91센트면 되는가?" 그는 누구도 신경 안 쓰는 기름통 마개까지도 놓치지 않았다. 그는 이런 편지를 쓴 적이 있다. "지난달 자네 공장에서 1,119개의 마개가 있다고 보고했네. 이달 초에 10,000개를 보냈고, 1월 달에 9,527개를 사용했네. 지금 912개가 남았다고 보고했는데, 그럼 나머지 680개는 어디로 갔나?" 그는 세세한 부분까지 살피고 꼼꼼하게 캐물어, 부하 직원들이 조금이라도 허술하게 일하는 것을 용납하지 않았다.

록펠러는 늘 회사 내의 부서를 몰래 찾아가 살펴보고는, 갑자기 젊은 장부 기록원 앞에 나타나 경영 장부를 노련하게 넘기면서 낭비를 지적하기도 했다.

시종일관 지켜온 록펠러의 절약 정신으로 모빌사는 찬란한 실적을 낼 수 있었다. 절약은 원가는 낮추고 수익은 높여 기업의 경쟁력을 높인다.

일부 경영자들은 '사업이 확대되면 약간의 낭비는 상관없다' 라고 생각하면서 경영 관리를 함부로 하거나 소홀히 한다. 그리하여 원자재 낭비가 심해지고 에너지 소모도 늘어나 기업의 경제적 효과에 부정적 영향을 미치고 경영의 어려움을 가중시킨다. 정말 안타까운 일이다. 어떠한 기업이든 훌륭한 경제적 효과를 내려면 최대한 적게 투자해서 최대한 많이 이윤을 얻을 수 있는 모든 수단과 방법을 강구해야 한다.

경영자는 어떻게 하면 한 푼이라도 절약할 수 있을까를 항상 고민해야 한다. 심지어 한 푼도 둘로 쪼개어 쓸 수 없을까 고민해야 한다. 이런 절약하는 의식이 모든 사람, 모든 업무, 모든 단계에 깊이 각인될 때 최저 원가 목표가 실현될 수 있다. 즉 한 푼을 아끼면 이윤 한 푼을 더 벌어들이는 것이다.

65

경영 관리, 원가 분석에 있어서,
마지막 하나까지 모두 다 분석해내야 한다

왕융칭(王永慶, 포모사그룹 회장)

　문제에 부딪히거나 이상이 생겼을 때는 항상 깊이 있는 분석을 하고 문제의 근원을 찾아야 한다. 하천의 물이 흐려졌을 때 그 원인을 찾으려면 하천의 발원지까지 거슬러 올라가야 하는 것과 마찬가지다. 그렇게 해야만 문제를 해결할 수 있다. 이러한 '추근구저(追根究底)'의 원칙은 포모사(Formosa)그룹 왕융칭 회장이 성공할 수 있었던 비결이다.

　원가 절감은 모든 사람이 다 아는 기업 경영의 이치다. 하지만 많은 사람들이 제대로 이행하지 못할뿐더러 그다지 주의를 기울이지도 않는다. 포모사그룹 왕융칭 회장은 원가를 철저하게 통제하고, 그것을 자유자재로 운용했다. 이는 그의 재산 축적의 보물이자 비밀 병기였다. 왕융칭의 원가 절감 능력은 세계적인 경영인들도 감탄할 정도였으며, 사람들은 그가 지나간 길 위에서 일어나는 먼지만 멍하게 바라볼 뿐 도저히 따라갈 수가 없었다. 그는 사업을 할 때 '가격이 저렴하면서도 품질은 우수한 제품'의 생산이라는 아주 단순한 신념을 굳게 믿었다. 이러한 신념에서 출발한 왕융칭은 최대한 효율을 추구하면서 모든 수단과 방법을 동원하여 원가를 절감했다. 티끌 모아 태산이 되고 물줄기가 모여 강이 되듯, 작은 미곡상에서 출발한 그는 마침내 플라스틱 왕국을 건설했다.

끊임없이 최저 원가를 추구하여 저렴한 가격과 우수한 품질의 제품을 생산해야 한다는 것은 왕융칭의 경영 신념이다. 그는 일찍이 "경영 관리와 원가 분석에 있어서, 마지막 하나까지 분석해야 한다. 우리 포모사는 이것 때문에 밥을 먹고 산다"라고 말했다.

한번은 계열사인 난야(南亞)에서 주문 제작하는 플라스틱 의자에 관해 토론하는 회의가 열렸다. 보고자는 접착 튜브, 의자 방석, 나일론, 스티커, 인건비 등 모든 비용을 일일이 다 계산한 합계가 550NTD(뉴 타이완 달러)라고 보고했다. 모든 항목의 비용이 원가 계산에 포함되어 나왔다.

하지만 왕융칭은 물었다.

"의자 방석에 사용하는 PVC 발포폼이 1kg에 56NTD라면, 다른 동종 제품과 비교해서 품질은 어떤가? 가격은? 경쟁 조건은 무엇인가?"

보고자는 대답하지 못했다.

왕융칭이 다시 캐물었다.

"의자 방석의 PVC 발포폼은 뭐로 만드나?"

"폐기물로 만듭니다. 1kg에 40NTD입니다."

"대량으로 만들었을 때 수급은 문제가 없나?"

보고자가 또 대답하지 못했다.

"난야에서 의자 방석을 재단하는데, 재단 후에 회수한 플라스틱 폐기물은 1kg에 얼마인가?"

"20NTD입니다."

"그러면 원가는 20NTD로 계산해야지 40NTD로는 계산 못하네. 플라스틱 사출기(射出機)는 어떤 걸 쓰나? 기술은 어떤 것인가? 원료는 얼마나 필요하나? 인건비는 얼마나 들지? 소모량을 통제할 수는 없나? 인건비를 합리적으로 조정 가능한가? 생산 효율은 더 못 높이는가?"

보고자는 전혀 분석해보지 않았기 때문에 대답을 할 수가 없었다.

그러자 왕융칭은 원가에 영향을 미치는 각종 요인 중에서 가장 본질적인 것을 찾아내 효과적으로 원가를 낮출 수 있는 방법을 생각해보라고 강조했다. 다시 말해 세부 요소별 원가 산정을 해야만 관련 문제를 하나하나 철저하게 찾아내, 개선을 검토할 수 있고 확실한 표준 원가를 만들 수 있다.

포모사그룹은 여타 기업들처럼 서류 파일을 사용했다. 왕융칭은 포모사가 생산하는 서류 파일 원가가 1.12NTD인데 반해, 미국 포모사에서 사용하는 서류 파일은 단가가 0.5NTD에도 미치지 않는다는 사실을 발견했다. 어디서 이런 큰 차이가 생길까? 포모사에서 1년 동안 대량의 서류 파일을 사용하고 있는데, 그러면 1년에 얼마를 더 많이 지출해야 하는가? 5년, 10년이면 또 얼마를 더 지출해야 하는가? 정말 큰일이었다. 그는 깊은 생각에 빠져들었다.

얼마 후 그는 난야 R&D센터에 이 문제를 연구해서 서류 파일 원가를 미국과 같은 수준, 심지어는 더 낮은 수준으로 낮추라고 지시했다.

R&D센터는 2년에 걸친 연구 끝에 마침내 서류 파일의 단가를

0.5NTD 수준으로 떨어뜨리고, 그룹 전체적으로 매년 상당한 금액의
지출을 줄일 수 있었다.

왕융칭은 이처럼 아주 사소한 것부터 시작해서 최대한 원가를 절감
하기 위허 노력함으로써 원가 절감의 목표를 달성했으며, 마침내 합
리적인 기업 경영을 실현했다.

원가 관리는 기업 경영의 여러 방면과 관련되어 있다. 기업의 효율 향상은 근
본적으로 원가 절감에서 시작된다. 포모사그룹은 철저한 원가 분석을 통해 효
율적으로 원가를 절감하고 기업 경쟁력을 높였다. 철저하게 근본 원인을 밝히
는 '추근구저(追根究底)' 원칙은 왕융칭의 성공 비결로, 많은 경영자들에게 유
익한 깨우침을 주었다.

기업은 경영 분석을 중시하면서도 원가에 대해서 '추근구저' 하는 정신이 필
요하다. 단위별 제품 원가는 물론 요소별 원가까지 분석해서 모든 요소별 원가
를 합리적으로 유지해야 한다. 아울러 의심이 가면 바닥까지 뒤집어보는 태도
를 가지고 아주 미세한 부분까지 합리화를 추구해야 한다. 이렇게 하면 아무리
어려운 문제도 쉽게 해결할 수 있다.

고객을 위해 한 푼이라도 절약한다

샘 월튼(Sam Walton)

모든 고객들은 돈을 쓰는 데 주저한다. 고객의 생각은 언제나 '꼭 써야할 돈만 쓰고 쓰지 않아도 될 돈은 한 푼도 쓰지 않겠다'는 것이다. 기업이 시시각각 고객을 위해 절약한다면 고객은 당신을 그들 곁에 서 있는 사람이라고 여기면서 신뢰하고 고마워할 것이다.

월마트는 1년 매출액이 500억 달러가 넘는 세계에서 가장 성공한 대형 할인점이다. 월마트가 어떻게 세계 최대의 할인점이 될 수 있었을까? 이유는 기업 정신을 강조했기 때문이다. 월마트의 기업 정신은 '저가 판매, 만족 보장, 고객을 위해 한 푼이라도 절약하는 정신'이다. 이것이 월마트의 경영관리 이념이다.

월마트의 창업자 샘 월튼은 "월마트가 해야 할 일은 고객을 위해 한 푼이라도 아끼는 것이다"라고 말했다. 그는 고객들이 월마트에서 저렴한 가격과 우수한 서비스를 받아야만 한다고 생각했다. 이것이 월마트의 설립과 성장의 바탕이다. 월마트는 저가 판매 기조를 유지하면서 규모의 확장을 통해 판매 원가를 낮추는 데 노력했고, 광범위한 계층에서 그들의 상품을 구매하도록 유도했다. 이것이 바로 월마트 성공의 비결이다.

월마트가 500억 달러가 넘는 자산을 보유하게 되었을 때도, 샘 월튼이 이끄는 구매팀은 변함없이 근검절약하며 어떤 때는 여덟 사람이 방 한 칸에서 같이 지내기도 했다.

이에 다해 누군가 샘 월튼에게 물었다.

"이렇기 큰 회사에서 왜 그렇게 꼼꼼하게 따지십니까?"

샘은 대답했다.

"답은 아주 간단합니다. 우리는 모든 1달러의 가치를 소중하게 여깁니다. 우리의 존재 이유는 고객들에게 가치를 제공하기 위해서입니다. 이것은 우수한 품질의 서비스를 제공하는 것 외에 그들을 위해 돈까지도 절약해야 합니다. 만약 월마트가 멍청하게 1달러를 낭비했다면 그 돈은 모두 우리 고객의 주머니에서 나온 것입니다. 고객을 위해 1달러를 절약할 때마다 우리는 경쟁에서 한발 앞설 수 있습니다. 우리는 평생 이렇게 할 계획입니다."

월마트에는 다음과 같은 규정이 있다.

(1) 제품의 입고 가격을 최대한 낮춘다. 입고가가 낮아지면 소매가도 자연스럽게 낮아진다.

(2) 고객을 위해 무료 주차장을 제공한다. 각국에 있는 모든 월마트 매장에 넓은 주차장을 설치해 고객에게 편의를 제공하는 한편 비용을

절약해준다.

(3) 운영비 지출을 최대한 절약하고 절약한 금액은 제품 가격 인하를 위해 사용한다. 그렇게 하면 고객은 적은 돈으로 더 많은 물건을 살 수 있다.

샘 월튼은 구매 직원에게 물품을 구매할 때 단호한 태도를 취하라고 요구했다. 그는 늘 직원들에게 "월마트를 위해 가격 흥정을 하는 것이 아니라 고객을 위해 흥정하는 것이다. 고객을 위해 가장 훌륭한 가격을 쟁취해야 한다"라고 강조했다. 그래서 월마트는 언제나 최저 가격을 유지할 수 있었다. 또 월마트 매장의 저가 정책은 수십억 달러에 이르는 고객들의 돈을 절약해줬다.

샘 월튼은 이러한 경영 이념에 입각하여 고객들의 신뢰를 얻고, 점차 할인점업계의 거물로 성장했다.

[경영의 지혜]

기업은 제품의 원가를 낮출수록 이윤을 양보할 수 있는 공간이 더 넓어지고, 가격 경쟁에서 유리한 고지를 점령한다. 고객을 위해 1달러를 절약하면 제품 판매가를 1달러 낮출 수 있고 경쟁에서 한발 앞설 수 있다. 한 푼 한 푼 절약하는 돈은 고객을 위한 것이자 자신을 위한 것이기도 하다. 당신이 고객을 위해 돈을 아끼면 고객은 그 아낀 돈으로 다시 당신을 찾아와 소비한다.

경영자는 최대한 비용을 절감해 원가를 낮추고, 고객을 위해 한 푼이라도 아낀다는 생각을 가져야 한다. 이렇게 해야만 진정한 고객을 확보할 수 있고 기업의 성공을 확보할 수 있다.

10 장

경쟁자는 숫돌과 같다

경쟁으로 충만한 이 시대에 기업 생존의 최대 무기 역시 경쟁이다.

작은 실리콘밸리를 예로 들면, 탄환 하나 겨우 박힐 정도의 좁은 장소에 수천 개의 회사가 IT업계에 종사하면서 치열한 경쟁을 벌이고 있다. 실리콘밸리에는 매년 수백 개의 새로운 기업이 출현한다. 하지만 또 수백 개의 기업이 경쟁을 이기지 못하고 시장에서 도태된다.

똑같은 경쟁 앞에서 어떤 기업은 연기처럼 사라지고, 또 어떤 기업은 살아남아 거대한 파워를 가진 대기업으로 성장하는 것일까? 관건은 바로 생존한 기업과 그 직원들이 가진 강렬한 경쟁 의식과 경쟁 능력이다.

67

경쟁자는 숫돌과 같아서 우리를 아주 날카롭게 갈아준다.
하지만 나중에 우리가 손을 높이 들어 칼을 내리치면
경쟁 상대는 단칼에 쓰러지고 만다

저우훙이(周鴻褘, 중국 3721닷컴 창립자)

한 동물학자가 아프리카 강가에 서식하는 동물을 연구하다가 강 동쪽과 서쪽의 영양 크기가 다르다는 사실을 발견했다. 전자의 번식 능력이 후자보다 더 강하고, 달리는 속도도 후자에 비해 분당 13m나 빨랐다.

그는 환경과 먹이가 같은데, 이렇게 차이가 클 수 있는지 매우 의아하게 생각했다. 그 수수께끼를 풀기 위해 동물학자와 현지 동물보호협회가 실험을 했다. 강 양편에서 각각 영양 10마리씩을 잡아서 맞은편에서 생활하게 했다. 그 결과 서쪽에 보내진 영양은 14마리로 늘어난데 반해, 동편으로 보내진 영양은 3마리밖에 남지 않았다. 다른 7마리는 늑대에게 잡아먹혔다.

이 실험을 통해 수수께끼가 마침내 풀렸다. 동편에 살고 있던 영양의 몸이 건장했던 것은 부근에 늑대 무리가 살고 있었기 때문이다. 영양들은 날마다 잡혀 먹힐 위협에 처해 있었으며, 생존을 위해 점점 전투력을 갖춰나갔다. 서편의 영양들은 바람이 불면 쓰러질 정도로 연약했다. 천적이 없어서 생존의 위협이 없었기 때문이다.

이상의 현상은 우리에게 큰 깨우침을 준다. 생활 속에서 겪는 경쟁과 스트레스, 시련은 결코 나쁜 것만은 아니다. 가끔 좋은 일이기도 하다.

검색엔진 업체인 '3721닷컴' 이 최초로 실시하고 보급한 중국어 인터넷 주소 검색 서비스는 99%의 중국 인터넷 사용자들을 확보했고, 일일 평균 방문자 수가 3,000만 명을 넘어섰다. 사용량이 가장 많은 중국어 인터넷 접속 방식으로, 인터넷 검색 서비스의 실질적인 표준이 되었다. 3721닷컴은 이와 동시에 기업 정보화를 위한 기초 서비스를 제공했다. 현재 25만 개 업체의 기업 고객을 보유하고 있으며, 중국 정보화 건설을 위해 거대한 디지털 교량을 구축중이다. 2002년 9월 3721 닷컴은 중관춘(中關村) 컴퓨터페스티벌에서 '중관춘 10대 소프트웨어 브랜드' 상을 수상했으며, 인터넷 실명제는 '베스트 유틸리티' 로 선정되었다.

어떤 기자가 3721닷컴 CEO 저우훙이를 취재하면서 "3721은 성장 과정에서 수많은 경쟁 상대를 만났을 텐데, 경쟁자들을 어떻게 상대했습니까?" 라고 물었다.

저우훙이는 이렇게 대답했다. "경쟁자가 있다는 것은 나쁜 일이 아닙니다. 경쟁 상대가 없다는 건 상상도 할 수 없죠. 차이나텔레콤도 다 해체된 마당에 어떻게 경쟁이 없겠습니까? 국가 대전략은 시장경제입니다. 경쟁을 통해 강자만이 살아남고, 국민과 소비자를 위해 최고의 서비스를 제공하는 것을 우리는 물론 경쟁 상대들로 자연스럽게 받아들이고 있습니다. 경쟁자가 바로 뒤에서 추격해오면 우리는 더 빨리 달리게 되고, 더 좋은 서비스를 개발하게 됩니다. 경쟁 상대는 최근 몇 년간 오히려 도움을 주었습니다. 많은 경쟁 상대가 불공정한 경쟁을 하고 있지만, 또 다른 측면에서 보면 우리가 사업을 더 잘 할 수 있게 만들고, 우리에게 있는 결점이나 빈틈을 개선하게 만듭니다."

저우훙이는 또 이렇게 덧붙였다. "경쟁자가 있다는 압박 자체는 우리의 잠재력을 폭발시키고, 회사를 온실의 화초로 만들지 않을 것입니다."

사실 3721 창업 초기에 중국 내에는 같은 비즈니스 모델이 없었다. 훗날 3721이 맞닥뜨린 강적 리얼네임스(RealNames)는 미국 실리콘밸리에 위치하면서 세계 각국에 3721의 인터넷 검색 서비스와 비슷한 키워드 서비스를 제공했다. 리얼네임스는 1997년 4월에 본격적인 서비스를 실시했으며, 한국 · 유럽 · 일본 등 여러 국가에서 사업을 전개했다. 그들은 창업 당시 1억 달러 가량의 투자를 확보했다고 한다. 2000년에 MS와 3년간 계약을 체결한 리얼네임스는 중국 시장에 빠른 인터넷 주소 검색 서비스를 출시하겠다고 선포했다. 이는 3721의 핵심 사업인 인터넷 검색 서비스와 이름만 다른 사실상의 같은 서비스였다.

저우훙이는 말했다. "당시 중국 내에도 경쟁 상대가 하나 있었습니다. 그때 초빙한 CEO가 나에게 리얼네임스와 협력하지 않으면 도태될 것이고, 국내의 경쟁자와 협력하지 않아도 도태될 것이라고 말했습니다. 나는 어차피 죽을 거라면 지금 죽는 편이 좋겠다고 대답했습니다."

　"하지만 실제로 경쟁자들이 우리에게 많은 도움을 줬다고 생각합니다. 경쟁 상대를 볼 때 최소한 그들과 같은 이념을 가지고 있고, 이 시장을 똑같이 긍정적으로 보고 있다고 생각합니다. 경쟁 상대가 있어서 저는 정말 기분이 좋습니다. 왜냐하면 경쟁 상대는 숫돌과 같기 때문입니다. 그들은 우리를 아주 날카롭게 갈아줍니다. 하지만 훗날 우리가 손을 들어 칼을 내리치면 경쟁 상대는 단칼에 쓰러집니다."

　저우훙이는 또 말했다. "나는 경쟁 상대들이 아주 고맙습니다. 비록 그들이 잇달아 도산하고, 또 어떤 경쟁 상대는 시장점유율이 1%도 채 안 돼 회사 존립 자체에 의문을 가진 경우도 있었지만 어쨌든 3721에 도움을 주었습니다. 그들은 3721의 숫돌이며 3721을 아주 날카롭게 갈아주어 경쟁 속에서 더 큰 성공을 할 수 있게 만들었습니다."

[경영의 지혜]

　개인이나 기업이 성장 과정 속에서 가장 두려워해야 할 것은 강력한 경쟁 상대가 아니다. 대부분의 경우 경쟁 상대는 숫돌처럼 기업을 매우 날카롭게 갈아주며, 훗날 그 칼로 경쟁 상대를 내리칠 수 있다.

　경쟁은 숫돌과 같다. 기업의 경영 수준과 혁신 능력은 부단한 연마를 통해 향상된다. 경쟁은 소비자의 이익을 지키는 수호신이다. 경쟁은 기업으로 하여금 모든 수단과 방법을 통해 소비자를 만족시키게 한다. 경쟁은 '보이지 않는 손'을 가진 지휘자다. 경쟁은 기업 이윤의 최대화를 실현하는 동시에 사회 복리의 최대화도 실현한다.

68

경쟁 상대를 절대 비방하지 마라

마윈(馬雲, 알리바바닷컴 회장)

2000년 12월, 중국 알리바바닷컴 회장 마윈은 상하이에서 개최된 '세기를 넘어서는 중국 인터넷 발전 포럼' 개회식 연설에서 나스닥 (Nasdaq)이 폭락할 것이라고 단언했다. "중국 시장은 지금 매우 잔혹합니다. 내일은 더 잔혹할 것이고, 특히 다가오는 8~10월이 더 잔혹할 것입니다." 그 자신도 시련을 겪어야 했으며 알리바바도 시련을 겪어야 했고, 중국 인터넷은 더 큰 시련을 겪어야 했다.

달력이 2001년으로 넘어갔다. 대표 기업들의 각종 인터넷 비즈니스 모델이 수익을 거두지 못하자 의문을 제기하는 목소리가 파도처럼 밀려왔다. 한때 잘 나가던 알리바바의 주력 사업인 B2B서비스도 침체 상태에 빠져들었다.

2001년 1월 알리바바의 자금 위기설이 떠돌자, 일부 회원업체는 버티기가 힘들었고 적지 않은 업체의 우려를 낳았다. 2001년 3월, 알리바바에 대한 시장의 불신임이 최고조에 달하여 곧 부도가 난다는 유언비어가 떠돌았다. 각 지역 사이트마다 헛소문이 횡행했으며, 혹자는 유력한 내부 통신이라고 떠벌렸다.

알리바바가 일단 반격을 시도하면 여론은 통제하기 어려운 국면으로 빠져들 것이 분명했다. '잘 되도 매스컴 탓, 못 되도 매스컴 탓' 이라는 중국 기업들의 전통적 패배 분위기가 인터넷 기업들에게서 재연될 게 틀림없었다. 이때 마윈이 구축한 기업 문화와 그의 업무 스타일이 힘을 발휘했다.

떠들썩한 여론 앞에서 마윈과 알리바바는 침묵을 선택했다.

마윈은 직원들에게 이런 명령을 내렸다. "첫째도 경쟁 상대에 대해 나쁜 말을 하지 말 것, 둘째도 경쟁 상대에 대해 나쁜 말을 하지 말 것, 셋째 역시 경쟁 상대에 대해 나쁜 말을 하지 말라."

마윈은 신용을 중시하는 기업 리더이자 뛰어난 전략가였다. 이러한 그의 비즈니스적 마인드와 품성으로 알리바바는 다시 일어설 수 있었다.

그러나 알리바바와 마윈과는 대조적으로 어떤 기업은 불공정한 경쟁을 하면서 악의적인 비방으로 경쟁 상대에게 상처를 입혔다.

어떤 기업은 돈을 주고 사람을 고용해 인터넷에서 경쟁사를 공격하고, 심지어 헛소문까지 퍼뜨려 경쟁사에 큰 타격을 주었다. 예를 들어 신차가 출시됐을 때, 한 시간 만에 신차에 대한 공격성 댓글이 인터넷에 몇백 개씩 올라온다. 신차의 고객층이 승용차 소유자도 아닌데 승용차 사용자로 추정되는 사람들의 댓글이 그렇게 많을 수 있을까? 이는 배후에 모종의 비방 세력이 있음을 말해준다.

시장에서 경쟁사의 제품을 헐뜯고 비방할 것이 아니라 자사의 뛰어난 제품으로 승부해야 하는 것이 도리다.

1993년 6월, 미국 펩시콜라 캔에서 주사바늘이 나온다는 얘기가 끊이질 않았다. 소문은 상당히 사실적이어서 미국인들은 심지어 AIDS와 연관시키기도 했다. 일순간 여론이 떠들썩해지자 펩시콜라의 이미지는 크게 실추됐고, 제품은 진열대에서 사라졌다. 이때 어떤 사람들은 펩시콜라의 '화해할 수 없는 경쟁자' 코카콜라가 사건을 크게 부풀리고 자사 제품의 시장점유율을 확대할 것이라고 예상했다. 하지만 코카콜라는 줄곧 침묵을 지키면서 자사 최대의 경쟁자를 공격하는 어떠한 행동도 취하지 않았다.

"비즈니스의 세계는 전쟁터와 같다. 동종업체는 적이다." 이것은 오랫동안 사람들 머릿속에 뿌리내린 경영 관념이다. 그래서 경쟁사의 실수나 위기 앞에서 많은 기업들이 타인의 불행을 자신의 행복으로 삼거나 마구잡이로 부풀려서 물에 빠진 사람 머리 위로 돌을 던진다. 또 어떤 기업은 평소에 항상 적과의 다툼에만 주의력을 집중한다. 심지어 경쟁사에 대한 악의적인 비방에는 수단과 방법을 가리지 않으면서도 소비자의 수요와 품질, 브랜드 이미지 관리에는 소홀하다.

물에 빠진 사람 머리에 돌을 던지는 격으로 경쟁 상대를 비방하면 자사의 좋은 이미지를 구축할 수 없을 뿐만 아니라 업계 전체의 명예에도 영향을 주게 될 것이다. 결국 자신 또한 연못 속의 붕어가 되어 쌍방이 모두 피해를 입고 물러나게 될 것이다.

경쟁의 시대에 공정한 경쟁을 숭상하는 기업만이 승리할 수 있다. 많은 기업과 경영자들은 경쟁자는 비방의 대상이 아닌 존중의 대상이라는 사실을 인식하고 있다. 많은 기업들이 직원을 채용할 때 이 점에 특별한 신경을 쓴다.

휴렛팩커드는 신입사원이 입사할 때마다 직업 도덕 교육을 실시한

다. 그들은 상도덕을 준수하고 경쟁사에 대한 나쁜 말을 평생 하지 못
하도록 교육받는다. 또 경쟁사의 제품, 사업, 회사의 경영 상황 등에
대해 일절 비판해서는 안 된다. 휴렛팩커드는 게임의 법칙과 실력에
따라 겨루기를 좋아한다. 경쟁사들이 휴렛팩커드에 대해 나쁜 말을
거의 하지 않는 것을 보면 휴렛팩커드가 이 점에서 뛰어나다는 사실
을 알 수 있다.

IBM의 행동 준칙에 이러한 규정이 있다. IBM 직원은 그 어느 누구
도 경쟁사를 비방하거나 폄하할 수 없다. 판매 성과는 제품 품질, 서비
스 태도에 의한 것이어야 한다. 자사 제품의 장점으로 영업을 해야지
타사 제품의 약점을 공격해서는 안 된다.

경쟁 상대는 서로 맞부딪치는 양쪽 손바닥이다. 당신의 경쟁자가
강해질수록 당신도 더 강대해지고 시장 전망은 더 좋아지고 전체 업
계도 더 성숙해질 수 있다.

GE가 어떤 영역에서 1등이나 2등의 자리에 앉지 못한다면, 그 사업을 매각하거나 사업에서 철수할 것이다

잭 웰치(Jack Welch)

치열한 시장 경쟁 속에서 강자만이 살아남고 약자는 도태된다. 크고 반응이 빠른 것은 지속적으로 운행되지만 작고 반응이 느린 것은 뒤처지고 만다. 성공한 사람들은 이렇게 해서 더 큰 경쟁력을 가지게 되었다. 기업이 지금 업계의 리더 위치에 있다면 그 기업은 더 큰 경쟁력을 갖추게 될 것이다.

더 큰 경쟁력을 갖추기 위해서 전 GE 회장 잭 웰치는 다음과 같은 전략을 제시했다. 그는 GE의 모든 사업은 해당 분야에서 1, 2위를 다툴 것을 요구했다. 이것은 그가 시장에서 1, 2위의 지위가 가져오는 경쟁 우위를 깨달았기 때문이다.

그는 "GE가 어떤 영역에서 1위나 2위의 자리에 앉지 못한다면 GE는 그 사업을 매각하거나 그 영역에서 철수할 것이다"라고 말했다.

그는 1, 2위의 개념을 확정하고 GE의 모든 기업이 해당 업계에서 1위나 2위를 하지 못하면 매각할 것이라고 공언했다. 동시에 그는 몇몇 전망 있는 기업들을 사들이고 업계 1, 2위로 성장시켰다.

1981년 웰치가 GE를 인수받을 때, GE에는 350개의 제품 사업부가 있었다. 그들은 43개의 전략 경영 단위로 나눠져 있었고, 1,000종이 넘는 제품을 생산하고 있었다. 그중에는 수익을 내는 곳과 손해를 보는 곳, 세계의 선도적 위치에 있는 것과 이미 낙후되어 버린 것, 성장 잠재력을 가지고 있는 것과 이미 한계에 도달한 것 등이 있었다.

그래서 웰치는 전선케이블, 변압기, 이동통신 기자재, 에어컨, TV, 오븐, 석유회사, 국제무역회사 등 수백 개의 사업부 및 생산 라인을 매각하고 폐쇄했다. 동시에 기존 사업부와 전략 경영 단위를 철회하고 강력한 경쟁력을 지닌 13개의 사업부로 재구성하여 하이테크 제품과 수익이 많은 서비스로 사업을 전환했다.

이 과정에서 GE는 110억 달러 가치의 기업을 매도하고 직원 17만 명을 해고했다. 매각과 폐쇄를 추진하는 동시에 GE는 260억 달러 가치의 새로운 기업을 인수했다.

잭 웰치는 그해 개혁의 첫 번째 포성을 울리면서 말했다. "한 가지 사실을 진지하게 생각해 주십시오. 1945년에서 1970년에 이르는 고속 성장 기간 동안 『포춘』지가 선정한 세계 500대 기업 중 이미 절반 가까이가 파산했거나 합병되었습니다. 이는 전혀 성장하지 못하고 사람들에게서 잊혀졌기 때문입니다. '우리는 1등이 아니면 2등'이라는 핵심 이념으로 어떤 목표나 조건을 설정하는 것보다 훨씬 더 독자적으로 선두를 지키면서 이 시대를 걸어갈 수 있습니다."

1, 2등만이 경쟁력이 있다. 1등이나 2등을 꼭 하겠다는 경영 이념이

GE에 거대한 성공을 가져다주었다.

1980년대에 GE의 산하 기업들은 각자의 영역에서 수위를 차지했다. 비행기엔진회사, 모터회사, 공정도료회사, 공업 및 전력계통, 의료계통 등은 미국에서뿐만 아니라 전세계에서도 1위를 차지했다. GE는 NBC로 미국 방송업계에서도 1위를 차지하는 영예를 안았다. 계폐기회사도 미국에서 1위를 차지했고, 세계적으로는 다른 몇 개 기업과 나란히 선두를 차지했다. 기관차회사 역시 미국에서 1위를 차지했고, 세계적으로는 GM과 함께 선두의 반열에 올랐다. 국방(國防)전자회사는 국내외 모두 2위를 차지하여 휴스전자의 뒤를 이었으며, 산업자동화회사는 미국 2위, 세계 3위를 차지했다. 조명회사는 미국 1위, 세계 2위를, 대형가전회사는 미국에서는 1위, 세계적으로는 휴렛팩커드의 뒤를 이어 2위를 차지했다.

1, 2등만이 경쟁력이 있다. 잭 웰치의 '1, 2위 원칙'은 우리 기업 역시 본보기로 삼을 만하다. 만약 GE 내부의 어떤 업종이 동종업계에서 1, 2위를 차지하지 못하면 웰치는 매각을 고려했으며, 회수된 자원은 수익성이 더 높은 사업에 투입됐다. 수많은 기업들이 다각화를 추진하지만 실패율이 성공률보다 높은 이유는 1, 2위 원칙을 따르지 않았기 때문이다.

웰치의 이념은 우리들에게 경쟁이 치열한 글로벌 시장에서 경쟁 상대를 선도하는 기업만이 불패의 위치에 설 수 있다는 점을 일깨워주고 있다.

70

경쟁자를 적이 아닌 상대로 보면 더 유익하다

로자베쓰 모스 칸터(Rosabeth Moss Kanter)

당신의 경쟁자는 적이 아니다. 사실 당신과 그들 사이에는 차이보다 더 많은 공통점이 있다. 편견이 없는 기업 리더는 좋은 경쟁자를 만나게 되면 시장에서 도움을 얻고, 변화에 대한 압력이 가중되어 끊임없는 혁신을 진행하게 된다는 점을 잘 알고 있다.

하버드 비즈니스스쿨 로자베쓰 모스 칸터 교수는 "당신의 경쟁자를 적이 아닌 상대로 보면 더 유익하다"라는 명언을 남겼다.

당신이 모든 일에서 '그들은 나를 반대한다'라고 규정하고, 세상을 친구와 적으로만 구분하며, 적의 행동에 대해 방어 자세를 취한다면 당신의 적들에게서 당신도 그들의 적이 될 것이고, 동시에 평정심의 적이 될 것이다.

군사 전략가들은 '적의 힘을 이용하여 자신을 보위하라'는 점을 크게 강조하고 있다. 자기 방어만 하거나 경쟁 환경에서 늘 공격 상태에 있다면, 자신의 전략적 지위는 점차 약화될 것이다. 만약 당신이 임기 응변으로 한 걸음 후퇴한다면 다양한 경쟁 상황에 대해 창의적으로 반응할 수 있다.

정보가 극도로 투명해진 IT시대에 한 회사가 대폭적인 가격 인하를 단행하여 다른 기업을 공격하자, 대다수 경쟁 상대들은 크게 분개했다. "그들이 어떻게 그럴 수 있어? 대체 무슨 마음으로 우리를 망치고 업계 전체를 파괴하는 거야?" 자연스럽게 그들도 공격을 개시하여 가격은 더 덜어지고 가격 전쟁이 끊임없이 계속되었다.

그런데 한 회사가 이 충격적인 가격전을 기회로 다른 방법을 취했다. 그들은 가격을 약간만 내린 후, 고객을 위한 토론 팀을 만든다든가 또는 다른 회사와 제휴로 교차 마케팅을 실시한다든가 하는 방식 등을 포함해 몇 가지 부가가치 서비스를 제공했다. 당연히 모든 서비스는 회사의 원가를 증가시켰다. 하지만 어떻든 단순한 가격 인하가 가져오는 원가 부담에 비할 바는 아니었다.

가격전이 끝난 후 이 회사는 이미 시장점유율이 크게 확대되었으며, 고객들은 부가가치 서비스를 통해 얻는 것이 더 많다고 생각했다. 이로 인해 회사는 적당하게 가격을 올릴 수 있는 기회를 얻을 수 있었다. 결론적으로 이 회사는 경쟁 상대가 발산한 에너지를 통해 큰 수익을 얻게 되었다.

경쟁자는 상대일 뿐 적이 아니다. 가장 전형적인 예는 코카콜라와 펩시콜라의 관계다. 만약 당신이 코카콜라의 최대 경쟁 상대가 펩시콜라라고 생각한다면 빙고! 하지만 만약 코카콜라의 가장 큰 적이 펩시콜라라고 생각한다면 그것은 펩시콜라도 동의하지 않을뿐더러 코카콜라도 용납하지 못할 것이다. 왜냐하면 두 회사는 동고동락을 함께 한 형제처럼 격랑을 헤치면서 세계의 탄산음료 시장, 구체적으로 콜라 시장을 키워왔기 때문이다.

사실 펩시콜라와 코카콜라는 상대를 인정하는 경쟁 환경에서 성장했다.

당신의 경쟁자를 적이 아닌 상대로 인정하면 기술적인 경쟁을 통해 자신을 성장시키려는 목적에 이를 수 있다.

[경영의 지혜]

경쟁자를 적수가 아닌 상대로 보는 것은 일종의 기술적인 경쟁이다. 기업은 자연계의 다른 모든 생명과 마찬가지로 언제 어떻게 굴복해야 하는가를 알고 있다.

강풍을 만나면 현명한 나뭇가지는 바람에 맞서 싸우지 않고 몸을 구부린다. 허리케인이 불어오면 종려나무는 어떠한 방법으로든 지면을 향해 바싹 엎드렸다가 허리케인이 지나가면 신속하게 곧은 자세로 돌아온다. 굴복도 일종의 승리라고 할 수 있다. 굴복할 줄 아는 당신이 가진 최대 장점은 승리를 거두었을 때 경쟁자가 당신 때문에 패배했다고 여기지 않고, 그로 인해 당신을 미워하지 않는다는 데 있다.

71

경쟁자에 대해서 더 많이 연구하라

빌 게이츠(Bill Gates)

경영자가 가장 큰 관심을 갖는 것은 직원들이 무슨 생각을 하고 무슨 일을 하는가이다. 하지만 그들은 경쟁자가 무슨 생각을 하고 또 무슨 일을 하고 있는가에 대해서는 늘 등한시하다가 경쟁 상대에게 영문도 모른 채 패배하고 만다.

빌 게이츠는 "주변은 온통 호시탐탐 기회를 노리는 경쟁자들이다. 정신을 바짝 차리고 위기 의식을 가져라"라고 늘 부하 직원들을 일깨웠다. '그들을 이해하라', '경쟁자에 대해서 더 많이 연구하라'는 말도 인이 박히게 했다.

『소프트웨어 리포트』는 "IBM이 아닌 MS가 소프트웨어 산업 발전을 선도하고 있다"라고 밝혔다. MS의 원동력은 바로 경쟁 상대에 대한 빌 게이츠의 경각심에서 비롯되었다. "경쟁자에 대해 더 많이 연구하라"고 한 빌 게이츠의 경고 속에서 MS는 마침내 성공의 열쇠를 찾아냈다.

경쟁 시대에 기업의 성공은 상당 부분이 효율적인 경쟁 여부에 달려 있다. 그렇다면 기업은 어떻게 효율적인 경쟁을 통해 경쟁자를 이길 수 있을까? 중요한 방법 가운데 하나가 바로 경쟁 분석을 전제로 통일된 기업 전략을 세우는 것이다. 경쟁자를 제대로 이해해야 치열한 경쟁과 변화무쌍한 환경 속에서 자신의 능력을 자유자재로 발휘할 수 있다.

경쟁 상대를 분석하고 그것을 자신의 경쟁 우위로 전환시키는 것은 기업이 경쟁에서 승리하는 중요한 비결이다.

어떤 기업이든 시장 경쟁에서 승자의 위치에 서려면 반드시 직접적인 경쟁 상대와 잠재적인 경쟁 상대에 대한 객관적이고 신속한 이해가 필요하다. 또 경쟁 상대의 전략과 목표, 강점과 약점을 명확하게 이해하여 유효한 경쟁 전략과 마케팅 전략을 수립해야 한다.

경쟁 상대를 이해함으로써 생각을 정리하고, 재무 목표를 수정할 수 있으며, 더 좋은 제품을 개발하는 데 도움을 얻을 수 있다. 경쟁 상대에 대한 이해와 분석은 경쟁의 전제조건이라고 할 수 있다.

실리콘밸리에서 성공한 사람들은 각종 채널을 통해 경쟁 상대를 손바닥 들여다보듯 훤히 알고 있다. 예를 들어 엔지니어는 경쟁사의 제품을 분해해서 하나하나 분석한다. 변호사는 경쟁자의 특허권을 분석한다. 영업사원은 경쟁자의 판매망을 점검한다. IT 천재는 경쟁자의 제품을 면밀하게 분석하여 결함을 찾아내고 더욱 새로운 업그레이드 판을 출시하려고 한다. 그들에게 이런 것들은 너무나도 일상적인 사소한 일일 뿐이다.

병법에 '지피지기, 백전불태(知彼知己, 百戰不殆)' 란 말이 있다. 전장에서는 자신의 상황에 대해서 분명하게 알고 있어야 하지만 상대와 적을 더욱 자세하게 파악해야 만이 모든 전쟁에서 승리한다는 뜻이다.

'비즈니스의 세계는 전쟁터와 같다' 라는 말도 있다. 비즈니스의 세계에서 경영자는 전쟁터의 정찰병처럼 자신의 경쟁 상대를 정탐하고 이해하고 분석해야 한다. 동종업체의 경영 목표, 제품 개발, 마케팅, 인재 전략 등의 모든 상황을 파악해야만 상응하는 대응책으로 상대와 교전하고 경쟁할 수 있으며, 적에게 잡혀 먹히거나 무너지는 상황을 피할 수 있다.

하지만 경쟁 상대에게 눈길도 주지 않고 이해하려고 하지 않으려는 경영자가 있다. 그러면서도 자신은 경쟁 속에서 상대를 무너뜨리고 싶어 한다. 자신의 거대한 자산만 움직이면 될 뿐이라고 여기며 다른 방법은 전혀 사용할 필요가 없다고 생각한다. 이때 현명한 중소기업 경영자들은 대기업의 소홀함을 틈타, 짐짓 목소리를 전혀 내지 않고 대기업의 주의를 끌지 않는 상황에서 발전을 가속화한다. 이 기업은 어느 정도 규모를 갖춘 후 느닷없이 거인처럼 대기업 앞에 우뚝 선다. 이때 경쟁자는 정신을 차리지만 때는 이미 늦었다.

경쟁 상대를 늘 파악하고 주시해야만 부주의로 일을 망치는 상황을 피할 수 있다.

상대를 이기는 효율적인 전략은 경쟁 상대를 이해하고 분석하는 것이다. 여기서 가장 중요한 것은 상대에 대한 다음과 같은 정보들이다.

(1) 경쟁 상대가 현실에 만족하는가, 아니면 새로운 시장을 찾는가?

(2) 상대가 어떤 전략과 책략을 취할 것인가, 또 그것은 당신의 기업에

얼마나 위협이 될 것인가?

(3) 경쟁 상대의 약점은 무엇인가?

(4) 우리가 어떤 행동을 취했을 때 상대가 자극을 받아 불 같이 화를 내고 스스로의 이익을 해치게 되는가?

지피지기는 경쟁 상대를 쫓아가거나 모방하고 따라하기 위한 것이 아니라 남과는 다른, 자신의 능력에 부합되면서도 경쟁 상대를 뛰어넘을 수 있는 전략을 세워 기업이 경쟁 우위를 확보할 수 있도록 하기 위함이다.

[경영의 지혜]

변수로 가득 찬 시장경제 시대에 더 많은 정보를 획득하는 기업이 우위를 확보할 수 있다. 또 경쟁 상대를 충분히 이해하고 있는 기업이 시장 경쟁에서 기회를 선점하여 승자의 위치에 설 수 있다.

정보가 많을수록 당신에게 기회와 발전의 여지는 더 많아진다. 또 상대를 철저하게 이해함으로써 당신은 위기와 변화에도 두려움 없이 의연한 대처를 할 수 있다.

'지피지기, 백전불태', 이것은 모든 기업 경영자의 좌우명이 되어야 한다.

72

경쟁 우위를 지속적으로 유지하는 유일한 방법은
경쟁 상대보다 더 뛰어난 학습 능력이다

아리 드 호이스(Arie De Geus)

기업의 핵심 능력을 키우고 향상시키기 위해서는 지식의 혁신, 누적, 전환, 공유가 반드시 필요하다. 이를 위해서 기업은 학습형 조직과 지식형 조직으로 변신하고, 부단한 노력을 통해 자신들만의 노하우와 모방할 수 없는 잠재적 지식 등을 쌓아야 한다.

산업 구조가 급변하고 게임의 규칙이 새롭게 쓰이는 '신(新)경쟁시대'에 막강한 자본과 거대한 규모가 시장에서의 생존과 발전을 보장해줄 수는 없다. 학습하는 능력만이 열악한 생존 환경을 타파하고 지속적인 발전을 실현하는 근원이다. 학습을 중시하는 기업만이 오늘날의 변화무쌍한 시장에서 경쟁 우위를 확보할 수 있다.

쉘의 기획총괄 이사 아리 드 호이스는 "경쟁 우위를 지속적으로 유지할 수 있는 방법은 경쟁 상대보다 뛰어난 학습 능력이다"라고 말했다. 최후에 웃을 수 있는 기업이 되기 위해서는 조직 내의 모든 구성원들이 전심전력으로 부단하게 학습할 수 있는 능력을 갖춘 조직을 만들어야 한다.

기업에게 돈보다 더 중요한 것은 학습이라고 말할 수 있다. 학습을 중시하는 기업이 부를 얻을 수 있다.

1980년대 후반, 영국 최대 자동차회사 로버(Rover)는 곤경에 빠졌다. 매년 적자가 1억 달러를 넘어섰고 내부 관리는 혼란에 빠졌으며, 제품의 품질은 하루가 다르게 떨어졌다. 노사 간의 갈등은 악화되었고 직원들의 사기가 침체되어 앞날이 암담하기만 했다.

하지만 1990년대 중반이 되자, 로버는 전세계에서 가장 활기가 넘치는 자동차 회사 중 하나로 일대 변신을 했다. 전세계 판매량이 거의 배로 증가하여 북미와 아시아 지역에서 로버자동차는 늘 공급이 달렸다. 품질은 업계의 모든 품질상을 휩쓸 정도로 우수했고, 로버의 '럭셔리 SUV'는 일약 '도로의 황제'로 등극했다. 로버600은 세계에서 가장 잘 팔리는 자동차 순위에 진입했다. 1996년 연간 자동차 생산량은 500만 대 이상으로 늘었고 전세계 500여 개 국가로 수출되었으며, 연간 판매액은 80억 달러를 넘어섰다. 세계 자동차 시장에 막 복귀한 1993~1994년 사이, 로버의 매출액은 16%나 늘어났다. 심각한 적자 국면이 일거에 흑자로 전환된 것이다(1994년 수익은 총 560만 달러였다).

이와 더불어 직원들의 만족도와 생산 효율도 창사 이래 최고 기록을 달성했고 지속적으로 높아져갔다. 최근에 로버사 직원 34,000명을 대상으로 실시한 조사에 따르면, 85%의 직원들이 자신들의 업무에 만족하고 우수한 교육을 받았다고 생각하며 협동 단결하여 실적을 올리고 싶다고 했다. 몇 년 전의 상황과는 천양지차였다. 또 이 같은 변화가 그렇게 짧은 시간 내에 이루어졌다는 점이 매우 특이했다.

로버가 재기에 성공한 비결은 무엇인가? 조사에 따르면, 고위 간부에서 현장 직원들에 이르기까지 학습형 조직이 되기 위한 노력을 첫번째로 꼽았다.

1980년대 후반 그래햄은 위기에 봉착한 로버그룹 회장으로 취임했다. 취임 초기 그는 날로 치열해지는 글로벌 경쟁, 하루가 다르게 변화하는 신기술, 우수한 인재 부족, 까다로운 고객 등 세계 자동차업계의 혼란스런 환경이 로버에게 가져다준 거대한 압력을 체감했다. 그래햄과 고위 곤리자들은 거대한 고래 앞에서 작은 물고기에 불과한 로버가 빠르게 헤엄치지 않으면 고래 뱃속에서 장례식을 치르게 될 것임을 깨달았다. 사활을 건 노력을 해야만 치열한 시장 경쟁 속에서 생존하고 발전할 수 있었다. 회사에 대한 철저한 이해와 탁월한 장기적 안목에 근거하여 그래햄은 로버는 학습형 조직 외에 다른 선택의 여지가 없다고 판단했다.

로버의 첫 번째 행보는 1990년 5월 회사 내부에 학습을 전문적으로 관리하는 기구인 학습사업부를 설립한 것이었다. 그래햄은 "우리는 다른 선택의 여지가 없습니다. 목숨을 걸고 싸우겠다는 의지를 가지고 학습형 조직으로 거듭나야만 활로를 찾을 수 있습니다"라고 말했다.

그날 회사는 직원 및 세인들에게 '학습 조직이 로버의 생존과 부흥의 주춧돌이 될 것'이라고 공개적으로 선포했다. 독립된 실체인 학습사업부의 즈요 임무는 회사 전체적으로 학습을 촉진하고, 학습을 모든 개인과 부서 나아가 회사 전체 업무와 불가분의 관계가 되도록 노력하며, 학습에 필요한 모든 지원과 협조를 아끼지 않는 것이었다. 학습사업부를 통해, 직원·팀·부서 및 회사 전체가 지식과 경험을 끊임없이 축적했고 직원들 간의 교류를 통해 많은 도움을 얻었다.

새로운 지식과 업무 경험이 날로 축적되자, 직원들은 경쟁과 전투에 단련되어 극히 짧은 시간 안에 이루어지는 모든 비즈니스 전쟁에서 기적을 이루었고, 로버는 아주 빠르게 재기에 성공할 수 있었다.

로버의 성공은 지식경제 시대에 진정으로 생명력을 가진 기업은 지식을 개발하고 지켜나가는, 또 각 계층 직원들이 전력으로 노력하고 끊임없이 학습하는 기업이라는 점을 힘 있게 증명하고 있다.

[경영의 지혜]

학습은 인간의 생존 수단이자 기업의 생존 수단이기도 하다. 미래 사회에서는 위에서 아래로 수직적으로 이루어지는 교육만으로는 부족하다. 자기 학습의 분위기를 만들어서 평생 학습의 동력을 유지하고, 새로운 사상·지식·기술로 자신을 무장해야 한다.

기업의 핵심 경쟁력의 본질은 지식이다. 지식은 다른 자원과는 다르다. 권력이 아무리 막강해도, 돈이 아무리 많아도, 힘이 아무리 세다 해도 지식을 빼앗아 올 수는 없다. 따라서 핵심 경쟁력을 끊임없이 향상시키기 위해서는 학습 능력을 더욱 강화해야 한다. 또 이러한 학습 능력은 반드시 경쟁 상대보다 더 뛰어나야 한다. 그렇지 않으면 핵심 경쟁력이 만들어낸 경쟁 우위가 언젠가는 희석되거나 해체되고 말 것이다.

73

나는 오늘 잠을 못 자더라도 반드시 당신을
공격할 것이다. 이것이 우리의 문화다

후바이린(胡柏林, 전 오라클차이나 사장)

다윈의 진화론은 '자연도태' 와 '적자생존' 이라는 중요한 결론을 도출해냈다. 기업이 생존하고 발전하려면 자신의 경쟁 상대보다 뛰어나야 한다. 이것은 아주 간단한 이치다.

현대 사회는 고도의 경쟁 사회다. 경쟁은 사회 각 영역에 존재하는 아주 보편적인 현상이다. 입시 경쟁에서 스포츠에 이르기까지, 경제에서 정치 · 문화 · 과학기술에 이르기까지, 국내 경쟁에서 국제 경쟁에 이르기까지, 경쟁은 우리 사회 어디에도 존재하지 않는 곳이 없다. 우리 사회는 경쟁으로 인해 생기와 활력이 넘쳐나고, 또 경쟁으로 인해 끊임없이 진화하고 진보한다.

시장경제에서 경쟁은 필연적으로 각종 리스크를 가져오기 마련이다. 기업은 언제나 부도나 파산의 위험에 직면해 있다. 샐러리맨은 시장 경쟁 속에서 직업을 잃거나 도태될 위험이 있다. 이러한 각도에서 봤을 때 어느 정도의 경쟁 의식과 리스크 의식은 개인과 기업이 시장 경제에서 생존하고 발전할 수 있는 필수조건이자, 시장경제의 순조로운 운행을 위한 전제조건이다.

시장경제는 적자생존의 경제다. 모든 기업은 적자생존의 환경에 처해 있다. 매순간 변화하고 여기저기 위험이 도사리고 있는 시장에서 살아남기 위해서는 경쟁 또 경쟁뿐이다. 기업이 경쟁에 미숙하거나 경쟁할 용기가 없거나 경쟁 의식이 결여되어 있다면, 경쟁자에게 기회를 선점당하여 엄중한 대가를 치르고 실패의 길을 걷게 될 것이다.

이처럼 경쟁으로 가득 찬 시대에 기업 생존의 최대 무기는 바로 경쟁이다.

전 오라클차이나 사장 후바이린은 오라클의 기업 문화를 경쟁 문화라고 말했다. 그는 "나는 오늘 잠을 못 자더라도 반드시 당신을 공격할 것이다. 이것이 우리의 문화다"라고 말했다. 후바이린의 말은 사실 문화라기보다는 용감하게 경쟁하는 의식이자 능력이다.

그러나 현실 속의 일부 경영자들은 오히려 상대를 이기려는 의지와 능력이 결핍되어 있다. 그들은 경쟁의 잔혹함과 무정함에 대한 인식이 부족하여 기업이 점점 더 커질 때 나태에 빠지기 시작하고, 기업의 지속적인 발전을 유지하는 혁신에 대한 열정을 점차 잃어간다. 윗물이 맑아야 아랫물도 맑다는 말처럼, 이런 기업의 직원들 역시 경쟁 위기에 대해 꿈쩍하지도 않고 무감각해져 쇠퇴의 길을 걷게 될 것이다. 이는 수많은 기업들이 한 번 반짝하고 스러져버린 단명의 근본 원인이다.

어떤 기업이 수익을 생산기술 개선에 재투자하여 기업 경쟁력을 높이려고 했는데, 뜻밖에도 이사회 전체가 미래 상황을 장담할 수 없다는 이유를 들어 이를 반대했다. 그렇다. 미래는 아무도 장담할 수 없다. 장담할 수 없는 미래가 왔을 때 그 기업은 틀림없이 도태되고 말 것이다.

경쟁은 기업에게 분명 좋은 일이다. 경영자는 경쟁을 반갑게 받아들이고 용감하게 뛰어들어 경쟁 시장의 군계일학이 되어야 한다.

경쟁은 성공을 위해 반드시 경유해야 하는 길이다. 상대와 벌이는 무형의 격투가 야만적인 유형의 도살보다 훨씬 도전적이다. 또 투지를 더 높이고 당신의 능력과 회사의 수익을 높이는 데도 유리하다.

가슴에는 경쟁이라는 두 글자를 새기고 머리로 늘 그것을 떠올리며 행동으로 경쟁을 실천할 때, 경영자는 승자의 위치에 설 수 있고 회사는 유리한 고지를 선점할 수 있다.

[경영의 지혜]

시장경제 하에서 기업이 생존하고 발전하기 위해서는 투철한 경쟁 의식이 필수적이다. 경쟁 의식이 기업의 의사결정과 행동을 이끄는 이념이 되어야 하며, 의사결정과 행동에도 경쟁성을 부여해야 한다.

경영자는 경쟁에 대한 인식을 강화하고, 경쟁 상대보다 더 나아지려는 의식을 갖춰야 한다. 머릿속에 경쟁에서 살아남을 수 있는 뿌리를 내리고 용감하고 노련하게 경쟁해야 한다. 그래야만 기업의 경쟁과 발전 과정에서 중요한 역할을 담당할 수 있다.

74

상대를 이길 수 없다면 그들 틈으로 들어가라

미국 재계 명언

동물의 세계에서 맹수들은 서로 먹이를 다투다가 발생하는 불필요한 사상(死傷)을 피하기 위해 먹이를 찾으러 다니는 시간을 겹치지 않게 한다. 시장 경쟁도 마찬가지다. 만약 두 기업이 동시에 동일한 시장을 쟁탈하게 되면 필연적으로 쌍방이 모두 다치는 상황이 발생한다. 쌍방이 모두 다치게 되는 결과는 어느 기업도 원하지 않을 것이다. 뚱뚱한 두 사람이 한 개의 좁은 문으로 동시에 들어가려고 하다가는 결국 두 사람 모두 못 들어가고 만다. 한 사람이 먼저 들어가고 나머지 한 사람이 나중에 들어간다면 두 사람 모두 들어갈 수 있다.

시장 경쟁은 피할 수 없는 것이지만 언제가 됐건 항상 다음과 같은 경쟁 원칙을 따라야 한다. '가능하다면 경쟁 상대의 제약을 피해가고 쌍방의 무의미한 경쟁을 피해야 한다. 이렇게 해야 양쪽 모두에게 유리하다.' 현실 속에서 종종 이런 경우를 보게 된다. 자기 기업만 생각한 채 경쟁 상대를 필사적으로 쓰러뜨리려 할 때, 기업 실적은 오히려 그저 그럴 것이다. 반대로 경쟁 상대와 함께 발전을 도모하면서 진지한 협력을 실천한다면 쌍방의 효율은 배가 될 수 있다.

미국 재계에는 '상대방을 이길 수 없다면 그들 틈으로 들어가라'는 명언이 있다. 현대 경쟁은 더 이상 '너 죽고 나 살자' 식이 아니라 더욱 고차원적인 경쟁과 협력이다. 현대 기업이 추구하는 것은 더 이상 '나 홀로 윈(win)'이 아닌 '윈-윈'과 '윈-윈-윈'이다.

유럽 에어버스사의 경우를 보자. 그들은 미국 보잉사, 맥도널드 더글러스사와 경쟁하기 위해 유럽 각국의 항공기 제조기술과 장점들을 결합했다. A300과 A310 와이드바디 항공기를 생산할 때 조립은 프랑스에서, 동체 생산은 독일에서, 날개 생산은 영국에서, 꼬리날개 생산은 스페인에서 책임지는 등 각사의 장점을 최대한 발휘하면서 연맹의 경쟁력을 강화했다.

경쟁은 점점 더 치열해지고 또 잔혹해지고 있지만 동시에 점점 더 지혜롭고 이성적으로 움직이고 있다. 따라서 연합과 공유, 공생과 공영은 현대 경쟁의 주류가 되었다. 이를 통해 경쟁적 시장 환경 속에서 기존의 생산 공간, 시장 영역, 기술 독점의 한계를 타파했고, 공급과 수요를 자유롭게 결합하고 재배치하여 새로운 이윤 공간을 창출했으며, 새로운 협력 파트너의 마인드와 기술, 경험과 전략을 자신의 체내로 흡수했다.

휴렛팩커드와 컴팩은 미국 컴퓨터 시장에서 각각 2, 3위를 차지하는 유명한 기업이다.

컴퓨터업계의 매머드 휴렛팩커드는 2001년 9월 3일, 치열한 업계 경쟁에서 우위를 점하기 위해 컴팩과 주식 가치 250억 달러에 달하는 합병 계약을 체결했다고 발표했다.

두 회사의 대변인은 합병 후 새로운 휴렛팩커드 본사를 기존 본사 소재지인 미국 캘리포니아주 팰러앨토시에 세울 예정이라고 발표했다. 새 회사는 14만 5,000명에 달하는 직원을 고용하고 160여 개 국가에서 사업을 펼쳤으며, 874억 달러에 육박하는 연간 총수익으로 업계 선두인 IBM과 어깨를 나란히 할 수 있을 것으로 기대했다.

물과 불처럼 서로 용납할 수 없었던 정보화 시대의 투우사 휴렛팩커드와 컴팩 두 기업이 소리 소문 없이 같은 길을 선택한 것은 중국 기업가들의 눈에는 분명 불가사의한 일로 보였을 것이고, 또 그 성장 속도가 너무 빨라 온 IT업계를 깜짝 놀라게 만들었다. 휴렛팩커드의 지혜로움과 컴팩의 용기도 존경스럽지만, 그보다는 그들의 강한 협력 정신이 더욱 존경스럽다. 그들은 '협력은 경쟁보다 더 중요하다' 라는 사실을 최고의 수준으로 실천함으로써 협력의 중요성을 입증했다.

오랫동안 대기업들은 파트너십이 부족했다. 이는 기업 성장의 장애가 되었다. 사고의 전환은 기업을 강성하게 키우고 경쟁력을 향상시키는 관건이다.

대다수의 경우에 협력은 경쟁보다 더 중요하다. '강(强)-강' 협력을 통해 더 높은 수준의 협력을 이룰 수 있기 때문이다.

전략적 연합의 출현은 경쟁 상대의 패배와 소멸을 목적으로 한 전통적 경쟁 방식에 근본적인 변화를 가져왔다. 기업은 자신의 생존과 발전을 위해 필요한 경쟁 외에 방어적인 측면에서 다른 기업과 협력하고 연합할 필요가 있다. 경쟁을 위해 협력하고 협력을 통해 경쟁한다. 이 과정에서 기업은 경쟁력을 확실하게 강화할 수 있다.

75

속도가 모든 것을 좌우한다.
속도는 경쟁의 필수불가결한 요소다

잭 웰치(Jack Welch)

1992년 11월 11일, GE 잭 웰치 회장은 뉴잉글랜드이사회의 1992년도 사기업 부문 뉴잉글랜드인상 시상식에서 "속도가 모든 것을 좌우한다. 속도는 경쟁의 필수불가결한 요소다"라고 밝혔다. 웰치는 신속함을 기업이 전략을 실현하는 데 중요한 요소 중 하나로 보았다. 요즘 시대는 매우 빠른 속도로 발전하고 있다. 속도는 신속한 반응 능력을 가진 기업이 정상을 향해 나아갈 수 있도록 도와주고 동작이 느린 기업들을 무너뜨리고 있다. 신속한 반응 능력이 기업의 생존과 연관되었다고 해도 과언이 아니다.

기업은 복잡 다변하는 세계에 살고 있다. 오늘 절대적인 우위를 점하고 있는 기업이 내일 사면초가에 내몰릴 수도 있다. 따라서 기업이 지속적인 발전을 유지하기 위해서는 신속한 반응 능력을 키워야 한다.

1980년대 초, 쓰촨(四川)성 청두(成都)에 하이양(海洋)표 세탁기를 생산하는 대기업이 있었다. 그들은 뛰어난 기술력으로 양질의 세탁기를 생산했다. 당시 중국은 세탁기 생산 초기 단계여서 제품은 불티나게 팔려나갔고 늘 공급이 달렸다.

당시 기업 경영진들은 해외 세탁기 발전사를 살펴본 후 반자동 세탁기에서 전자동 세탁기로 세대 교체가 이루어지게 될 것이라고 예측했다. 그런데 구체적인 집행 과정에서 그들은 자사의 기술력을 이용해 독자적으로 전자동 세탁기를 개발하는 방법을 선택했다.

순식간에 몇 년이 흘렀고 개발은 여전히 지지부진했다. 이때 다른 세탁기 생산업체들은 해외 첨단기술을 도입하여 전자동 세탁기를 단기간에 생산해냈다. 시장에 출시된 전자동 세탁기가 소비자들의 인기를 끌자 반자동 세탁기의 시장점유율은 추풍낙엽처럼 하락했다.

불과 몇 년 사이, 미처 공급을 하지 못할 정도로 잘 팔리던 하이양표 세탁기는 전혀 팔리지 않게 되었고, 결국 도산하는 비운을 맞보았다. 신속한 반응 능력의 결여로 제품은 시간이 지남에 따라 낙후되었고 결국 도태되는 상황에 처했다. 그들이 실패한 근본적 원인은 신속하게 반응하지 못했다는 것이다.

이 세탁기업체와 달리 다른 기업들은 우선적인 집행과 결정을 통해 힘을 키우고 신속한 반응으로 거대한 성공을 얻었다.

오늘날의 경제는 속도전이다. 치열한 시장 경쟁은 시간의 가치를 끊임없이 상승시켰다. 점점 더 많은 기업들이 신속한 반응의 중요성을 인식하고 있다. 그들은 최고의 속도로 가장 빠른 시간에 고객의 수요를 만족시키고, 치열한 경쟁 속에서 안정적인 위치를 확보한다.

효율적이고 신속한 행동은 이 모든 것을 실현할 수 있는 전제이자 담보다.

신경계 시대에 신속함으로 승리를 확보하는 것은 중요한 경영 전략이다. 미디어 황제 루퍼트 머독은 "반드시 신속하게 행동해야 한다. 신속하게 결정을 내리고 그 결정을 기초로 행동을 취하는 것 외에 당신의 경쟁 상대를 물리칠 수 있는 다른 방법은 없다. 나태함은 실패자의 전매특허다. 신속함만이 살아남을 수 있다"라고 말했다. '신속하다'라는 말은 시장의 주도권을 적극적으로 쟁취하는 행동을 나타냄과 동시에 더 중요한 것은 기업의 전략이 상대보다 앞선다는 것을 보여준다.

랄프 왈도 에머슨(Ralph Waldo Emerson)은 "박빙 위에서 스케이트를 탈 때 우리의 안전은 속도에서 나온다"라고 말했다. 생명은 눈 깜짝할 사이에 사라진다. 도망가거나 떨거나 무서워하거나 주저하거나 후회하면서 소중한 시간을 낭비해서는 안 된다. 기업에게 행동은 곧 생존이다. 또한 신속한 행동으로 더 훌륭하게 살아남을 수 있다.

76

신경제 시대에는
큰 물고기가 작은 물고기를 잡아먹는 것이 아니라
빠른 물고기가 느린 물고기를 잡아먹는다

존 챔버스(John Chambers, 시스코 CEO)

과거에는 큰 물고기가 작은 물고기를 잡아먹는 것이 당연한 이치였다. 하지만 정보화 시대의 시장 경쟁에서는 기업의 성패가 크고 작음이 아니라 빠르고 느림에 달려 있다. 빠른 물고기가 느린 물고기를 잡아먹는 상황이 수시로 발생한다. 어떤 사람이 이런 말을 했다. 미국인이 첫날 어떤 제품을 새로 개발했다고 발표하고 이튿날 생산에 들어갔다. 그런데 셋째날 일본인이 그 제품을 시장에 출시했다.

캐나다가 단풍나무를 국기 도안에 사용하기로 한 결의안을 회의에서 통과시키자, 사흘째 되는 날 일본 업체가 제작한 단풍나무 국기가 있는 완구가 캐나다 시장에 출현해 날개 돋친 듯 팔려나갔다. 훨씬 좋은 조건에 있었던 캐나다 업체들은 가만히 않아서 좋은 기회를 잃고 말았다. 사람들은 시장 경쟁 속에서 벌어지는 빠르지 못하면 생존할 수 없는 현상을 '빠른 물고기 법칙' 이라고 부른다.

현대 사회의 모든 경쟁은 속도를 둘러싸고 전개된다. 속도를 틀어쥐는 자가 시대의 전면에 서서 미래를 보장받는다. 그래서 시스코의 CEO 챔버스는 "신경제 시대에는 큰 물고기가 작은 물고기를 잡아먹는 것이 아니라 빠른 물고기가 느린 물고기를 잡아먹는다"라고 말했다.

실리콘밸리를 예로 들어보자. 실리콘밸리의 모든 새로운 회사는 창립하는 순간부터 극도로 치열한 경쟁 환경에 노출된다. 당신의 회사가 알고 있는 비즈니스 모델은 다른 사람들도 다 안다. 당신 회사의 관리 방법도 다른 사람들은 다 알고 있다. 당신은 반드시 새로운 기술로 경쟁력을 강화해야 한다. 하지만 당신에게 주어진 시간은 아주 짧다. 당신은 반드시 엄청난 속도로 회사를 키워야 한다. 잠시 소홀하고 나태한 사이 당신은 경쟁자에 의해 밀려나고 말 것이다.

빌 게이츠는 이 점을 절실하게 깨달았다. MS가 몇 차례 중대한 위기의 순간에 처했을 때, 그는 과감한 조치로 다른 사람의 전면에 나서서 성공을 거두었다.

1980년대 미국 로터스(Lotus)사는 '로터스123'의 기초 위에 매킨토시 컴퓨터를 위한 소프트웨어 '재즈(Jazz)'를 개발하기로 했다. 빌 게이츠는 로터스123의 장단점을 분석한 후 로터스사를 뛰어넘기로 결정하고, 재빨리 세계에서 가장 빠른 도표 프로그램을 최단기간에 개발하고 이름을 '엑셀'이라고 정했다. 개발 과정 내내 빌 게이츠는 로터스에게 뒤질까 노심초사하면서 그들의 움직임을 면밀하게 주시하고 엑셀의 개발 행보를 가속화했다. 그는 재즈보다 먼저 엑셀의 나팔소리를 울리기로 결심한 것이다.

빌 게이츠와 직원들의 노력으로 엑셀은 로터스의 재즈보다 5주 먼저 출시되었다. 이 5주가 재즈의 운명을 결정했다. 1987년 시장 보고에 따르면, 엑셀은 89 : 6이라는 엄청난 격차로 재즈를 압도적으로 제압했다.

어지러울 정도로 빠르게 돌아가는 오늘날, 신속함은 기회이자 효율이다. 속도가 모든 것을 결정한다.

일본의 저명한 기업가 모리타 아키오(盛田昭夫)는 "우리가 느린 것은 우리가 빠르지 않아서가 아니라 상대가 더 빠르기 때문이다. 매일 다른 사람보다 반보 늦는다면 1년 후에는 183보 늦게 된다. 10년 후에는 10만 8천 리가 된다"라고 말했다. 시간과 경주하면서 다른 사람들보다 더 빨리 뛰어야 승리의 기회를 잡을 수 있다.

[경영의 지혜]

기업은 과감하게 혁신하고 신속하게 변화하는 반응 메커니즘을 구축해야 한다. 미래는 큰 물고기가 작은 물고기를 잡아먹는 시대가 아니라 빠른 물고기가 느린 물고기를 잡아먹는 시대다. 다시 말해서 미래 시장에서 승부를 결정하는 것은 기업 규모가 아니라 끊임없이 변화하는 시장 앞에서 탄력적으로 대응할 수 있는 능력이다. 신속함은 상대를 이기는 유일한 길이 될 것이다.

11 장

디테일이 경영의 성패를 결정한다

"디테일의 부등식에서 1%의 오차는 100%의 오차를 의미한다." 디테일한 방면에서는 100에서 1을 빼면 99가 아니라 0이다. 여기에서 '1%의 오차는 100%의 실패를 불러온다'는 결론을 도출할 수 있다.

많은 기업들의 실패는 사소한 데에 최선을 다하지 않아서 생긴 경우가 많다. 가끔 눈에 띄지도 않는 미세한 것이 큰 문제를 일으킨다.

성공도 디테일에 있고 실패도 디테일에 있다. 디테일의 역량은 무궁무진하며, 기업 경영의 성공 여부는 디테일이 관건이다. 이 점은 경영자가 소홀하기 쉬운 부분이기도 하다. 기업은 디테일에 늘 신경을 써야 한다. 세밀한 데에 충분한 공을 들이고 '디테일의 우위'를 확보할 때만이 튼튼한 사업 기초를 다지고 오랫동안 장수할 수 있다.

77

마귀는 사소한 데 존재한다

미스 반 데 로헤(Ludwig Mies van der Roh)

20세기 가장 위대한 건축가 미스 반 데 로헤는 성공의 비결을 '마귀는 디테일에 존재한다' 라고 한 마디로 표현했다.

왜 디테일이 마귀의 서식지가 되는가? 사람들은 업무와 일상생활 속에서 늘 디테일의 존재를 등한시하기 때문에 마귀가 발붙일 틈을 주게 된다.

수많은 기업들이 큰일 때문에 무너지는 게 아니라 눈에 띄지 않는 사소한 부분에서 실패한다.

몇 년 전 미국 P&G사가 세제를 출시하자마자 시장점유율과 매출액이 놀라운 속도로 급등했다. 그러나 얼마 지나지 않아 상승 속도가 점차 느려졌다.

그래서 P&G사는 대규모 시장 조사를 실시했다. 한 좌담회에서 어떤 소비자가 세제의 사용량이 너무 많다고 불만을 표시했다. 원인을 묻자 소비자는 대답했다. "광고에서 세제를 그렇게 오랫동안 붓고 난 다음 깨끗하게 세탁된다고 하는데, 사실 사용량이 많아져서 훨씬 비경제적입니다." 브랜드매니저는 서둘러 광고를 확인하고 세제 붓는 시간을 계산해 봤더니 약 3초가 걸렸다. 하지만 다른 세제 광고는 1.5초에 불과했다.

이렇게 사소한 문제가 제품 판매와 브랜드 이미지에 타격을 입혔다.

시장 경쟁이 점점 치열해지고 있는 오늘날, 사소한 문제가 큰 화를 불러오는 결정적 요인이 될 수 있다. 하찮아 보이는 것들에도 시장을 확대할 수 있는 정수가 있는 법이다.

1851년, 글자를 모르는 노동자들이 비누와 양초 박스를 구별할 수 있게 하기 위해서 한 부두 하역 노동자가 P&G의 양초 포장박스에 검은 십자가를 그렸다. 얼마 후 예술적 감각이 뛰어난 다른 노동자가 십자가를 동그라미 안에 별이 들어 있는 문양으로 바꿨다. 나중에 또 다른 누군가 여러 개의 별을 그리고 그믐달과 사람 옆모습을 그려 넣었다.

이 일을 알게 된 P&G는 노동자와 사용자들이 쉽게 식별할 수 있도록 모든 양초 박스에 별과 달 도안을 그려 넣었다.

시간이 흐른 후 양초 박스에 도안이 불필요하다고 여긴 P&G의 한 경영자가 도안을 없애버렸다. 어느 날 P&G는 뉴올리언스의 한 도매업자가 보내온 편지 한 통을 받았다. P&G의 양초 납품을 거절하겠다는 내용이었다. 원인은 상자에 '별과 달' 도안이 없어서 모조품으로

생각된다는 것이었다. 그때서야 '별과 달' 도안의 가치를 알아차린
P&G사는 즉시 상표 등록을 하고 다시 사용했다.

그후 누올리언스 도매상을 포함한 많은 사용자들이 지속적으로
P&G사와 거래를 유지했다.

경영자는 항상 사소한 것이라도 자세히 살펴야 한다. 디테일을 중
시하면서 남들보다 더 세심하고 꼼꼼해야만 문제의 진실을 발견할 수
있다. 그래야만 사업은 치밀하고 훌륭하게 이루어진다.

기업이 늘 대면하는 자질구레하고 간단해 보이는 일들은 쉽게 무시되고 곳곳
에서 갖가지 문제를 일으킨다. 기업이든 개인이든 아무리 거창한 목표가 있다
해도 각 단계들을 연결하는 디테일이 잘 처리되지 않으면 목표는 좌초되고 결
국 실패로 끝맺음하게 될 것이다. 마귀와 디테일을 겨루어야 경영의 최고 경지
에 도달할 수 있다.

78

아무리 사소한 것도 놓치지 말라

마쓰시타 고노스케(松下幸之助)

마쓰시타 고노스케는 "아무리 사소한 것일지라도 절대 놓치지 말라"라는 유명한 말을 남겼다. 또 그렇게 했기에 마쓰시타 고노스케가 창립한 가전제품 브랜드는 전세계에 이름을 떨칠 수 있었다. 이를 통해서 기업이 작고 사소한 부분을 등한시하거나 포기하는 것은 시장을 포기하는 것과 다름없다는 것을 알 수 있다. 사실 작은 부분에서 시장 개척을 중시하는 것은 일종의 경영관리 수단이다. 기업이 사소한 부분을 소홀히 하면 제품 시장에도 영향을 미치게 되고, 심지어 기업의 생존과 발전에도 영향을 미치게 될 것이다.

기업에서 아주 사소한 부분이 정말로 흥망성쇠를 결정할까? 세계 500대 기업을 조사해보면, 각각 길은 달라도 결국은 같은 곳에 도달하게 된다는 결론이 내려진다. 디테일에 대한 보통 이상의 중시는 기업의 중요한 경영 수단이 되었다. 맥도날드의 경영 방침은 '어떠한 디테일도 놓치지 않는다' 이다.

맥도날드는 제품의 품질을 보증하기 위해 햄버거를 생산하는 매 과정마다 상세하고 구체적인 규정과 설명이 있다. 경영관리에서 제품의 구체적인 재료 선택, 가공 및 심지어는 화장실 청소 시간, 감자튀김 기름 온도 등에 이르기까지 있을 건 다 있다고 할 수 있다.

맥도날드 매장의 관리자들은 반드시 일리노이주에 있는 맥도날드 햄버거 대학에서 10일간의 연수를 받고 '햄버거' 학위를 따야만 영업을 할 수 있다. 모든 맥도날드 패스트푸드점에서 판매하는 햄버거는 규정된 품질과 재료 기준을 엄격하게 집행해야 한다.

햄버거와 함께 판매되는 감자튀김의 재료로 쓰이는 감자는 전문적으로 재배해서 정성껏 선별된 것들이다. 또 일정 기간 저장 과정을 거쳐 전분과 당분 함량을 조정하고, 최종적으로 온도 조절이 가능한 튀김기에서 튀겨내는 즉시 고객에게 공급된다. 감자튀김이 완성된 후 7분 이내에 판매가 되지 않으면 폐기 처분되어 고객에게 공급되지 않는다. 이를 통해 감자튀김의 품질을 보증한다.

또 반제품의 보관에 있어서, 쇠고기 패티 2시간, 야채 2시간, 탈수 양파 4시간, 빵 40시간 등 규정된 보존 시간을 넘긴 식품은 반드시 폐기 처분한다.

햄버거를 만들 때 쇠고기 패티는 168도에서, 빵은 215도에서 굽는다. 시간은 자동타이머로 조절한다.

햄버거를 판매할 때는 고객이 돈을 지불한 후 1분 내에 음식을 서빙해서 신선한 품질을 보증한다.

또 다른 디테일을 보자. 식기는 30초 내에 청결하게 회수한다. 화장지와 비누는 1/4 정도 남았을 때 교환하거나 보충한다. 여름철에 에어컨의 온도는 20~22도로 유지한다.

　이러한 조치를 통해 맥도날드는 오랫동안 최고의 자리에 앉을 수 있었다. 맥도날드가 왜 인기가 있는가는 디테일이 모든 것을 말해주고 있다. 세계 500대 기업 순위 리스트에서 연간 매출 130억 달러에 달하는 맥도날드사를 찾을 수 있다.

　디테일을 부단하게 갈고닦는 기업만이 소비자에게 더욱 근접하고 인성화되고 인정미 넘치는 제품을 만들 수 있다.
　사실 물방울 하나가 모든 태양빛을 품고 있듯, 디테일이 반영하는 것은 기업의 이념과 경영철학이다. 그래서 일본 재계에서 경영의 신이라 칭송되는 마쓰시타 고노스케도 "아무리 사소한 것도 놓치지 말라"고 당부하고 있다.

79

착오는 사소한 데서 발생하고
성공은 시스템에 달려 있다

빌 매리어트(Bill Marriott, 매리어트호텔 CEO)

늘 이런 상황이 발생한다. 좋은 아이디어도 있고 정확한 궤도로 진입도 했다. 필요한 자금도 부족하지 않고 다양한 인재들도 깃발 아래로 모여들었다. 하지만 일은 제대로 되지 않는다. 여전히 수익과는 인연이 없고 성공과는 늘 엇갈리며 투자는 예전 같지 않다.

왜일까? 이러한 곤혹감은 한두 기업가만의 문제가 아니라 수많은 기업주들이 오랫동안 해결하지 못하고 있는 난제라고 생각된다.

지금 수많은 기업가들은 디테일의 중요성을 등한시했기 때문에 디테일에서 착오가 생겨났고 회사의 실패로까지 이어졌다는 점을 인식하게 되었다.

세계 초대의 호텔 체인 매리어트호텔의 CEO 빌 매리어트는 "착오는 사소한 데서 발생하고 성공은 시스템에 달려 있다"라는 유명한 말을 남겼다. 그의 말은 '디테일이 성패를 결정하고 사소한 착오가 실패를 빚어낼 수 있다' 라는 점을 일깨우고 있다.

펩시콜라는 해외 시장을 개척할 때 늘 성공적이었다. 하지만 1990년대 펩시콜라가 기세등등하게 일본 시장을 개척할 때 숙적인 코카콜라에 참패하고 말았다. 펩시콜라가 일본 시장에서 그렇게 처참한 지경에 빠지게 된 원인이 놀랍게도 포장 색상 때문이라는 것을 아무도 상상하지 못했다. 펩시콜라는 일본인의 금기를 범한 것이었다.

일본인은 노란색을 매우 싫어한다. 이는 일본이 농경 국가라는 것과 관련이 있다. 매년 가을과 겨울이 오면 들판은 온통 황금색 벼와 국화로 뒤덮인다. 그래서 노란색은 죽음의 색깔로 인식되었고, 농사로 생계를 이어가는 사람들에게 황색은 슬픔의 색으로 느껴졌다.

서양인들은 동양인을 '황인종' 이라고 부른다. 일본인들은 이 말을 매우 싫어한다. 그들은 서양인이 백인종을 최상위에 놓고 흑인종은 최하위에, 황인종은 그 사이에 뒀다고 생각하며 유색 인종에 대한 차별이라고 받아들였다. 불행하게도 펩시콜라는 포장과 마크를 모두 황·청·백·홍의 네 가지 색을 사용했다. 복잡한 느낌을 주는데다 하필이면 노란색을 메인 컬러로 사용해서 일본인의 금기를 건드렸다. 그러니 자연 일본인의 환심을 사기 어려웠고, 펩시콜라는 일본 시장에서 싹을 틔우고 뿌리내릴 수 없었다. 반면 경쟁사인 코카콜라는 전체적으로 선홍색을 포장에 사용해서 붉은색을 좋아하는 일본인의 습성에 맞췄다. 한 업체는 역행했고 한 업체는 순응했다. 펩시콜라는 일본에서 코카콜라의 위세를 이겨내기가 힘들었다.

기업이 시장을 개척할 때는 반드시 해당 지역의 금기를 확인하고, '로마법' 에 따라야 한다. 다른 민족의 다른 풍습을 존중해야만 성공할 수 있다. 아주 많은 경우에 기업의 성공은 바로 디테일에서의 성공이다. 아주 사소한 차이가 시장점유율을 결정하는 요인이 되기도 한다.

일본 소니와 JVC가 비디오테이프 표준화 전쟁을 치를 때 양사의 기술은 막상막하였다. 두 회사의 차이점이라고는 JVC의 경우 테이프가 2시간용이고, 소니는 1시간용이라는 것이었다. 그래서 소니 것으로 영화를 볼 때 늘 테이프를 한 번씩 바꿔줘야 했다. 이 작은 불편함이 소니를 패배하게 만들었다.

디테일을 등한시하다가 좋은 비즈니스 기회를 잃어버리는 기업도 자주 볼 수 있다.

중국 북방의 한 제약 공장은 해외에서 자금을 들여와 생산 규모를 확대할 준비를 하고 있었다. 하루는 세계적으로 유명한 기업 바이엘의 대표를 초청했다. 바이엘사의 대표와 제약 공장 공장장은 짧은 회담을 가진 후에 공장을 시찰했다. 시찰 과정에서 제약 공장 공장장은 아무데나 침을 뱉었다. 그 모습을 생생하게 지켜본 바이엘사 대표는 공장 시찰을 중단하고 협상을 거절했다.

외국인들은 제약 공장의 생산 현장에 매우 엄격한 위생 기준을 요구한다. 하지만 공장장조차도 아무데나 침을 뱉는데 직원들은 어떨지 능히 짐작이 간다. 그런 공장과 합작을 하면 과연 발전 가능성이 있을까?

사소한 것이 절호의 발전 기회를 빼앗아갈 수 있다. 사실 위생, 안전 등 수많은 디테일이 충분하게 중시되지 못하고 있다. 이는 많은 기업들의 일반적인 병폐다. 여기에는 당연히 식품, 약품 등 사람들의 입속으로 들어가는 제품을 생산하는 기업도 포함된다. 기업들이 지금처럼 계속 사소한 데 전혀 신경 쓰지 않는다면 파국을 피해갈 수 없다.

성공도 디테일에 있고 실패도 디테일에 있다. 디테일의 역량은 무궁무진하며, 기업 경영의 성공 여부는 디테일이 관건이다. 이 점은 경영자가 소홀하기 쉬운 부분이기도 하다. 기업은 디테일에 늘 신경을 써야 한다. 세밀한 데에 충분한 공을 들이고 '디테일의 우위'를 확보할 때만이 튼튼한 사업 기초를 다지고 오랫동안 발전할 수 있다.

80

장루이민(張瑞敏)

강한 기업은 모든 디테일에 많은 공을 들인다. 하이얼의 CEO 장루이민은 "간단한 일을 잘 하는 것은 절대 간단하지 않다. 또 평범한 일을 잘 하는 것 역시 절대 평범하지 않다"라는 유명한 말을 했다. 그는 자질구레한 모든 일들을 훌륭하게 해내는 끈기로, 세부 관리에서 시작해서 도산의 위기에 처한 작은 공장을 유명한 가전기업으로 키워냈다.

장루이민은 관리 모델을 추진하는 과정에서 적당한 한도를 지키는 데 매우 주의했다. 그는 "좀 큰 것, 좀 작은 것, 좀 빠른 것, 좀 늦은 것 모두 각기 다른 효과를 불러온다. 예를 들어 연말 종무식을 한다고 하자. 만약 오늘 오후에 하기로 정했다면 점심 때 연말 보너스를 나눠줘야 한다. 이틀 미리 나눠줘도, 이틀 늦게 나눠줘도 제 역할을 못한다.

점심 때 보너스를 나누어주면 기분이 고조되어 공장장이 무슨 말을 해도 다 들어준다. 하지만 두 주 먼저 혹은 두 주 늦게 보너스를 주면 종무식은 분명 아무런 효과도 없을 것이다. 이렇게 작은 일을 할 때도 기술이 필요하다"라고 지적했다.

노자는 "세상의 모든 어려운 일은 쉬운 것에서부터 시작해야 하고, 세상의 모든 큰일은 작은 데서부터 시작해야 한다"라고 말했다. 하이얼 리더의 머릿속에서 디테일은 가장 중요한 것이었다. 소위 성공도 디테일에 있고 실패도 디테일에 있다는 것이다.

하이얼은 생산과 경영의 매순간마다 통제를 요구했다. 위에서 아래에 이르기까지, 생산에서 관리, 서비스에 이르기까지 모든 단계에서 통제 방법은 서로 달랐지만 조금도 소홀하지 않는 엄격함을 보였다. 모든 과정이 조화롭게 연결되었고 한 치의 빈틈도 없었다. 하이얼 생산 라인의 10개 '중점' 공정에는 품질 검사대가 있고, 모든 품질 검사 지점에는 품질 체크표가 있다. 첫 번째 공정에서 출고에 이르기까지 상세한 파일이 작성된다. 고객의 가정에서 제품에 문제가 발생하면, 밀봉 테이프가 붙여져 있더라도 출고 기록에 근거해서 책임자와 원인을 찾아낼 수 있었다.

하이얼의 정밀화·세밀화 관리는 세계적인 수준이다. 세계 유명 브랜드의 생산경영 과정에서도 모든 공정 단계를 통제하도록 요구하고 있다.

하이얼 사람들은 세계적으로 유명한 브랜드를 만들어냈다. 그들의 '별 다섯 개짜리 서비스'는 익히 잘 알려져 사람들의 마음속으로 파고들었다. 그들은 모든 디테일을 세심하게 처리한다. 가정방문 A/S직원에게는 고객의 집안에 들어서는 순간부터 시작해서 서비스의 모든 디테일에 주의하라고 요구한다. 예를 들어 집안에 들어갈 때는 1회용 신발 커버를 사용하고, 항상 걸레를 휴대하여 청결을 유지하며, 수리를 마친 후에 주변을 깨끗하게 정리하라는 것이다.

하이얼 경영진은 "시계 바늘이 정확하게 움직이도록 하기 위해서는 초침의 움직임을 통제해야 한다"라고 항상 말한다. 이 말은 디테일의 중요성을 강조하고 있다. 큰 것만 중시하여 작은 단계를 등한시하고 방임하게 되면 결국 '천 리 제방도 개미구멍에 붕괴되는' 결과를 불러오게 된다. 하이얼이 세계적으로 유명한 브랜드를 만들어낼 수 있었던 것은 공장의 유리 한 조각, 나무 한 그루에 이르는 작은 부분을 한 번도 소홀히 하지 않았기 때문이다.

사소한 부분에 대한 끈기 있는 노력은 하이얼을 세계적인 유명 기업으로 만들었다.

[경영의 지혜]

기업 관리의 일반적 법칙을 과학이라고 한다면 디테일 관리는 예술이다. 디테일을 관리하는 능력이 기업의 전반적인 관리 능력을 형성한다. 각각의 디테일을 일상적 행위의 일부로 규범화해서 유효한 체제를 구축하고, 모든 디테일을 직·간접적으로 통제한다면 당연히 좋은 효과를 거둘 수 있다.

81

미래의 경쟁은 디테일의 경쟁이다

브루노 틸스(Bruno Tils)

소비자인 우리는 모두 이런 경험을 했을 것이다. 갖가지 화려한 상품 광고에 눈이 어지러워질 때, 독특하고 기발한 서비스에 어떻게 해야 할지 모를 때, 우리는 결국 사소한 것 하나로 제품을 선택한다. 정보가 폭발하는 오늘날, 기업과 기업 간의 상품, 기술, 원가, 설비, 공정 등의 차이는 점점 더 좁아지고 모든 것들은 금방 복제된다.

치열한 경쟁 속에서 제품과 서비스의 미세한 차이가 결국 거대한 시장점유율의 차이로 드러나게 된다. 그래서 '비즈니스계의 교황' 이라고 칭해지는 브루노 틸츠는 '미래의 경쟁은 디테일의 경쟁이다' 라고 단언했다.

시장 경쟁이 날로 치열해지는 오늘날, 기업간 제품이나 서비스의 차이는 크지 않다. 차이는 주로 사소한 데서 발생한다. 어떤 기업은 제품이나 서비스 품질을 개선할 때 주로 큰 부분에만 신경 쓰고 작은 부분은 무시하곤 한다. 하지만 눈에 띄지 않는 작은 결함을 내버려 두었다가 결국 엄청난 손실을 입게 된다.

중국 강남의 유명 양말업체가 일본으로 양말을 수출했다. 우수한 품질과 참신한 디자인에도 불구하고 이 양말은 고급 제품으로 인정받지 못하고 길거리에서 떨이로 팔리는 처지로 전락했다. 그 역시도 찾는 사람이 거의 없었다. 문제는 비뚤게 부착된 상표 때문이었다. 상표도 제대로 붙이지 못하는 기업의 제품인데 품질인들 좋게 보일 리 없었다. 그들은 아주 사소한 하자 때문에 브랜드 이미지에 타격을 입고 시장을 상실했다.

현대 경영에서 디테일의 역할이 중시되고 있다. 세계 경제 발전의 큰 흐름으로 볼 때, 점점 더 강화되는 전문성, 갈수록 세분화되는 사회적 분업, 점점 더 동질화되는 제품과 서비스는 전세계적인 경영 난제로 부각됐다. 결국 기업이 시장에서 우위를 확보하기 위해서는 혁신과 차별화로 승부를 걸어야 한다.

미소 서비스, 원스톱 서비스, 전방위 서비스 등은 모두가 애매모호한 개념들로 대체 감을 잡을 수 없는 말들이다. 기업들은 말장난에 정력을 낭비하기보다는 디테일에 더 많은 공을 들이는 편이 낫다.

정확히 말해서 미래 기업의 경쟁은 사실상 디테일의 경쟁이다. 모든 사소한 것에서 꼼꼼하고 성실하게 고객의 입장에서 생각하는 기업이 승자가 될 것이다. 크기에만 열을 올리는 규모 경쟁이 부담스러워질 때, 추상적인 개념 경쟁이 효과를 잃을 때, 가격 경쟁이 만성적 자살 행위로 느껴질 때, 서비스 경쟁이 힘들어질 때인 오늘날 우리는 디테일의 경쟁 시대로 조용히 진입하고 있는 중이다. 기업들은 지금 규모 경쟁, 개념 경쟁, 가격 경쟁에서 디테일 경쟁으로 전환하고 있다. 이는 분명 만족스러운 이성적 회귀다.

기업이 사소한 것 하나하나를 찾아내는 행위는 마르지 않는 금광을 개발하는 것과 같다. 디테일 경쟁의 성패는 기업의 생존과 연결된다. 영원히 충족될 수 없는 디테일에 대한 욕망을 가진 고객 앞에서 기업은 다른 선택의 여지가 없다.

[경영의 지혜]

디테일은 품질에 영향을 주고 품위를 드러낸다. 디테일은 차이를 만들고 성패를 결정한다.

어떻게 하면 치열한 시장 경쟁에서 승자의 위치에 설 수 있는가, 이는 모든 기업이 당면한 중요한 과제다. 미래의 경쟁은 디테일의 경쟁이 될 것이다. 디테일에 신경을 쓰고 모든 디테일에 충분한 공을 들이는 기업만이 시장 경쟁력을 전면적으로 향상시키고 튼튼한 사업의 기초를 다지며 오랫동안 발전할 수 있다.

82

디테일의 부등식에서
1%의 오차는 100%의 오차를 의미한다

왕중츄(汪中求)

수많은 기업들의 실패는 디테일에서 최선을 다하지 않음으로써 야기된 경우가 많다. 눈에 띄지 않는 사소한 것들이 큰 문제를 일으킬 수 있다.

2003년 2월 1일, 미국 우주선 컬럼비아호가 지구로 귀환하다가 공중 폭발하는 사고가 발생했다. 우주선에 타고 있던 조종사 전원이 숨진 이 사고르 전세계가 경악했다.

미항공우주국 우주선 설계책임자 론 디테모어(Ron Dittemore)는 이 일로 자리를 내놓았다. 그는 미항공우주국에서 26년간 근무했으며, 우주선 설계책임자로 4년간 성공적인 프로젝트를 이끌었다.

사고 후 조사 결과에 따르면, 사고를 일으킨 원인은 놀랍게도 단열재 조각이었다. 우주선 제조 기술은 최고라고 부를 만한 것들이지만,

떨어져 나온 작은 단열재 조각 하나가 엄청난 가치의 우주선과 또 가치로 환산할 수 없는 7인의 소중한 생명까지 앗아갔다. 아주 작은 디테일이 모든 노력을 물거품으로 만든 것이다.

『디테일이 성패를 결정한다』의 저자 왕중츄는 "디테일의 부등식에서 1%의 오차는 100%의 오차를 의미한다"라고 말했다. 그는 100에서 1을 빼면 99가 아니라 0이 되는 것이 '디테일의 부등식'이라고 했다. 여기에서 '공든 탑이 무너질 때는 1%의 착오가 100%의 실패를 야기한다'라는 결론을 얻을 수 있다.

한때 유명세를 떨쳤던 싼주(三珠)내복약은 부정적 매스컴 보도로 인한 영향을 무시하다가 공든 탑을 일시에 무너뜨린 가장 좋은 사례다.

중국 건강보조식품 업계에서 화려하게 눈길을 끌었던 싼주그룹은 3년이라는 짧은 기간 동안 매출액이 64배나 늘어 총매출 80억 위안에 육박했다. 그들은 시골마을까지도 한달음에 연결되는 전국적인 판매 네트워크를 구축하고, 화려한 건강보조식품 제국을 건설했다.

CEO 우빙신(吳炳新)은 "중국 최대의 네트워크는 우편 네트워크이고, 두 번째가 싼주의 네트워크다"라고 자랑스럽게 말한 적이 있다. 그러나 싼주내복약을 먹고 여덟 명의 노인이 숨졌다는 보도가 나가자, 15만 직원을 거느린 싼주그룹은 일시에 무너졌다.

싼주그룹이 붕괴한 원인을 추적해보면 사소한 부분에 패인이 있었다. 싼주그룹은 이 사건의 소송에서 이기기 위해 고집을 부리다가 소탐대실하는 결과를 빚었고 다시는 재기하지 못했다.

사건의 전말은 이렇다. 후난(湖南)성 창더(常德)시에 거주하는 78세 노인 천바이순(陳伯順)이 1996년 9월 숨지자, 가족들은 그가 싼주내복약을 마시고 사망했다고 판단하고 그해 12월 법원에 기소했다. 일년 간의 조사 끝에 후난성 고급인민법원은 싼주의 승소 판결을 내렸다. 그런데 그 기간 동안 '싼주내복약, 여덟 병이 노인을 죽였다' 라는 기사가 연일 보도되면서 엄청난 사회적 반향을 일으켰다.

싼주그룹은 비록 승소했지만 몰락의 비극은 피해갈 수 없었다. 1997년 매출액 70억 위안에 달하던 싼주내복약이었지만, 사건 발생 후인 1998년 4월 회사는 이미 파산의 위기에 놓여 있었다. 재판 후 싼주의 직원은 15만 명에서 2만 명으로 줄었고, 직접 손실은 40억 위안을 넘어섰다.

싼주그룹은 일처리를 정확하게 못했기 때문에 실패했다. 싼주그룹은 적당한 해결책을 찾아 비극의 발생을 피할 기회가 있었지만 전혀 시도하지 않았다. 디테일의 부등식에서는 1%의 오차가 100%의 실패를 가져온다. 이처럼 사소한 문제가 대기업을 무너뜨리게 되는 의외의 결과가 자주 발생한다.

[경영의 지혜]

실패에는 실패의 이유가 있고 성공에는 성공의 이유가 있다. 디테일을 등한시하는 것은 전체적인 실패를 의미한다. 모든 디테일을 확실하게 처리하는 기업은 아무런 문제도 생기지 않는다.

아무리 작은 일이라도 중요시하면 사소한 일로 인해 전체적인 실패를 불러오게 되는 사태를 막을 수 있다.

경영이란 사소한 일들을 매끄럽게 처리하는 것이다

린정다(林正大)

사람들은 기업 경영에 관한 담소를 나눌 때 심오한 경영학 이론이나 경영 법칙이 아닌 살아 있는 소소한 에피소드에 큰 감명을 받은 경험이 있을 것이다.

2001년, 잭 웰치는 비즈니스 저서 작업에 착수했다. 제목도 정해지지 않았을 당시, 타임워너 산하의 타임워너무역출판사에서 710만 달러라는 천문학적 금액을 지불하고 북미지역 판권을 사들였다. 많은 사람들이 잭 웰치라는 전기적 인물을 이해하고 존경하는 것은 경영학 기초 이론에서 많은 공헌을 남겨서가 아니라, GE의 CEO로서 20여 년간 경영 현장에 종사하면서 성공적으로 이루어낸 여러 가지 일들, 특히 그가 몸소 실천한 것들을 사람들에게 재미있게 얘기한 에피소드들 때문이다.

그는 손으로 직접 쓴 메모를 봉투에 넣어 하부 관리자나 심지어 평사원에게까지 전달했다. 1,000명이 넘는 관리자들의 이름을 일일이 기억하고 있었으며, GE 고위직 채용에 응시한 500명의 지원자를 직접 면담했다. 세계적으로 존경받는 회사들 중에서도 경영자가 몸소 이렇게 한 경우는 매우 드물다.

린정다는 "경영이란 바로 사소한 일들을 매끄럽게 처리하는 것이다"라고 달했다. 경영자의 경영 능력은 곧 디테일을 처리하는 능력이다.

탁월함을 추구하는 것도 좋고 군계일학을 추구하는 것도 좋다. 하지만 모든 것은 디테일에 달려 있다.

일본의 한 기계 제조 공장 사장은 작업자들이 남은 부품들을 아끼지 않고 아무렇게나 버리는 것을 목격했다. 여러 차례 일러도 효과가 없었다.

어느 날 갑자기 사장은 조립 공장 한가운데로 걸어가서 동전 한 통을 공중에 던졌다. 동전은 여기저기로 흩어졌다. 사장은 한 마디도 않고 사무실로 돌아갔다. 작업자들은 영문을 몰라 바닥에 흩어진 동전을 주우면서 사장의 이상한 행동에 대해 이런저런 얘기를 했다.

다음 날, 사장은 작업자들을 소집해서 회의를 열었다. "누군가 돈을 바닥에 가득 뿌려 놓으면 이상하게 생각하고 비록 동전이지만 아까워서 하나하나 다 주울 것이네. 그런데 평소에 자네들은 습관적으로 나사 캡이나 나사 같은 부품을 바닥에 버리고 절대 줍지 않네. 갈수록 인플레이션이 심해지고 있는 요즘에 동전은 가치가 점점 떨어지네. 하지만 자네들이 우습게 보는 부품은 하루가 다르게 가치가 올라가지."

사장은 인지상정과 이치에 호소했으며, 또 인상적인 행동을 통해 직원들을 깨닫게 했다. 그후 아무도 부품을 함부로 버리지 않았다.

기업의 발전은 완벽에 완벽을 기하는 디테일 경영과 불가분의 관계에 있다. 피터 드러커는 『피터 드러커의 자기경영노트』라는 책에서 "제대로 경영되는 회사는 늘 단조롭고 무미건조하며 아무런 충격적인 사건이 없다. 이는 발생 가능한 위기는 사전에 예견되어 이미 정규 작업으로 전환되었기 때문이다. 기업에 충격적인 일이 발생하지 않는다는 것은 기업이 운행되는 모든 시각, 모든 장소가 정상적인 상태임을 설명한다. 이것은 매일, 매순간 엄격하게 디테일을 통제해야만 실현 가능하다"라고 말했다.

[경영의 지혜]

일반적으로 기업의 고위 경영진은 사소한 문제에 대해서는 관여하지 않고 생산, 경영, 판매 등 기업의 핵심인 대원칙만 파악하면 된다고 여긴다. 각종 구체적이고 세부적인 문제는 완전히 손을 놓고 부하 직원에게 시키면 된다는 것이다. 이는 사실 일종의 편견이다. 탁월한 리더는 사소한 문제에 대해서도 절대 수수방관하지 않는다. 오히려 적절한 시기에 철저하게 원인을 파헤친다.

12 _장

기업의 성공은 20%는 일처리 방식에,
80%는 집행에 있다

2000년 『포춘』지가 선정한 500대 기업 가운데, 선두 200개 기업 중 40개 기업의 CEO가 회사를 떠나야 했다. 그들 개인은 한때 탁월한 실적을 올렸던 전략가였지만 회사 경영은 실패로 막을 내렸다. 20%는 CEO의 잘못이다. 그들의 전략이 잘못 되었기 때문이다. 80% 역시 CEO의 잘못이다. 그들의 수뇌부가 잘못되었기 때문이다. 실적이라고는 없는 간부층과 집행 능력이 부족한 전문 경영인, 얼마나 많은 CEO들이 좋은 전략과 기획이 변형되고 심지어는 실패하는 것을 눈을 뜨고 지켜볼 수밖에 없었던가. 또 얼마나 많은 CEO들이 잘못된 방향으로 나아가는 사업을 가만히 지켜볼 수밖에 없었던가.

기업의 핵심 경쟁력은 집행력에 있다. 집행력이 없으면 모든 것은 탁상공론일 뿐이다. 집행력이 기업의 성패를 결정한다. 모든 기업의 실패는 집행의 실패이며 모든 기업의 성공은 집행의 성공이기 마련이다.

84

정확한 전략 수립도 물론 중요하지만
더 중요한 것은 전략의 집행이다

양위안칭(楊元慶, 렌샹그룹 회장)

현실을 들여다보면 경영자가 정확한 의사결정을 했음에도 불구하고 회사는 결국 실패에서 벗어나지 못하는 경우가 적지 않다. 원인은 어디에 있을까? 그것은 의사결정은 훌륭했지만 집행력이 부족했기 때문이다.

어떤 맥주 회사가 경영 부실로 파산하고 한 대형 맥주그룹에 인수합병되었다. 직원들은 인수측이 엉망이 된 회사에 과감한 개혁의 칼을 들이댈 것으로 예상했다. 그런데 뜻밖에도 부사장 한 명, 기술이사한 명, 재무이사 한 명만 내보내고 기존 직원들은 모두 남겨두었다. 제도 역시 기존 제도를 그대로 답습했고, 새로운 리더층은 각종 정책을 확고부동하게 집행에 옮겼다. 그 결과 1년 후 회사는 흑자로 돌아섰고 새로운 활력을 되찾았다.

왜 동일한 조건 하에서 전혀 다른 결과가 나온 것일까? 이 거대한 변화는 기업의 집행력이 결정한 것이다.

렌샹그룹 회장 겸 CEO 양위안칭은 "정확한 전략 수립도 물론 중요하지만 더 중요한 것은 전략의 집행이다. 확정된 전략을 완수할 수 있는가의 여부가 기업 성공의 관건이다!"라고 말했다.

기업의 전략과 계획도 물론 중요하지만 집행력만이 그것을 실질적인 가치로 전환할 수 있다. 집행력만이 그것을 제 위치에 올려놓고 효율적으로 연결 짓고 통합할 수 있다. 이것은 기업이 경쟁에서 이기기 위한 가장 근본적인 담보다. 집행력이 결여된 상황에서는 기업이 확보하고 있는 우위가 힘을 발휘할 수 없다. 치열한 경쟁에서 두각을 드러내기도 어렵고, 장기적으로 생존하고 성공할 수 있는 필요조건을 상실하게 된다.

훌륭한 전략만 있고 집행력이 없어서는 절대 안 된다.

1997년 미국 제록스사는 IBM의 핵심 인물, 리차드 토만(Richard Thoman)을 CEO로 초빙했다. 제록스가 그에게 초청장을 보낸 의도는 회사에 새로운 변혁을 불러오기 위해서였다. 과연 새로운 리더의 발전 프로젝트는 회사 고위 간부들에게 엄청난 희망을 가져다주었다.

하지만 안타깝게도 기쁨의 시간은 그리 길지 않았다. 집행 과정의 우여곡절을 통해 토만은 어느 정도 시간이 흐르자 목표와 현실이 점점 더 멀어짐을 느껴야 했다. 회사는 전환의 초기 단계에 있었고, 그는 매우 중요한 두 가지 방안을 제시했다. 하나는 90개 관리센터를 4개로 합병하고, 또 하나는 3만 명이 넘는 '판매 대군'을 조직한다는 것이었다. 만약 두 가지 방안이 계획대로 실현되었다면 원가를 대폭 절감하고 만족할 만한 판매 실적을 올렸을 것이다.

그런데 이상(理想)은 결국 이상일 뿐이었다. 제록스는 합병 과정에서 과도한 인사 이동으로 대량의 주문서를 잃어버리는 사고가 발생했다. 심지어 서비스 전화마저도 제대로 받지 못하는 혼란이 빚어졌다. 이런 상황에서 기존의 고객들이 많이 떨어져나갔고 전체 판매 상황이 어려워져 64달러였던 주식이 7달러로 폭락했다. 2000년 5월, 회사는 더 이상 운영될 수 없었고 모든 의사결정이 추진되지 못하는 상황 속에서 토만은 사직해야만 했다.

충칭(重慶)건설그룹은 2003년 이전에 한 차례 심각한 타격을 입고 막다른 골목으로 내몰린 경험이 있다. 신임 사장 천융창(陳永强)은 취임 후, 오랫동안 판매를 담당한 직원에게 다음과 같은 질문을 했다. "능력을 최대한 발휘했을 때 1년에 몇 대의 오토바이를 판매할 수 있는가?" 영업사원은 대답했다. "15만 대에서 최대 20만 대요!" 천융창은 또 물었다. "30만 대는?" 상대는 망연자실한 표정을 지었다. "40만 대는?" 상대방은 더욱 경악했다. 천융창은 아이러니하게 말했다. "만약 30만 대가 안 된다면 40만 대도 안 되고 그럼 50만 대는 되겠군!" 수량이 적은 것은 안 돼도 많은 것은 오히려 가능하다고? 정말 이해가 안 되는 불가사의한 문제였다.

그러나 아무도 예상치 못하게 이 노사장은 고위층에서 말단 직원에 이르기까지 시원하게 뚫린 집행력의 고속도로를 깔아, 어떤 의사결정을 막론하고 일단 내려지면 최종 단계에서 나온 결과가 언제나 예상을 뛰어넘었다. 2003년 말, 충칭건설그룹은 '야마하' 오토바이 판매량이 일거어 50만 대를 돌파하는 역사적인 도약을 이루었다.

멋들어진 똑같은 계획임에도 불구하고 제록스는 예상 밖의 실패를 했고, 충칭건설그룹은 상상할 수 없을 정도의 성공을 거두었다.

집행력이 부족했던 제록스의 실패는 두말할 나위도 없고, 집행력이 뛰어났던 충칭건설그룹의 성공은 당연한 이치였다.

집행력 저하는 경영 최대의 블랙홀이다. 아무리 좋은 전략이 있어도 성공적으로 집행이 되어야 그 가치를 발할 수 있다. 성패의 관건은 집행에 있다. 집행력이 떨어지면 기업의 경영 이념을 관철시키고 경영 목표를 실현하려 해도 그 효과가 반감되는 결과가 생긴다. 더 중요한 것은 간부를 비롯한 모든 직원들의 사기가 떨어지고 업무 분위기마저 해친다. 결국 전반적인 기업 이익에 영향을 미치게 될 것이고, 상황이 오래 지속되면 회사의 앞날은 캄캄해지고 말 것이다.

이를 통해 기업에 목표와 계획만 있고 완벽한 집행력을 갖춘 관리 체계가 없으면 안 된다는 사실을 알 수 있다. 훌륭한 집행력이 없으면 아무리 좋은 의사결정이라고 할지라도 희망사항에 그칠 뿐이다. 훌륭한 의사결정과 동시에 훌륭한 집행력이 있어야만 기업은 발전 궤도에 진입할 수 있다.

85

전략 계획은 간결하고 쉬울수록
철저하게 집행될 수 있다

존 리드(John Reed, 전 시티은행 이사장)

많은 기업들의 파일박스에는 수백 페이지에 달하는 전략 계획이 보관되어 있다. 문자, 숫자, 도형을 이용해 기업의 방향을 상세하게 제시하고 있다.

그렇게 긴 전략 계획을 다 보려면 일주일 심지어 더 긴 시간이 걸린다. 전략 계획의 의도를 이해하는 데도 상당한 시간을 소모해야 한다. 또 전략 계획에 따라 구체적인 행동 방안을 정하는 데 필요한 시간은 더 길다. 대량의 시간을 낭비해서 전략 계획에 유리한 시기를 놓치게 되며 그 과정에서 집행력은 반감된다.

전 시티은행 이사장 존 리드는 "전략 계획은 간결하고 쉬울수록 철저하게 집행될 수 있다"라고 말했다. 존 리드는 좋은 전략은 종이 한 장에 정리할 수 있을 정도로 간략해야 한다고 봤다.

많은 회사들은 전략이 수백 페이지에 달한다. 전략 계획이 많을수록 더 무게가 있어 보인다. 하지만 경영자는 과도하게 긴 전략 계획은 단지 전략 계획을 복잡하게만 만들고, 복잡해지면 집행하기가 어려워진다는 사실을 분명히 알아야 한다.

존 리드는 업무 부서 책임자에게 슬라이드 몇 장만으로 자신의 전략을 명확하게 설명하라고 요구했다. 주절주절 끊임없이 설명을 해대는 관리자들은 리더를 아주 불쾌하게 만든다. 이런 일이 자주 발생하면 그들은 의사결정권에서 퇴출되어 다음 전략회의에는 참여할 수 없었다.

많은 회사의 리더들이 리드와 똑같은 요구를 하지만 명확한 장기 비전을 가진 회사는 매우 극소수다. 문제는 주로 전략 계획을 수립하는 과정 자체에서 발생한다. 전략 계획을 세우는 과정에서 회사는 늘 각 부문별로 여러 가지 복잡한 데이터를 대량으로 수집하고 그에 근거에서 장편의 보고서를 쓴다. 데이터를 제공하는 사람은 다른 업무 일정과 겹쳐서 정작 상호간에 필요한 소통은 늘 부족하다. 그래서 제공된 데이터는 잡탕처럼 뒤죽박죽이고 최종적으로 나오는 보고서 역시 천편일률적이다. 늘 전략 계획 서두에 업계와 경쟁 상황을 장황하게 분석하고 뒤이어 관련 시장점유율에 대한 내용이 나온다. 그 다음에 세분화된 신규 시장 개척 방법, 원가 절감 방법 같은 것들을 설명한다. 마지막으로는 일련의 목표와 행동 계획을 제시한다. 첨부 자료에는 총 예산안이 늘 빠지지 않고, 또 도표와 그래프가 넘쳐난다.

이 같은 전략 계획은 경영자를 혼란에 빠뜨려 선택을 할 수 없게 만든다. 정말로 실현되는 전략 계획은 극소수에 불과하다.

훌륭한 전략 계획은 너무 길지 않아야 하며, 최대 4~5페이지를 넘지 않아야 한다. 또 핵심을 한 페이지로 정리할 수 있어야 한다. 좋은 전략 계획은 30분 이내에 쉬운 말로 설명해낼 수 있어야 한다.

철저한 전략 집행을 위해서는 전략을 수립하기 전에 포인트를 설정하고, 분명하고 간결한 언어로 전략 계획을 설명해야 한다. 전략 계획은 간결할수록 철저하게 집행할 수 있기 때문이다.

지나치게 장황한 전략 계획은 내용이 복잡해서 집행자가 구체적인 집행에 옮길 때 핵심을 잡아내기가 어렵다. 심지어 마땅히 집행해야 할 내용을 빠뜨리기도 한다. 그래서 결국 예상한 목표를 달성하지 못하고, 전략 계획도 이상적인 효과를 얻어내지 못하는 결과를 낳게 된다.

이를 통해 지나치게 장황한 전략 계획은 기업 발전에 아무런 의의도 없고 전략 계획을 복잡하게만 만들 뿐 결과적으로 집행의 장애물만 된다는 사실을 알 수 있다.

86

삼류 아이디어에 일류 집행력이
일류 아이디어에 삼류 집행력보다 더 낫다

손정의(孫正義, 소프트뱅크 사장)

집행은 기업이 1년 365일 유지해야 하는 가장 기본적인 상태다. 기업의 본질은 언제나 집행이기 때문이다. 성공하는 기업은 1/3을 일처리 방식에, 2/3를 집행에 의존한다. 소프트뱅크 사장 손정의가 "삼류 아이디어에 일류 집행력은 일류 아이디어에 삼류 집행력보다 더 낫다"라고 말한 것과 같은 맥락이다.

세계적으로 유명한 경영컨설팅회사인 매킨지사는 중국에 진출했지만 계속되는 어려움을 겪고 있었다. 1997년, 러바이스(樂百氏)가 매킨지사에 컨설팅을 의뢰했다. 매킨지사가 작성한 '러바이스 전략 보고서'의 핵심은 '중국 비(非)탄산음료 시장의 리더 만들기'였다. 매킨지사는 매우 상세하고 포괄적이면서도 설득력 있는 논증을 바탕으로 러바이스에 분명하게 말했다. "비탄산음료 시장 진입만이 올바른 방향이다, 탄산음료 시장에는 출구가 없다." 그래서 결국 러바이스의 '진르(今日)콜라' 는 개발 단계에서 포기하고 말았다.

러바이스가 비탄산음료 시장에 대거 진군할 즈음, 오랜 경쟁사인 와하하(娃哈哈)는 '중국 인민의 콜라' 라는 강렬한 광고 카피와 거액의 자본 투자로 '페이창(非常)콜라' 를 출시하면서 탄산음료 시장에 뛰어들었다.

러바이스의 차(茶)음료는 매킨지사가 보고서에서 예견한 것처럼 단번에 성공하지는 못했다. 그래서 1998년은 러바이스에게 재난의 해가 되었다. 그해 러바이스의 성장 속도는 1년 전 85.3%에서 33.3%로 대폭 하락했다. 매킨지사가 중국 비즈니스 환경에 대해 정확하게 예측하지 못했음을 분명히 알 수 있다.

매킨지사의 컨설팅 문서는 상당히 훌륭했지만 다음과 같은 문제가 존재했다.

(1) 서비스를 제공하는 기업에 집행 문화가 구축되었는가? 개혁은 대다수 사람의 인정을 받았는가? 위에서 명령을 내리면 기업 각 계층은 가감 없이 명령을 끝까지 집행하는가?

(2) 사람들이 모르는 격차―기업 리더가 원하는 목표와 목표를 실현하는 기업 능력 사이에 뛰어넘을 수 없는 격차가 있는가? 이것은 기업 자체의 능력 문제다.

(3) 매킨지사는 구체적인 컨설팅 과정에서부터 집행력이 부족했다.

잘못된 전략은 실패를 야기하기 마련이다. 하지만 정확한 전략은 확실한 성공을 보장한다. 이때 집행력은 기업 성패의 가장 결정적인 요인이다. 집행력만이 결과에 직접적인 영향을 미치는 역량이기 때문이다.

알리바바의 창업자 마윈은 미친 사람으로 불렸다. 2003년 7월 영국 수상 블레어가 중국을 방문했을 때, 전세계의 사업 방식을 바꾼 중국인을 만나겠다며 그를 지명했다. 마윈은 소프트뱅크 사장이자 전세계 인터넷 투자의 황제인 손정의와 토론을 벌인 적이 있다. 일류 아이디어에 삼류 집행력과 삼류 아이디어에 일류 집행력, 어느 것이 더 유력한가? 답은 일치했다. 삼류 아이디어와 일류 집행력. 일치된 답안이 인터넷 시대의 두 영웅을 만들었다.

기업의 성공은 첫째 전략이 정확해야 하고, 둘째 강력한 집행력이 있어야 한다. 전략을 제대로 집행하는 것이 기업 성패의 관건이다. 많은 기업들이 부족한 것은 아이디어가 아니라 효율적인 집행이다.

일류 아이디어와 삼류 집행력, 결과는 삼류일 것이다. 삼류의 아이디어와 일류 집행력, 성과는 아마도 일류일 것이다.

"사고(思考)만으로는 새로운 실천 습관을 영원히 기르지 못한다. 오로지 실천을 통해서만 새로운 사고방식을 배울 수 있다." 따라서 삼류 아이디어와 일류 집행력은 영원히 일류 아이디어와 삼류 집행력보다 더 훌륭하다.

87

프로세스(Process)로 말하라.
프로세스는 말을 행동으로 바꾸는 유일한 출구다

쟝루샹(姜汝祥)

소위 프로세스란 기업 내 공식 혹은 비공식으로 약속한 업무 방식이다. 기업은 일련의 활동을 통해 가치를 창조한다. 프로세스는 기업의 활동을 진행하는 방식이다. 예를 들어 기업은 애프터서비스를 통해 고객의 평생 가치를 획득해야 한다. 어떻게 애프터서비스를 하느냐는 과정이다. 서비스 직원이 고객의 불만에 어떻게 대답하는지, 고객에게 기술 서비스를 어떻게 하는지 등은 전체적인 과정이다. 이 모든 과정이 바로 프로세스다. 이런 과정은 명문으로 규정된 표준 업무 절차일 수도 있고, 고정된 방법일 수도 있다. 프로세스가 다르면 방법도 다르고 결과도 다를 것이다. 이러한 과정이 제도로 정착된 후 조직의 능력과 실적이 생겨난다.

리더가 정확한 일을 지시하고 직원이 정확하게 처리하는 것, 이것이 기업의 프로세스가 나아가야 할 방향이다. 전략 전문가 쟝루샹은

“프로세스는 말을 행동으로 바꾸는 유일한 출구다”라고 말했다. 프로세스가 일단 정해지면 사람들의 발걸음도 곧 일치할 것이다.

경영 과정에서 프로세스로 하여금 말을 하게 하려면 집행력의 핵심 절차를 강화하고, 충분한 감독과 완벽한 검토를 거쳐 집행의 절차를 올바르게 조정해야 한다.

IBM신용사는 몇몇 부서와 절차를 거쳐 고객에게 간단한 대출 서비스를 제공하는 데 평균 7일이 걸렸다. 현장 영업사원→본사 사무직원→신용팀→경영팀→가치 평가팀→행정팀→영업사원에 속달. 기다리는 7일 동안 고객은 물론 영업사원조차 업무가 어느 단계까지 도달했는지 모른다. 전화를 해도 알기가 어렵다. 이는 전체 업무 절차에서 부서간의 견제를 통해 신용 심사를 보장하는 확실한 의사결정처나 의사 결정자가 없었기 때문이다. 그리하여 각 부문은 효율적인 정보 업무 규정에서 멀리 벗어나 있었고 심사 효율이 저하되어 서비스 시간이 심각할 정도로 지연되었다. 하지만 이를 개선한 후 4시간이면 서비스가 완료되었다.

집행 과정에서 프로세스가 지나치게 복잡하고 불합리하면 집행 효과에 심각한 영향을 미치게 된다. 한 연구에 따르면, 7분이면 처리할 수 있는 문건 하나가 중간 단계에서 지체되면 무려 4일이나 걸린다. 어떤 때는 한 가지 일을 각 부서에서 검토와 결재를 반복하다가 결국 실질적인 집행자가 인내심을 잃어 집행의 최종 효과에 영향을 미치게 된다.

가끔 우리는 고객들이 회사 내부의 복잡한 절차를 이해할 것이라고 생각하지만 사실 그들은 전화 통화에서 구체적인 집행을 완료하는 데 시간이 얼마나 걸리는가에만 관심이 있을 뿐이다. 따라서 불필요한 부문의 중간 결재 단계를 단축하고 합리적인 프로세스를 구축하는 것이 집행력을 높이는 관건이다.

기업에는 각양각색의 프로세스가 작동되고 있다. 효율적인 집행 절차에는 인원 배치, 집행 정보, 감독 등에 대한 절차가 포함된다. 프로세스를 구축한 후에는 끊임없이 그 업무 절차를 업그레이드시키고 지속적인 혁신을 해야만 장기적인 경쟁 우위를 확보할 수 있다.

[경영의 지혜]

효율적인 집행은 자발성, 강력한 관리, 통솔을 통해 이루어지는 것이 아니라 효율적인 제도와 프로세스가 보장되어야 한다. 맥도날드에서 채용하는 직원은 모두 아무런 경험도 없는 젊은이들이지만 집행 가능하고 한 번에 교육이 가능한 프로세스가 있기 때문에 쉽게 복제되고 착오가 생기지도 않는다. 다시 말해 제도와 프로세스만이 집행력을 보장할 수 있다.

88

기업의 집행력은 기율에서 나온다

루정신(盧正昕, 시노팩 회장)

한 기업의 집행력이 어떠한가를 보려면 기율, 속도, 세부 사항의 세 가지 측면에서 판단할 수 있다.

첫 번째가 기율이다. 기율은 집행력에서 가장 중요한 부분이다. 중국의 모든 단체를 기업에 비유했을 때 어느 기업의 집행력이 가장 좋을까? 분명 군대가 최고일 것이다. 기업의 집행력을 가늠할 때는 기업 내부에 기율이 있는가를 보는 것이 관건이다. 즉 일단 회사 최고위층에서 의사결정을 했다면 그 결정이 말단 직원에게 도달되는지, 직원이 그대로 집행하는가를 봐야 한다.

타이완의 금융지주회사인 시노팩(SinoPac) 회장 루정신은 "기업의 집행력은 기율에서 나온다"라고 말했다. 시노팩의 자회사 간부들은 직원들이 지각을 일삼고 기율이 산만해서 골치를 앓고 있었다. 간부들은 루사장에게 가르침을 구했다. 그는 한 가지 규칙만 정하면 된다고 알려주었다. "간부가 늦으면 벌금 1,000NTD를 내게 하라." 그 결과 간부 하나가 벌금을 물었고, 이후 아무도 늦는 사람이 없었다.

기율은 사람을 통제하는 수단이며, 회사의 집행력을 최고로 끌어올릴 수 있다. 기율을 중시하지 않는 기업의 종말은 능히 짐작할 수 있다.

마오쩌둥(毛澤東)은 "기율을 강화하면 성공하지 못할 혁명은 없다"라고 말했다. 이 말을 오늘날의 상황으로 바꾸어 말하면, '기율을 강화하면 성공하지 못할 기업은 없다' 라고 할 수 있다.

'철(鐵)의 기율' 은 회사 성장에 도움이 된다. 직원이 '구호 한 번에 동작 한 번' 식으로 리더의 정책을 철저하게 집행하면 회사의 왕성한 발전은 예견된 것이다.

수많은 성공 기업들의 비결은 바로 '철의 기율' 이 있었기 때문이다.

세계적으로 유명한 인텔에서 기율은 집행력의 중요한 담보가 되었다. 인텔의 그로브 회장은 초기 기업 문화에서 기율의 중요성을 깨달았으며, 기율을 인텔이 성공할 수 있는 일대 관건이라고 생각했다.

창립 초기부터 그로브 회장은 제조 부문에 대한 관리를 강화하고 청결을 중시해야 효율적인 생산이 가능하다고 믿었다. 훗날 그는 이러한 관념을 기업의 다른 부문으로 확대해서 모든 책상, 서류함까지 가지런하게 정리할 것을 요구했다. 이렇게 인텔은 '기율의 미(美)' 를 실천할 수 있었다.

그의 원칙은 매우 간단했다. 회사는 거대한 기계와 같아서 각 부분은 반드시 규정대로 작업해야 한다. 제조, 공정, 마케팅, 재무 부문을 막론하고 회사의 기율을 준수해야만 기계가 순조롭게 움직이고 생산성도 최고로 유지할 수 있다.

그는 별도로 '청결 검사 제도' 를 만들어, 매니저가 각 사무 공간을 검사하고 청결도를 평가한다. 만약 청결 점수가 기준에 미달되면 즉각 정리를 다시 하고, 1주 후에 높은 점수를 받아서 이전의 실수를 만회한다.

비즈니스의 세계는 전쟁터와 같다는 말이 있다. 전쟁터에서 기율이 없으면 적을 이길 생각을 말아야 한다. 인텔은 늘 치열한 경쟁에 직면했으며, 기율은 그들이 승리할 수 있었던 가장 훌륭한 비결 중 하나였다.

1960년대 인텔은 아주 조그만 회사에 불과했다. 당시에 텍사스 인스트루먼트(Texas Instruments)사가 가장 큰 회사였으며, 기율을 중시하는 경영 이념을 통해 인텔은 일거에 그들을 뛰어넘었다. 1970~80년대에 인텔은 또다시 일본 NEC의 강력한 경쟁 압력을 받았다. 그 때도 역시 기율을 통해 한 차례 승리를 거두었다.

생각해보라. 만약 공정 부문에 전혀 기율이 없다면 어떻게 그들이 제때 고품질의 제품을 생산하리라고 기대할 수 있겠는가? 마케팅 조직이 느슨하다면 어떻게 그들에게 제품 출시 계획을 완성하라고 요구하겠는가? 이것 역시 일부 기업이 당면한 난제다. 엔지니어가 신제품 개발에 대한 목표가 전혀 없고 시간 개념도 없다. 마케팅 부서도 제품 출시에 대해 아무런 계획을 세우고 있지 않다. 이렇게 되면 회사는 당연히 일대 혼란에 빠지게 된다.

1970년대 인텔은 매주 정기적으로 'GYAT' 회의를 열었다. 참석자는 공정, 마케팅, 제조, 재무 부문 책임자가 포함되었으며 업무 진도, 현황, 부문간 협조 사항을 각각 보고했다. 놀랍게도 이런 과정을 통해 마케팅과 공정 부문 직원들이 단기간 내에 제조 부문처럼 업무 기율을 지키고 모두들 일치된 방향으로 협력 단결하여 기업의 성공을 함께 만들어가게 되었다.

기율은 조직에서 가장 중요한 것 중 하나이다. 짐 콜린스는 『제5경영(The Fifth Discipline)』이라는 책에서 "기율은 세상에서 가장 중요하다. 기율이 없으면 품질도 없다. 품질이 없으면 진보도 없다!"라고 말했다. 기업이 크고 강해지려면 '철의 기율'은 필수적이다. 철의 기율은 기율 자체의 정확성과 기율 집행의 조건과 강력한 수단에 의해 이루어진다.

[경영의 지혜]

기율과 집행력을 강조하는 기업이 성공의 길로 나아갈 수 있다. 엄격한 기율 준수를 강조하지 않으면 집행력은 약화될 것이며, 기업의 규칙 제도와 계획은 정확하게 관철되지도 실시되지도 않는다.

기율 준수와 강력한 집행력은 직원을 평가하고 간부를 선발할 때 매우 중요한 조건이 된다.

집행은 일종의 기율이자 일처리 방식과 불가분의 관계에 있다. 직원의 집행력은 기율성에 달려 있다. 집행력을 기율로 전환하는 것은 기업이 승리하기 위해 매우 중요한 조건이 될 것이다.

13 장

현대 기업은 위기 관리에서
절대 벗어날 수 없다

오늘날 '위기 관리'라는 새로운 경영 이념이 트렌드가 되었다. 각종 매체들은 대기업들이 부딪힌 여러 가지 중대 사건들을 분석한다. 이를 통해 사람들은 많은 기업들이 위기가 발생한 후에야 비로소 위기 관리를 생각하게 되지만, 그래봤자 그것은 위기를 남길 뿐 관리라고까지 말할 수도 없다는 것을 알게 된다.

스탠퍼드대학 교수 리차드 파스케일(Richard T. Pascale)은 "21세기는 위기감의 부재가 최대의 위기다"라고 정확히 지적했다. 위기감이 없다면 이미 위기가 발생한 것이며, 위기감을 가져야 효율적으로 위기를 피해갈 수 있다.

위기 의식은 경영자가 가장 우선적으로 갖춰야 하는 덕목이다. 비즈니스 세계에서 오늘의 승자가 내일의 승자로 남을 것인가는 아무도 장담할 수 없다. 현명한 관리자는 24시간 내내 신중한 위기감을 유지해야 한다. 편안한 환경 속에서도 항상 위기에 대비하는 정신으로 내일 발생할 지도 모르는 불리한 상황에 항상 경각심을 가져야 한다.

89

위대한 기업은 성과 앞에서도
살얼음판 위를 걷는 것처럼 항상 경계해야 한다

장루이민(張瑞敏)

하이얼그룹 장루이민 회장이 이런 말을 한 적이 있다. "위기는 만들어지는 것이다. 위대한 기업은 성과 앞에서도 살얼음판을 걷는 것처럼 항상 경계해야 한다."

2003년 하이얼그룹의 전세계 매출액은 800억 위안을 돌파했으며, 달러로 환산하면 97억 달러로, 연평균 70%의 성장 속도를 유지하고 있다. 하이얼의 규모는 이미 세계 500대 기업 수준에 도달했다.

그런데 이러한 실적 앞에서도 장루이민이나 하이얼 직원들이 가장 많이 이야기하는 것은 영예와 실적이 아니라 외부 경쟁 환경의 변화가 가져다주는 압력과 도전이다.

1998년 하이얼의 연간 매출액이 200억 위안에 근접했을 때 장루이민은 이런 문제를 생각했다. 어떻게 하면 기업 내부의 벽을 무너뜨리고 모든 직원들이 자신처럼 시장의 압력을 충분히 느낄 수 있을까? 그

해 장루이민은 "살얼음판 위를 걷듯 조심하라"라는 아주 유명한 말을 인용했다.

1998년 9월 8일, 장루이민은 하이얼 내부에 '내부 시뮬레이션 시장' 을 추진하기 시작했다. 상부 공정과 하부 공정간에 상업 결산을 했으며, 하부 공정은 상부 공정의 시장이 되었다. 그는 또 기존의 관리 틀을 타파하고 2002년 말 40여 차례에 걸친 구조조정을 실시했다. 2000년 장루이민은 '내부 시뮬레이션 시장' 의 개념을 'SBU이론' 으로 격상시켰다. 그의 이상은 2008년까지 모든 직원을 합격된 '작은 사장' 으로 만들고, 그 사장들이 몸소 시장의 압력을 느끼도록 하는 것이었다.

하이얼은 기업 내부의 벽을 무너뜨리고 모든 직원들이 시장을 직시하도록 했다. 한 사람 한 사람이 '1인 기업' 이 되어 시장 수요에 가장 빠른 속도로 반응했다.

맹자(孟子)는 "고통을 이기는 자는 살아남고 편안함을 추구하는 자는 죽는다"라고 했다. 하물며 사람이 그러할진대 기업도 예외가 아니다. 직원들이 지난날의 화려함에 빠져서 걱정 의식과 위기 의식 없이 그저 맹목적인 낙관으로 앞날을 바라보며 낡은 것에 매달려 진취적으로 움직이지 않는 상황이 오래 지속되면, 습관적인 사고의 통제를 받게 되고 날카로움을 상실하게 된다.

하이얼 간부의 평균 연령은 26세에 불과하다. 이 연령대는 새로운 사물을 쉽게 받아들이고 용감하게 도전한다. 하지만 그들은 학교를 나선지 채 2, 3년 밖에 되지 않았고, 하이얼에서도 좌절이라고는 겪어보지 못했으며, 순조로운 인생을 보내왔기에 쉽게 매너리즘과 자만에 빠질 수 있었다. 이런 정서가 모이면 일종의 분위기를 형성하게 되고, 일단 풍랑을 만나게 되면 매우 위험한 상황에 처하게 된다.

하이얼의 고속 성장과 국내외에서 얻은 각종 영예는 사람들에게 '탄탄대로를 달리는 하이얼' 이라는 이미지를 심어주었다. 장루이민이 제정한 '살얼음판 위를 걷는 것처럼 경계하라' 는 하이얼의 생존 이념 체계는 업계에 널리 전해졌다. 아마도 그들의 위기 의식이 오늘의 하이얼을 만들었으리라.

[경영의 지혜]

순탄한 환경은 즐거움을 주고 역경은 고난을 준다. 오로지 결사의 각오로 출전할 때 죽었다가도 다시 살아날 수 있다. 인간의 진취적 정신은 퇴로가 없는 상황에서 생겨나고 인간의 창조적 능력은 강적을 맞닥뜨린 곤경 속에서 뿜어져 나온다. 위기는 우리를 영원히 살얼음판을 걷는 것처럼 경계하게 만든다. 위기는 동력을 만들어내고 직원의 집행력을 분발시킨다. 경영자는 위기 상황을 잘 조성해서 직원들로 하여금 시시각각 경계심을 늦추지 않도록 훈련시켜야 한다.

위기는 번거로움을 가져다주기도 하지만
무한한 비즈니스 기회를 품고 있기도 하다

그렉 브레네만(Greg Brenneman, 미국 콘티넨탈항공 회장)

위기 관리학은 현대 경영학을 구성하는 중요한 부분이다. 위기 관리는 기업에 돌발적으로 닥친 위기 사건에 대응하고 계획적인 전문 처리 시스템을 통해 위기로 인한 손실을 최소화하는 데 근거하고 있다. 적극적인 대처는 위기를 겪은 기업을 더 단단하게 단련시킨다. 미국 콘티넨탈항공 회장 그렉 브레네만은 "위기는 번거로움을 가져다주기도 하지만 무한한 비즈니스 기회를 품고 있기도 하다"라고 말했다.

1982년 9월 30일, 미국 시카고에 충격적인 뉴스가 전해졌다. 진통제 타이레놀을 복용한 일곱 사람이 시안화물 중독으로 사망했으며 추가로 250명이 병이 나거나 사망했다.

이 소식은 타이레놀 생산업체인 존슨앤드존슨가 미처 손 쓸 겨를도 없이 터진 대사건이었고, 미국 시장은 즉각 엄청난 공황 상태에 빠져들었다. 당시 미국에서는 1억 명 이상이 타이레놀을 복용했다. 타이레놀은 진열대에서 전량 회수되었고, 전문가들은 약 생산을 즉각 중단하라고 요구했다. 벌떼처럼 몰려든 매스컴들은 마치 세상이 조용해져 버릴까봐 걱정이 되는 듯 떠들어댔다.

대중의 신뢰를 상실할 거대 위기에 처한 존슨앤드존슨은 신속하게 대응책을 마련했다.

조사 결과에 따르면, 시카고 지역에서 약물 중독으로 사망한 일곱 명은 한 미친 사람의 소행으로 밝혀졌다. 공장과는 전혀 무관한 사람이 약국에서 타이레놀을 구입한 후 시안화물을 병에 넣고 약국에 납품했다. 나머지 250명도 타이레놀과는 무관하게 병이 나거나 사망한 사람들이었다.

이 조사 결과 앞에서 존슨앤드존슨은 한시도 태만하지 않았다. 중독 사건이 발생한 직후, 즉각 FDA에 보고하고 31개 주에서 약품을 전량 회수하여 곧바로 폐기 처분했다. 또 각 의료기관에 45만 통의 경고 메시지를 띄우고, 전용 전화를 개설하는 한편 매스컴에도 알렸다. WHO에 의뢰해서 세계 각 지역 약품 공급상에게 타이레놀의 공급 중단을 통보했다. 9월 30일 사건이 발생하고 10월 상순까지 타이레놀 생산은 전면 중단되었다.

평소에 존슨앤드존슨으로 들어오는 매스컴 문의는 연간 700~800번 정도였지만 위기가 발생한 10월 한 달 동안 매스컴 문의는 무려 2,000여 차례에 육박했다. 이 사건을 처리하는 과정에서 존슨앤드존슨은 관련 뉴스에 대한 기록을 지속적으로 남겼다. 처음 몇 달간 그들은 사건을 코드하고 문의한 2,500개 조직과 개인, 명칭, 전화번호, 지역 및 보도 내용과 질문 내용을 기록했다. 기록에 근거해서 다양한 방식으로 관련 분야와 연락을 취하고 밀접한 관계를 유지했다. 또 사람들을 TV토론에 초청해서 사건의 진상과 사건 처리를 위한 조치를 일일이 설명했다. 이상이 존슨앤드존슨이 이미지를 회복하게 된 전과정이다.

이후에도 존슨앤드존슨은 타이레놀 사건의 영향 정도를 알기 위해 7주 동안 설문 조사를 진행했다. 그 중에는 7,000통 이상의 전화 조사도 포함되어 있었다. 조사 결과에 따르면, 90%의 사람들이 이 사건을 알고 있었고 축하할 만한 일은 그중 90%가 존슨앤드존슨사를 지탄해서는 안 된다고 말했다는 점이다. 이유는 공중의 이익을 보호하기 위해 여러 가지 행동을 취했기 때문이라고 했다. 상황을 파악한 존슨앤드존슨은 타이레놀 사건 1개월 후 시장 복구 계획을 수립하고 행동에 돌입했다.

그들은 30개 도시가 참여한 TV 기자회견을 자청했다. 500여 명의 기자를 앞에 두고 존슨앤드존슨 회장이 먼저 담화를 발표했다. 그는 공정하게 타이레놀 사건을 보도해준 매체들에 감사를 표하고, 기자들에게 항(抗)오염 포장으로 갈아입고 시장에 복귀한 새로운 타이레놀을 소개했다. 그런 다음 기자들의 질문을 받았다.

또 기자회견 현장에서 새로운 약품 포장에 관한 영상물을 방영했다. 기자회견은 엄청난 성공을 거두었다.

기자회견 이후 회사는 신문을 통해 액면가 2.5달러 정도의 타이레놀 신제품 할인우대권 800만 장을 배포했다. 43만 고객이 전화를 걸어 할인우대권을 받아갔다. 비록 타이레놀 사건이 발생한 지 얼마 지나지 않았지만 강력한 조치에 힘입어 새로운 포장의 타이레놀은 시장점유율을 35%까지 회복했다. 과연 기적이 아니라고 할 수 없다.

하버드 비즈니스스쿨 교수 게딘(S. Gethin)은 존슨앤드존슨의 PR을 "시장학에서 본 가장 성공적인 위기 대처 사례다"라고 밝혔다.

[경영의 지혜]

모든 기업에는 위기의 순간이 있다. 이때 경영자는 과감한 조처와 현명한 의사결정을 통해 위기 상황에서 탈피해야 한다.

위기는 경영자에게 천재일우의 기회를 제공한다. 위기를 기회로 바꿀 줄 아는 기업은 영원한 승자의 위치에 설 수 있다.

91

MS는 파산까지 18개월밖에 남지 않았다

빌 게이츠(Bill Gates)

어떤 기업이건 간에 그 소유주, 경영자, 직원은 물론 정부까지 모두가 왕성하게 발전하고 장기적으로 사업을 지속할 수 있기를 희망한다. 시장경제 체제 하에서 기업은 매순간 빠른 속도로 변화하는 경쟁 환경에 처해 있다. 끊임없이 변화하는 내부 요인은 기업을 시시각각 위기 속으로 밀어 넣는다. 낡은 관념을 가진, 시장과 고객으로부터 멀리 떨어진, 경쟁력이 부족한, 그러면서도 혁신과 개선을 전혀 하지 않는 기업은 두말할 나위 없이 파산의 위기에 내몰릴 것이다. 시대를 잘 만나서 빠른 성장을 거듭하고 거인으로 불리던 많은 기업들이 몇 년 간의 짧은 발전을 거친 후 갑자기 파산 위기를 겪게 되는 경우를 수없이 보아왔다. 그들은 시시각각 우리에게 '위기를 경계하라!' 라고 경고하고 있다.

빌 게이츠는 "MS는 파산까지 18개월밖에 남지 않았다!" 라고 말한

적이 있다. 이는 빌 게이츠의 위기감이다. 빌 게이츠는 자주 이 말을 인용하면서 직원들에게 편안한 상황에서도 위기를 생각하고 내일 나타날 수도 있는 불리한 요인에 항상 경각심을 가지라고 경고했다.

보잉은 신규 채용한 직원들에게 업무 교육을 시킬 때 보잉이 파산하는 가상의 뉴스를 방영했다. 목적은 직원의 위기 의식을 불러일으키기 위해서다.

1990년대 초 보잉은 생산성이 대폭 하락했다. 이 위기를 타개하기 위해 보잉은 '독한 약으로 위독한 병을 치료하는 방법(以毒攻毒)'을 선택했다. 그들은 위기에 처한 참상을 그대로 폭로하여 직원들을 자극하고 지지를 끌어내 재기의 목적을 이루었다.

보잉은 가상 뉴스를 자체 제작했다. 하늘까지 암울한 날에 잔뜩 풀이 죽은 수많은 노동자들이 몇 년간 근무했던 정든 비행기 제조 공장을 떠나려고 죽은 물고기처럼 떼를 지어 무거운 발걸음을 옮긴다. 공장에는 '공장 매각'이라는 팻말이 붙어 있다. 확성기에서는 "오늘부로 보잉의 시대는 끝났습니다. 보잉은 마지막 생산 현장을 폐쇄했습니다…"라는 소리가 흘러나왔다.

이것은 보잉이 직원들에게 '철저한 개혁을 하지 않으면 종말은 이렇게 올 것이다'라고 경고하는 것이다. 전 보잉 회장 필립 콘디트(Philip M. Condit)는 "우리의 근본 목적은 10년 후에도 전화부에서 우리 회사의 전화번호를 찾을 수 있도록 하는 것입니다"라고 말했다.

이 계획을 실시한 후 보잉은 단번에 개혁의 달콤한 성과를 맛보았다. 직원들은 위기감으로 열심히 일했다. 회사를 위해 한 푼이라도 아끼고 1분 1초를 충실하게 활용했다. 그 결과 보잉은 비행기 제작 시간을 단축하고 효율성을 높일 수 있었다. 1992년 보잉은 재고 비용을 1억 달러나 절감하고 경영 원가도 20~30% 낮출 수 있었다.

치열한 경쟁과 잔혹한 도태 시스템 앞에서 모든 기업 경영자와 직원들은 위기감을 가져야 한다. 비즈니스 세계에서 적극적이고 진취적인 승자는 늘 존재하지만 자만에 빠져 남을 무시하고 복지부동을 일삼는 승자는 없다. 위기감 없이 무사안일한 날을 보내는 자는 실패할 수밖에 없다.

마쓰시타 고노스케는 "비즈니스 세계에서 오늘의 승자가 내일 역시 승자로 남을 수 있는가는 아무도 장담할 수 없다. 현명한 경영자는 24시간 신중한 위기감을 유지해야 한다. 편안한 환경 속에서도 위기에 대비하고 내일 발생할 수도 있는 불리한 요소에 항상 경각심을 가져야 한다. 지금 당장 준비해서 경쟁에 대응할 수 있는 모든 일은 머뭇대지 말고 즉각 실행에 옮겨야 한다. 잠시 잠깐 미뤘다가 엄청난 후환을 만들 수도 있다는 사실을 명심해야 한다"라고 말했다.

'멀리 내다보지 않으면 가까운 곳에서 근심이 생긴다' 라는 말이 있다. 잔혹한 경쟁의 시대에 모든 것은 순식간에 변화한다. 그 어떤 기업도 영원한 승자의 지위에 설 수 있다고 확신하지 못한다. 안정된 상황에서도 항상 위기를 생각하고 비가 오기 전에 창문을 수리하는 현명한 대처가 필요하다.

전쟁에서 백전백승하는 장군이 없는 것처럼 현대 비즈니스 세계에서도 영원히 승승장구하는 기업은 없다. 모든 기업은 좌절과 위기에 부딪힐 가능성에 노출되어 있다.

치열한 경쟁 환경 속에서 기업이 살아남기 위해서는 확고한 위기 의식을 가져야 한다. 일단 전직원이 강한 위기 의식을 갖추고 있으면 기업이 중대한 돌발 사건에 부딪혔을 때에도 신속하게 대응할 수 있고 발생 가능한 손실을 대폭 줄일 수 있다.

92

예방은 위기를 해결하는 가장 좋은 방법이다

마이클 레지스터(Michael Regester)

이런 우화가 있다. 늑대 한 마리가 풀 위에서 열심히 이를 갈고 있었다. 여우가 늑대에게 말했다. "날씨도 좋고 모두들 한가롭게 즐기는데 우리도 같이 놀자!" 늑대는 아무 말도 하지 않고 계속 이를 갈았다. 잘 갈린 이빨이 날카롭게 번뜩였다. 여우는 이상해서 물었다. "숲이 조용한 걸 보니 사냥꾼도 사냥개도 다 집으로 갔고 근처에서 배회하는 호랑이도 없네. 아무런 위험도 없는데 왜 그렇게 힘들여서 이를 가는 건가?" 늑대는 잠시 뜸을 들이더니 대답했다. "내가 이를 가는 건 재미로 하는 게 아니야. 생각해봐. 어느 날 갑자기 사냥꾼이나 호랑이한테 쫓기고 있을 때는 이를 갈고 싶어도 때는 이미 늦지. 평소에 이를 잘 갈아두면 그때 나를 보호할 수가 있어."

이 우화는 우리에게 다음과 같은 교훈을 준다. "기업은 비가 오기 전에 창문을 수리하고 편안한 가운데서도 위기를 생각하고 시시각각 발생 가능한 위기를 예방하면 위기가 닥쳤을 때 허둥지둥하지 않게 된다."

"예방은 위기를 해결하는 가장 좋은 방법이다." 이는 영국 위기 관리 전문가 마이클 레지스터가 한 명언이다.

예방은 위기 관리의 첫 번째 조건이다. 예방 조치를 통해 위기의 발생을 최대한 줄일 수 있다.

비가 오기 전에 집 수리를 해서 사전에 잠재된 위기를 예방하는 것은 그 자체가 이미 가장 훌륭한 위기 관리다. 위기 예방이 어려운 것은 위기의 징조가 매우 하찮아서 쉽게 무시된다는 점이다. 또 발생 빈도도 매우 높아서 경영자의 신경을 무디게 한다.

1981년, 산둥(山東)성 지난(濟南)의 캉바쓰(康巴絲) 시계 공장에서 중국 최초로 석영(수정)을 이용한 시계를 개발했다. 캉바쓰는 아주 빠른 속도로 성장했고, 그들 제품은 1983년 중국 우수 제품으로 선정되었으며 1986년 CCTV에서 춘절(설날)과 새해 첫날 때 0시를 알리는 시계로 선정됐다. 영예는 8년 동안 지속됐다. 당시 캉바쓰는 마케팅 시기를 적절하게 활용하여 모든 시계업체 가운데 선두를 질주하며 전국민의 사랑을 받았다. 첫해 100만 대 이상을 생산하여 생산량 1위를 차지했으며, 1일 오차 0.3초 미만의 최고 품질로 석영시계 국가 품질상 수상의 영예를 누렸다. 규모 역시 동종업체 가운데 가장 컸다. 28개 도시로 제품이 불티나게 팔려나갔고, 20여 개 국가와 지역으로 수출되었다. '캉바쓰'는 '석영시계'를 대표하는 단어가 되었다. 시계업계 권위자 중 하나는 캉바쓰가 중국의 시계 산업을 15년이나 앞당겼다고 격찬한 바 있다.

이렇게 화려한 성과 앞에서 캉바쓰 직원들은 자신감으로 충만했다. 캉바쓰라는 이름만 가지고도 10년은 먹고 살 수 있었다. 그러나 캉바쓰 사람들은 성공의 축배에 심각한 위기가 숨어 있다는 것을 몰랐다. 길에서 쉬고 있는 토끼는 거북이도 따라잡을 수 있다. 하물며 그들 뒤를 쫓고 있는 것은 뛰어난 달리기 선수들 아닌가. 1992년, 캉바쓰의 이윤은 형편없이 추락했다. 1993년, 1994년에는 아예 적자 국면에 빠져들었다. 사람들은 시계 판매대에서 캉바쓰를 봐도 더 이상 눈길을 주지 않았고 진열 공간도 점차 사려져갔다.

시장은 무정하다. 오르락내리락 하는 사이 지난날의 화려함은 흔적도 없이 사라지고 만다.

회사의 잠재적 위기가 현실적 위기로 부각됐을 때 급작스런 대응은 항상 늦기 마련이다. 편안할 때 위기에 대비하지 않고 사전에 준비하지 않으면 실패를 피해갈 수 없다.

위기를 예방하는 가장 훌륭한 방법은 위기가 발생하기 전에 대비하는 것이다. 위기를 관리할 때 최우선적으로 요구되는 것은 예방이다.

실용적인 각도에서 위기 예방은 반드시 기업 창립일부터 시작해서 경영 상황과 발전 상황에 따라 장기적으로 추진해야 한다. 따라서 위기 발생 후에 비로소 위기 관리를 생각하고 위기 관리를 하나의 미봉책으로 삼는 방법은 취할 만한 것이 아니다.

기업은 위기 예방 의식을 강화해야 한다. 위로는 고위 경영진에서 아래로는 일반 직원에 이르기까지, 모든 직원이 편안한 상태에서도 위기를 생각하는 자세를 갖추고 위기 예방을 일상 업무의 중요한 일부분으로 받아들여야 한다. 직원들에게 모든 부문, 모든 단계, 모든 사람의 행동이 기업의 이미지와 밀접하게 연관되어 있고, 위기 예방은 전체 직원의 공동 노력에 달려 있다는 것을 가르쳐야 한다. 전직원의 위기 의식은 기업의 위기 대처 능력을 최대화하고 위기 발생을 효율적으로 차단한다.

예방은 위기 관리의 출발점이다. 위기 관리의 가장 중요한 목적은 위기 발생을 사전에 차단하는 것이다. 예방은 위기 해결의 가장 좋은 방법이다.

'세 자 두께의 얼음은 하루아침 추위에 언 것이 아니다.' 기업 경영자가 날카로운 통찰력을 가지고 일상에서 수집한 각종 정보에 근거해서 발생 가능한 위기를 예측하고 제때 경보를 울리며 효율적인 예방 조치를 취한다면, 위기로 인한 손실과 영향을 최소화할 수 있으며 위기 발생을 차단할 수도 있다. 그래서 예방을 위기 관리의 출발점이라고 한다.

93

21세기는 위기감의 부재가 최대의 위기다

리차드 파스칼(Richard Pascale)

19세기 말, 미국 코넬대학에서 아주 유명한 실험을 했다.

실험에 참여한 연구원들은 매우 세심한 계획과 준비를 했다. 그들은 아주 크고 건강한 개구리 한 마리를 끓는 냄비에 던져 넣었다. 민첩한 개구리는 목숨이 경각에 달린 순간에 힘을 모아 냄비에서 팔딱 뛰어나와 목숨을 구했다.

두 시간 후 사람들은 똑같은 크기의 냄비에 차가운 물을 담았다. 그런 다음 죽음의 순간에서 목숨을 건진 개구리를 다시 냄비 안에 넣었다. 개구리는 물 속을 자유롭게 헤엄쳤다. 이어서 실험자들이 냄비 바닥을 살짝 가열했다. 개구리는 아무것도 모른 채 냄비 속에서 '따뜻함'을 즐겼다.

냄비 속의 물은 서서히 뜨거워졌고, 개구리는 이상한 기미를 느꼈다. 하지만 냄비 속의 수온을 느꼈을 때는 이미 때가 늦었다. 힘껏 도약을 해야 살아남을 수 있을 때 시간이 이미 늦은 것이다. 뛰어오를수록 기운이 빠지고 전신은 무력해졌다. 개구리는 물 속에 가만히 누워서 죽음을 기다리는 수밖에 없었다.

스탠퍼드대학 교수 리차드 파스칼은 "21세기는 위기감의 부재가 최대의 위기다"라고 말했다.

많은 기업들이 적자, 파산 등 경영이 어려운 상황에서는 위기감을 가지고 모든 방법을 다 동원해 위기에서 탈출하려고 안간힘을 쓴다. 하지만 성공 가도를 달리고 있을 때는 위험을 쉽게 망각한다. 위험은 성공과 함께 사라져버리는 것이 절대 아니다. 이 점을 인식하지 못하면 성공한 기업도 언젠가 쉽게 무너져 내릴 수 있다.

컴퓨터업계의 거인 IBM이 경험한 참패는 살아있는 실례다. 대형 컴퓨터가 안겨주는 엄청난 이윤으로 달콤함을 맛본 IBM은 안일한 분위기 속에 빠-졌고 위기감은 완전히 사라졌다. 시장 환경에 천천히 변화가 생기고 소형 컴퓨터를 선호하는 사람들이 점차 늘어날 때도 IBM은 전혀 아랑곳하지 않고 둔감한 반응으로 위기의 도래를 의식하지 못했다. 다시 말해 부단하게 성장하는 과정에서 IBM은 위기 관리의 중요성을 전혀 깨닫지 못했던 것이다. 그들은 여전히 대형 컴퓨터가 만들어낸 화려함에 도취되어 시장 비중을 계속 확대하다가 결국 스스로를 무너뜨렸다.

위기는 안락함의 그림자다. 안락함이 있는 곳에는 언제나 위기가 잠복해 있다. 위기 의식의 부재가 최대의 위기다. 위기는 보편적이고 객관적이다. 위기를 의식하지 못하고 있을 때 잠재되어 있던 위기가 서서히 모습을 드러낼 것이다. 아주 작은 것이 점점 커지고 점점 더 심해져서 결국에는 재난으로 다가올 것이다.

위기감은 기업 발전의 원동력이다. 위기감이 없고 혁신이 부족한 기업은 따뜻한 물 속의 개구리와 같이 수온이 천천히 올라가는 동안 결국 생명을 잃게 될 것이다.

위기감이 없으면 위기가 찾아오고 위기감을 가지면 위기는 멀리 사라질 것이다. 위기감 속에서 살면 오히려 위기를 피해갈 수 있다.

경영자는 모든 직원들에게 위기감을 부여해서 밥그릇과 직책은 금고 속에 넣어두기 위한 것이 아니라 항시 손에 들고 있어야 한다는 인식을 갖도록 해야 한다. 그런 다음 경영 이념을 통해 위기감이 가져오는 긴장감을 생산력으로 전환하고 기업의 경쟁력을 분발하고 높여야 한다.

14 장

보상하라 그러면 얻을 것이다

평가와 보상은 기업 경영의 영원한 화두다.

직원의 실적을 어떤 방법으로 평가해서 누구를 포상하고 누구를 처벌할 것인가 하는 문제는 직원들에게 기업의 가치 표준을 어떻게 명시할 것인가에도 연결되고, 기업의 발전 방향에도 연결되는 의심할 바 없이 중요한 문제다. 객관적이고 공정하고 과학적인 검증 평가 방법과 상벌 체계를 수립하는 것 또한 매우 어려운 문제다. 많은 기업과 조직이 비효율적이고 무기력한 것은 결국 직원에 대한 평가 시스템과 상벌 제도에 문제가 있기 때문이다.

경영자는 반드시 업무와 보상을 적절하게 연계해야 한다. 얻고 싶은 것이 있으면 그것을 보상해줘야 한다. 보상하면 얻을 것이다. 효율적인 보상은 직원들을 정확한 방향으로 인도할 수 있다.

94

보상하라 그러면 얻을 것이다

미첼 라보프(Mitchell Labeouf)

어느 날 한 어부가 바다로 나갔다가 입에 개구리를 물고 배 주위를 맴도는 뱀 한 마리를 발견했다. 어부는 개구리가 불쌍해서 몸을 숙이고 뱀 입에서 개구리를 꺼내주었다. 그러자 이번에는 배고픈 뱀이 불쌍해졌다. 먹을 것이 없었던 어부는 술병을 들고 뱀 입으로 술 몇 방울을 흘려주었다.

그러자 뱀은 신나서 몸을 꿈틀거렸다. 어부는 자신의 선행에 기쁨과 안도를 느꼈다. 그런데 잠시 후 갑자기 무언가 배에 부딪히는 것이 아닌가. 고개를 숙여보니 눈앞에서 믿을 수 없는 일이 벌어졌다. 뱀이 입에 개구리 두 마리를 물고서 돌아온 것이다. 뱀은 고개를 길게 빼들고 어부가 술을 내려주기만을 기다리고 있었다.

이 우화는 우리에게 '콩 심은데 콩 나고 팥 심은데 팥 난다' 는 간단한 이치를 알려주고 있다. 어떤 행위에 보상을 하면 더 많은 같은 행위를 돌려받을 수 있다. 만약 어부가 개구리만 살려주고 뱀에게 어떠한 상도 주지 않았다면 뱀이 개구리를 물고 어부 주변에 다시 나타나지 않았을 것이다.

아울러 우화는 인류를 포함한 모든 동물은 상을 받은 일을 다시 반복하는 천성을 가지고 있음을 알려준다.

이것을 기업 경영에 적용하면 이런 결론을 얻을 수 있다. 경영자는 자신이 보상한 대가를 돌려받을 수 있다. 하지만 그가 기대하고 바라던 대가가 아닐 수도 있다. 경영자가 직원들에게 어떤 행위를 요구할 때는 단순한 희망이나 요구 사항에 머무르기보다는 원하는 행위에 대해 아주 명명백백한 보상을 내리는 것이 더 효과적이다.

경영 전문가 미첼 라보프는 생산 현장에서 잔뼈가 굵은 경영자다. 그는 경영 실무 과정에서 반복적인 사색을 통해 마침내 '가장 간단하고 가장 명백하며 또 가장 위대한 경영 원칙'을 깨달았다. 그것은 바로 '사람들은 보상을 통해 일을 한다'는 사실이다.

경영의 정수란 가장 간단하지만 늘 잊어버리는 다음과 같은 이치다. "무엇인가를 원한다면 원하는 그 무엇인가에 대해 보상해야 한다. 그러면 당신이 원하는 무엇인가를 얻을 것이다."

기업의 인력 자원 관리 이론 중에서 '채용, 교육, 격려'가 중요한 3단계가 된다. 격려에 대해서 적지 않은 경영자들이 "격려는 선진적으로 하면 된다. 열심히 하는 자는 상을 내리고 게으른 자는 벌을 내린다. 회사에 공로가 큰 사원에게 상을 내리면 되는데 뭐가 어려운가?"라고 말한다. 사실 상당수 기업이 발전하는 데 최대 걸림돌은 희망하는 행위와 보상하는 행위 사이에 상당한 거리가 있다는 점이다. 대다수 경영자들은 보상해야 한다는 사실은 알지만 어떤 행위에 보상을 해야 하고 또 어떻게 보상해야 하는가에 대해서는 잘 모르는 경우가 많다. 심지어는 보상을 하지 말아야 할 직원에게 상을 내리고 보상을 잘못 처리해서 회사에 심각한 또는 치명적인 손실을 가져오게 되는 경우도 있다.

한 민영 기업에 두 개의 공장이 있었다. 설비는 모두 국영 기업에서 사들인 중고품이었다. 기계는 늘 말썽이었고 겨우겨우 생산을 이어갔지만 제품은 아주 잘 팔려나갔다. 이런 상황에서 A공장의 공장장은 최대한 빨리 설비를 개선해야 품질을 보장하고 생산량을 증대시킬 수 있다고 주장했다.

반면 B공장 공장장은 사장에게 기존 설비를 그대로 활용하고, 추가 근무를 하여 더 많은 제품을 시장에 투입하면 더 많은 이윤을 벌어들일 수 있다고 단언했다. 그는 기계가 고장 나면 고장 난 부분을 고치고 문제가 있으면 문제가 있는 대로 우선은 급한 불을 끄고 다시 생각하자고 했다. 그의 의견에 사장이 찬성했고, 그 결과 B공장은 생산량이 대폭 증가하고 판매액도 크게 늘어났다. 사장은 매우 기뻐하면서 B공장 공장장에게 큰 상을 내렸다.

하지만 반년 후 심각한 품질 문제가 발생하여 반품을 요구하는 고객들이 줄을 잇자 회사는 곤경에 빠졌다. 하지만 A공장 공장장은 그동안 기존 설비를 꾸준히 개선해나갔다. 사장은 마지못해 최소한의 자금만 지원했고, 그 기간 동안 A공장은 제한적으로 생산을 유지했다. 하지만 개조를 마친 후 품질과 생산량 모두 눈에 띄게 향상됐다. B공장 고객들이 반품을 요구하는 동안에도 A공장에서 생산된 우수한 제품 덕분에 회사는 눈앞의 급한 불을 끌 수 있었다. 사장은 그때서야 B

공장 공장장에게 상을 내린 것이 얼마나 큰 실수였으며, 회사를 거의 망칠 뻔한 일인가를 깨달았다. 이것은 단기적 행위에만 보상을 하고 근본적으로 문제를 해결하는 장기적인 행위는 경시한 전형적인 사례다.

경영자가 불필요한 행위에 잘못 보상을 했다면 직원들이 좋은 실적을 낼 것이라고 기대하지 말아야 한다. 경영자는 자신이 기대하는 것을 전혀 얻어내지 못할 것이다. 따라서 경영자는 보상 제도를 면밀하게 검토해서 불합리한 부분을 고쳐야 한다. 올바른 행위에 대해 보상하고 잘못된 행위는 처벌함으로써 직원들로 하여금 경영자가 원하는 행위를 하도록 만들어야 한다. 품질을 향상시키고 싶다면 고품질에 대해 상을 내려야 할 것이며, 직원들이 규정을 준수하기를 원한다면 규정을 지키는 사람에게 보상을 해야 할 것이다. 왜냐하면 어떤 행위에 대해 보상하면 바로 그 어떤 행위를 얻어내기 때문이다.

경영자는 보상 제도에 관해 자주 착오와 실수를 저지른다. 그러면 어떻게 실수를 피해갈 수 있을까? 우선 경영자는 자신의 생각을 정리해야 한다. 머릿속에 가장 중요한 경영 원칙을 각인해야 한다. 즉 '사람들은 보상받는 일을 한다' 라는 점이다. 이어서 기업의 기존 보상 제도 중에서 어떤 부분이 긍정적인지, 또 어떤 부분이 부정적이고 심지어는 파괴 작용을 하는지 제대로 파악해야 한다.

아울러 경영자는 자신이 어떤 직원에게 보상을 내리고 승진시켰는지 돌이켜보고 어떤 행위가 보상을 받아야 하는 행위인가를 분명히 인식해야 한다. 보상을 얕보지 말아야 한다. 잘못하면 기업이 생명력을 잃을 수도 있다.

95

미첼 라보프(Mitchell Labeouf)

평가와 보상은 연말이건 평소건 언제나 끊이지 않는 화제다.

직원의 실적을 어떤 방법으로 평가하며 누구를 포상하고 누구를 처벌할 것인가 하는 문제는 직원들에게 기업의 가치 표준을 어떻게 명시할 것인가에도 연결되고, 기업의 발전 방향에도 연결되는 의심할 바 없이 중요한 문제다.

장기적인 경영 실무 과정에서 당혹스러운 일은 많은 기업, 조직들이 지금 어떤 문제가 발생했는가를 전혀 모른다는 것이다. 경영자가 아무리 혼신의 노력을 다해도 기업과 조직의 효율은 올라가지 않고 부하 직원들은 여전히 무기력하다. 기업과 조직은 녹슨 기계처럼 너무도 힘들게 움직인다.

사실 수많은 기업과 조직들이 비효율적이고 활력을 잃게 것은 결국 직원에 대한 평가 체제와 상벌 제도에 문제가 있기 때문이다. 일부 경영자들은 상황을 이해하지 못한 채 맹목적으로 결론을 내리다가 하지 말아야 할 실수를 아주 쉽게 저지른다. 예를 들어 입으로는 실적과 실효성을 중시한다고 하면서 실제로는 표면적인 효과만 노리는 기회주의자에게 상을 내리는 경우가 허다하다. 그리하여 상벌 기준도 불분명해지고 공정성도 상실하게 된다.

명확하지 않은 상벌은 경영자들이 가장 많이 저지르는 실수다. 상을 내리지 말아야 할 사람에게 큰 상을 내리고 정작 상을 받아야 할 사람은 찬밥 신세로 내몬다. 이는 직원의 적극성을 손상시키고 사업 실패를 불러오는 가장 주요한 원인 중 하나다.

어느 날 사장이 부하 직원 루크를 사무실로 불렀다. 사장은 매우 기뻐하면서 그를 칭찬했다. "루크, 자네 정말 일을 잘 하는군. 몇 달 동안 본 중에 자네가 제일 낫네. 자네는 일류 직원이야. 자네의 능력을 칭찬해주고 싶네."

과분한 칭찬을 들은 루크는 약간 놀란 모습으로 말했다. "고맙습니다. 사실 제가 하는 일은 정말로 힘들고 형편없는 일입니다. 하지만 사장님 아래에서 일을 하니 아주 편안하게 생각됩니다. 그래서 힘이 들어도 기쁜 마음으로 하고 있습니다. 사장님을 위해서 언제나 최선을 다하겠습니다."

사실 회사에서 루크는 가장 게으르고 산만한 직원이었다. 하지만 그는 사장이 보는 앞에서는 항상 열심히 일하는 척했다. 그는 속임수로 사장의 인정을 받아냈다. 사장이 엉망진창으로 일을 하는 그를 칭찬하자 회사 내에서는 불만이 높아져만 갔다.

직원들이 가장 싫어하는 것 중 하나가 불공정한 대우를 받는 것이다. 상을 줘야 할 사람을 상주지 않고, 벌줘야 할 사람을 벌주지 않는 것. 경영자는 신상필벌을 분명하게 해야 한다. 불분명한 상벌 체계는 엄청난 결과를 불러온다.

첫째, 우수사원의 적극성을 해친다.

경영자가 포상해서는 안 될 직원에게 상을 내리고 포상을 해야 할 직원은 한쪽으로 제쳐두고 신경 쓰지 않는다면, 직원들의 적극성에 엄청난 타격을 입히게 될 것이다. 또 우수한 인재들이 일을 잘하는 것보다는 차라리 기회주의자가 되는 편이 낫다는 생각을 가지게 된다.

둘째, 눈속임을 조장하게 된다.

어떤 회사가 야근을 하는 직원들을 격려하기 위해 이런 규정을 만들었다. 비서, 영업사원 등 비관리직은 저녁 8시까지 근무하면 귀가 시 택시비를 회사에서 지급한다.

이 제도가 일정기간 집행된 후, 오후 5시나 또는 더 일찍 업무를 마치고도 귀가하지 않고 회사에서 8시가 넘도록 남아 있는 직원들이 다수 생겨났다. 한번은 저녁 6시에 기획서를 완성해놓고 그것을 다시 한 번 더 베껴 쓰고 있는 직원을 직접 목격하기도 했다. 또 한 직원은 있어도 되고 없어도 되는 데이터 때문에 전화를 10통이나 하고 자료를 9건이나 열람했다.

이러한 직원들은 잔머리를 굴리며 회사를 갉아먹고 있다고 해도 지나치지 않다. 하지만 이 모든 것이 전부 직원 탓일까? 일찍 업무를 마치면 보상을 받지 못하고 반대로 저녁 8시까지 질질 끌고 있으면 택시비까지 받을 수 있는데 누군들 하지 않겠는가?

셋째, 불명확한 상벌은 우수한 인재를 몰아낸다.

한 소형 정유 공장에 젊은 연구원이 있었다. 그는 다년간의 실무 경험과 연구 개발을 통해 정유량을 늘릴 수 있는 첨단설비 개조 방법을 개발했다. 그는 정유 공장 사장에게 연구보고서를 제출했다.

사장은 보고서를 거들떠보지도 않고 말했다. "내가 자네를 뽑은 것을 내 일을 하라고 뽑은 거지, 이도 저도 아닌 그런 일을 하라고 뽑은 건 아니네. 지금 내 일을 망치고 있는 건 아닌가? 어서 가서 일하게."

사실 사장은 기술 혁신을 지원해야 했다. 기술 혁신을 위해 노력하고 실적을 올리는 부하 직원에게 큰 상으로 보상해야 한다. 하지만 사장은 기술 개선 성과를 낸 부하 직원에게 보상은커녕 오히려 야단만 쳤다. 그러자 화가 난 직원은 사표를 쓰고 다른 정유 공장으로 가버렸다.

상벌은 일종의 경영 수단이다. 신상필벌은 매우 긍정적인 효과를 불러온다. 상벌을 분명하게 할 자신이 없다면 차라리 상도 벌도 내리지 않는 편이 좋다. 불분명한 상벌로 인한 부정적 영향이 훨씬 더 크기 때문이다.

미첼 라보프는 "실적과 보상 간에 정확한 연대 관계를 구축하는 것이 조직 운영을 개선하는 유일한 비결이다"라고 말했다. 경영자가 직원을 평가하고 보상할 때 특히 주의해야 할 것은 상대가 입으로 말하는 내용이 아닌 실질적인 업무 실적이다. 기회주의자에게 상을 내리면서 머리를 파묻고 열심히 일하는 사람을 냉대해서는 절대 안 된다. 그렇게 하면 누군들 열심히 일을 하겠는가? 카네기는 "나는 나이가 들수록 남들이 무슨 말을 하는지 중요하게 생각하지 않는다. 단지 그들이 무엇을 하는가를 볼 뿐이다"라고 말했다.

보상은 직원들의 행위를 바꿀 수 있는 가장 효율적인 도구다. 직원들을 적극적이고 열심히 일하게 하려면 정말로 실적이 있는 사람에게 보상해야 한다.

96

평균주의를 추구하지 말라. 평균주의는
실적이 좋은 사람을 벌하고 실적이 나쁜 사람에게
상을 내려 형편없는 오합지졸을 얻을 뿐이다

스티그(Stig)

2001년, 50여 년의 찬란한 역사를 가진 폴라로이드사가 파산 신청을 했다. 여러 가지 원인이 있었지만 가장 중요한 원인은 평균주의적 분배 제도 때문이었다. 그들은 판매 실적이 서로 다른 직원들에게 같은 보수를 지급했다. 그래서 능력 있는 인재들이 하나둘씩 빠져나가고 평범한 사람들만 남게 되었다. IBM도 마찬가지다. 그들이 한때 쇠락했던 원인 중 하나는 효율적인 보상 시스템이 없었기 때문이다. 루이스 거스너(Louis Gerstner)가 평균주의적 분배 방식을 개혁한 후 IBM은 재기에 성공했다.

경영학자 스티그는 "평균주의를 추구하지 말라. 평균주의는 실적이 좋은 사람을 벌하고 실적이 나쁜 사람에게 상을 내려 형편없는 오합지졸을 얻을 뿐이다"라고 정확하게 지적했다.

확실히 분배의 평균주의는 잘못된 보상을 불러온다.

일부 기업은 보상 제도를 구축했는데도 직원들이 아무런 자극을 받지도 않고 노력하는 수준도 오히려 떨어졌다. 어떤 회사는 직원들의 적극성을 불러일으키겠다는 의도로 연말보너스 계획을 내놓았다. 하지만 과학적인 평가 기준이 뒷받침되지 않아 결국 실시 과정에서 평균주의를 야기하게 되었고, 공헌도가 높은 직원들의 적극성만 다치게 됐다.

한 회사의 핵심 기술직원은 설날 휴가를 보낸 후 친구들에게 회사로 돌아가고 싶지 않다고 말했다. 회사와 체결한 계약이 아직 만료되지 않았고, 다음 해에는 남들이 부러워하는 연봉을 받을 수 있지만 일을 계속할 동기와 열정이 없다고 말했다.

그는 연봉에 불만에 있어서였을까? 아니었다. 원인은 그의 한 동료가 학력이나 연구 실적 모두 그보다 못한데도 훨씬 더 많은 연봉을 받기 때문이었다.

이는 무엇을 설명하고 있는가? 직원들은 자신의 절대적 보수만을 보는 것이 아니라 상대적인 보수도 중시한다. 그들은 우선 자신이 바친 노력과 그로 인해 얻는 보상을 비교한다. 그런 다음 동료, 친구 혹은 회사 내 다른 직원이 바친 노력과 그들이 얻는 보상을 살펴본 후 자신과 그들을 비교해서 자신이 받고 있는 대우가 공평한가를 판단한다.

공평한 보상은 미국 심리학자 아담스의 공정성 이론에서 기원한다. 이 이론에서는 부하 직원의 업무 동기와 적극성은 자신의 절대적 보수의 영향도 받지만 더 중요한 것은 상대적인 보수의 영향을 받는다고 보고 있다. 부하 직원은 늘 자신의 기여도와 보수를 자신과 같은 조건에 있는 타인과 비교하고, 그 비교치가 동등할 때 공평함을 느끼고 적극성이 상승한다. 반대의 경우에는 불평과 분노가 생겨나고, 심지어 업무에 소극적이고 태만하게 된다.

공평한 보수는 직원을 긍정적으로 격려하는 역할을 한다. 직원들이 그들의 기여도에 대해 회사가 지급하는 보수가 공평하다고 느끼면 그들은 고무될 것이다.

그러나 보수가 너무 낮다는 생각이 들면 불만이 생겨날 것이다. 불만을 없애고 공정성을 회복하기 위해서 그들은 자신의 행위와 실적을 조정하게 될 것이다. 예를 들면 더 많은 병가를 신청하고 늦게 출근하거나 일찍 퇴근한다. 또 근무중에 일부러 시간을 낭비하기도 하고 열심히 일은 하지 않으면서 급여 인상을 요구한다. 심지어 다른 사람에게 공격적 행위를 해서 타인의 정상적 업무를 방해하기도 한다. 극단적인 경우에 보수가 너무 낮다고 생각하는 직원은 회사에 대한 충성심을 상실하고 화가 나서 사직을 하거나 이직을 한다.

경영자는 공평한 보상을 통해 공정함을 추구하는 격려 대상의 의식과 요구를 만족시키기 위해 노력해야 한다. 불공평한 현상을 적극적으로 줄이고 없애야 하지만 정확한 방법은 절대적인 평균주의가 아니다. 리더는 공평한 처신과 대우를 해야 하며 개인적 호오(好惡)로 직원을 구분해서 친한 직원에게는 풍성한 보상을 내리고 친하지 않은 직원에게 야박한 대우를 해서는 안 된다. 격려 대상에 대한 분배, 진급, 포상 등에서 공정성과 합리성을 기하기 위해 노력한다면 모든 직원들이 유쾌한 마음으로 일할 수 있다.

공평함은 평균과는 다른 개념이다. 평균은 무(無)보상이다. 기업이 물질적 보상에 따른 갈등을 피하기 위해 획일적인 평균주의적 분배 방식을 선택하면 직원들의 혁신 정신을 배양할 수 없으며, 심지어 업무에 대한 직원들의 열정을 심각하게 훼손한다.

보상은 절대 똑같이 해서는 안 된다. 보상은 반드시 대상에 따른 차별성이 있어야 한다. 일상 업무 속에서 공평과 공정, 공개의 원칙을 엄격하게 지키고 또 그것을 장기적으로 견지해야 한다. 그래야만 보상 제도의 엄격함과 장기적인 격려 효과를 유지할 수 있다. 또한 집행 과정에서 생겨나는 불공평함으로 인해 격려 효과도 얻지 못하고, 오히려 직원의 적극성만 손상시키게 되는 사태를 방지할 수 있다.

97

성공에만 포상하는 것이 아니라
실패에도 포상하라

잭 웰치(Jack welch)

모든 직원들에게 위험을 감수하는 용기를 가질 수 있도록 격려하기 위해 잭 웰치 회장은 "성공에만 포상하는 것이 아니라 실패에도 포상하라"라고 말했다. 그는 늘 "우리는 반드시 직원들로 하여금 이유와 방법이 모두 타당하다면 결과가 실패했더라도 격려 받을 만하다는 것을 알게 해야 한다"라고 강조했다. GE에서 한번은 2,000만 달러의 투자 계획이 예측 불가능한 시장 요인으로 실패한 적이 있었다. 하지만 그 계획을 추진한 매니저는 여전히 승진했고 포상금을 받았다. 또 프로젝트에 참여한 직원 70명 모두가 비디오 한 대씩을 상으로 받았다.

실패에 대한 포상은 적극적이고 혁신적인 정신으로 충만한 환경에서 출현할 수 있는 전형적인 특징 중 하나다.

실패에 대한 포상은 성공적인 포상을 위해 길을 트는 것이다. 실패에 대한 포상은 실패자의 도전 정신에 대한 포상이며, 실패 속에서 성

IBM의 독특하고 혁신적인 포상 제도를 보여주는 전형적인 사례가
있다. IBM의 한 고위 책임자가 혁신 작업 중에 심각한 실수로 회사에
1,000만 달러나 되는 거액의 손해를 입혔다. 많은 사람들이 회장에게
그 직원을 해고하라고 건의했지만 회장은 실패를 혁신 정신의 부산물
로 생각했다. 만약 그에게 일을 계속할 수 있는 기회를 준다면 그의 진
취성과 지혜가 좌절을 겪어보지 못한 보통 사람들을 뛰어넘을 것이
다. 진취적인 사람에게 좌절은 최고의 격려제이기 때문이다.

다음 날 회장은 그 책임자를 사무실로 불러서 이전 직책과 같은 급
의 새로운 중책을 맡기겠다고 말했다. 책임자는 깜짝 놀라서 "왜 저를
해고하거나 강직(降職)시키지 않습니까?"라고 물었다. 회장은 "그렇
게 한다면 자네가 쓴 1,000만 달러나 되는 수업료를 쓸데없이 낭비하
게 되는 것 아닌가?"라고 대답했다. 훗날 그 책임자는 놀라울 만한 의
지와 지혜로 회사를 위해 탁월한 공헌을 했다.

성공하는 경영자는 직원들의 모험 정신을 키워주는 것이 적극성과
명석한 지혜를 분발하는 중요한 요소며, 개인과 회사가 부단하게 성
장 발전하는 중요한 조건이라는 것을 인식하고 있다.

따라서 성공하는 경영자는 모험심이 강한 직원을 선발하여 포상과
지원을 통해 실수 속에서 배울 수 있는 기회를 준다. 무엇인가를 잘 하
기 위해서는 반드시 새로운 방법을 시도해야 한다. 오래되고 낙후된
방식을 개혁하지 않는 기업은 시장 경쟁에서 도태되고 말 것이다.

우수한 기업가는 용감하게 행동하는 자가 가장 큰 성과를 내고, 늘
안정만 추구하면서 변화하지 않는 사람은 멀리 나아갈 수 없다는 사

실을 잘 알고 있다. 따라서 그들은 직원들이 모험을 하도록 북돋우며, 그로 인해 발생하는 실수를 받아들이고 관용을 베푼다. 또한 그것이 개인과 회사의 성장을 위해 반드시 지불해야 하는 대가임을 인정한다.

성공에 대한 포상은 매우 흔하게 볼 수 있다. 당연히 성공자에게 꽃과 박수로 보답해야 한다. 하지만 노력하는 실패자에 대한 포상은 어렵지만 소중한 일이며 훨씬 뛰어난 장기적 안목을 필요로 한다. 회사가 패장(敗將)에게 표창을 하면 직원들의 사기가 올라가고, 혁신과 연구에 대한 열정은 더욱 커질 것이다.

[경영의 지혜]

실패에 대한 격려는 일종의 태도를 배양하는 것이다. 실패 앞에서 좌절한 직원에게 필요한 유일한 것은 이해와 격려다. 직원이 비난과 부정만 받고 이해받지 못할 때 그들은 회사 내에 만연한 긴장과 두려움의 분위기만을 느끼게 될 것이다. 그들은 서로를 보호하는 정보만 주고받으며 책임을 회피하고 창조를 게을리 하는 법을 배울 것이다. 이에 관련해 잭 웰치는 아주 예리한 말을 했다. "실패를 벌하건 아무도 새로운 시도를 하지 않는 결과가 생긴다." 그렇다. 새로운 것을 시도하는 용감한 사람이 없으면 회사는 자연 생명력을 잃게 된다.

실패를 격려함으로써 껍데기를 제거해낸 정수를 얻고 경험을 축적하며, 기업 문화를 신선하고 활기차게 만들 수 있다. 회사의 리더로서 이러한 도량과 용기를 가지려면 직원들에게 우리는 실패를 격려한다라고 큰소리로 선포해야 한다. 실패 속에서 걸어 나온 직원은 늘 당신이 상상하지도 못한 풍성한 성과를 가져다 줄 것이다.

98

평가할 수 없으면 관리도 할 수 없다

조안 마그레타(Joan Magretta)

평가가 없으면 기준도 없고 결과도 없다. 『경영이란 무엇인가』의 저자 조안 마그레타는 "평가할 수 없으면 관리도 할 수 없다"라고 말했다. 경영학에서 경전과 같은 이 말은 우리에게 실적 평가가 기업 경영의 기초임을 일깨우고 있다.

실적 평가는 각급 간부들이 관리 직권을 행사하는 중요한 도구다. 하지만 많은 기업에서 그 자체가 해결하기 어려운 까다로운 문제가 되어 경영자를 곤란하게 만들고, 직원들을 불안하게 하며, 인력 자원부를 더욱 골치 아프게 만든다.

그 원인에는 다음과 같은 것들을 포함한다. 경영자가 일을 대충 처리한다, 실적 목표를 가늠하기 어렵다, 정보 지원이 없다, 평가는 점수 매기기라는 등의 잘못된 관념이 있다, 경영자가 훈련이 결여되어 있다, 체면을 무시하지 못한다, 숫자로 된 점수에 연연해한다(시험 같은 것을 누가 원하겠는가?), 평가에서 의사소통이 부족하거나 심지어 전혀 없다, 점수 기준이 일정하지 않다, 결과만 묻는다거나 하는 것들이다. 또 하나의 근본적인 문제는 관리자와 직원들이 평가와 보상에 따른 이익을 체감하지 못한다는 것이다.

다시 말해서 실적 평가가 그 본연의 작용을 하지 못한다는 것이다. 아래는 T사의 실적 관리 사례다.

T사는 전사적 자원관리(ERP) 프로그램 개발과 판매를 주요 업무로 하고 있다. 1998년 말 이전에 이 회사는 체계적인 실적 평가제도가 없었다. 연말이되자 인사부에서 직원들에게 1년간의 업무 상황을 돌아보고 각각 서면 보고서를 작성하게 했다. 그런 다음 부서 간부가 실적 평가를 하도록 했으며('수우미양가' 다섯 등급이 있었지만 거의 모든 간부가 준 것은 '우' 였다), 최종적으로 인사부로 넘어가면 끝이었다. 성과급은 모두 간부가 정한 평가 등급에 따랐다. 다시 말해 모두가 똑같은 대우를 받는 것이었다. 사장은 부서 간부들에게 직원과 일대일 면담을 하라고 지시했다. 많은 간부들이 식사를 하거나 카드 게임을 하면서 면담을 진행하는 비공식적인 대화 방식을 선택했다. 이런 방법을 2년 동안 집행하자 직원들은 의례적인 일로 여겼다. 자연스럽게 평가는 아무런 효용도 없었다.

그렇다면 어떻게 하면 실적 평가가 다수에게 부담을 주지 않으면서도 형식에 그치지 않게 될까? 방법은 다음과 같은 몇 가지가 있다.

(1) 경영자는 왜 평가를 하는지 분명하게 알아야 한다. 만약 잘 모른다면 시작하지 않는 것이 가장 좋다. 그렇지 않으면 형식에 치우칠 수

밖에 없다.

(2) 경영자는 직원들이 왜 평가를 하는지 잘 알게 해야 한다.

(3) 뚜렷한 평가 기준을 만든다. 대체 최우수란 무엇인가? 무엇이 우수인가? 무엇이 양호인가? 무엇이 만족인가? 무엇이 개선인가? 무엇이 대폭 개선인가?

경영자는 이상 각각의 기준을 분명히 알아야 한다. 잘 모르면 섣불리 평가를 시도하지 말라. 또한 직원에게도 평가 기준을 알게 해야 한다. 그렇지 않으면 평가 결과로 인한 회사와 직원간의 충돌이나 갈등을 피할 수 없을 것이다.

또 평가 기준이 절대적으로 공평하고 합리적이라는 것을 보장할 수 없다면, 기업은 적절한 시기에 그만두어야 한다. 평가의 관건은 소통에 있다. 소통은 많은 기업들이 평가에 대해 효율과 만족을 느끼는 관건이다.

실적 평가의 효과가 충분히 발휘될 수 있는지 여부는 관련 점검 조치에 달려 있다. 주로 다음과 같은 곳에서 나타난다. 평소에 직원의 목표를 점검하고 즉각적으로 지도하는가? 평가 후에 직원에게 상응하는 상벌을 주거나 감독 방법을 개선하는가? 부하 직원의 부족함을 인정에 이끌림 없이 명확하게 지적하는가? 직원의 고발 루트를 구축했는가? 평가 결과가 훈련 과정에 효율적으로 운용되는가? 만약 이런 조치가 완비되어 있지 않다면 실적 평가의 결과는 보장할 수 없다.

실적 평가는 칼의 양날과 같다. 좋은 실적 평가 제도는 조직 전체를 살릴 수 있다. 하지만 방법이 부적절하면 예상치 못한 결과를 낳기도 한다. 만약 회사 내 각급 간부의 관리 의식과 관리 기법이 이상적이지 않으면 실적 평가 제도를 너무 복잡하지 않게 구성하는 것이 가장 좋다.

계량화하지 못하면 관리할 수 없다

피터 드러커(Peter F. Drucker)

많은 기업들이 실적 지표를 정의할 때 인성, 능력, 성실성, 실적이나 업무 성과, 내부 관리, 단체 정신, 업무 혁신 등 모호한 개념에만 머무른다. 지표가 효율적으로 계량화, 세분화 되지 못하거나 또는 통일된 정의가 없어서 결국 직원의 실적 평가가 간부나 인력 자원 부서의 주관적인 평가가 되는 경우가 허다하다. 그래서 평가 결과를 공개하지 못하고 관리상의 비밀이 되어 직원들의 신뢰를 얻기 어렵고, 격려 효과나 전략적 지침이라고도 할 수 없게 된다.

피터 드러커는 "계량화하지 못하면 관리할 수 없다"라고 지적했다. 따라서 실적 관리는 계량화할 수 있는 지표를 확보하거나 그것을 효율적으로 계량화해야 한다.

계량화가 가능한 것이야 말로 관리 가능한 것이다. 기업은 업무 계획의 수립, 프로젝트 추진 기간의 설정, 실적 평가 또는 어떤 목표에 대한 단계별 분석 등에서 시종일관 목표의 계량화와 측정 가능성을 강조해야 한다.

우리는 각종 서비스업장에 내걸린 '미소 서비스'라는 표어를 자주 보게 된다. 하지만 대체 어떤 웃음을 미소라고 부르는가? 세계 최대의 할인마트인 월마트는 '미소 서비스'를 이렇게 계량화하고 평가했다. '고객 앞에서 항상 미소를 띠어야 한다'라고 쓴 뒷면에는 '이빨 8개를 드러낸다'라는 설명이 있다. 월마트 창업자 샘 월튼은 8개의 이빨을 드러내야 '미소 서비스'에 합격이라고 보았다.

소위 8개의 이빨을 드러내는 것은 직원들을 밝게 웃도록 하려는 것이다. 어떤 직원의 미소는 너무 내면적이다. 하지만 이빨 8개를 드러내라고 요구하면 밝은 웃음을 지을 수 있다.

샘 월튼은 또 직원들에게 "고객이 당신에게 3m 범위 내로 걸어올 때 고객의 눈을 따뜻하게 바라보면서 당신에게 질문과 도움을 구할 수 있도록 해야 한다"라고 가르쳤다. 고객이 가까이 걸어올 때 미소를 짓고 자발적으로 서비스를 제공하며 고객으로 하여금 집에 있는 듯한 편안한 느낌을 받도록 해야 한다.

이 '3m 원칙'은 월마트 직원들의 준칙이 되었다. 또 '오늘의 일을 내일로 미루지 마라(당일완료 원칙)'와 같은 월마트의 기업 문화는 그들이 고객을 끌어들이는 비결이다.

'이빨 여덟 개를 드러내는' 웃음을 미소라고 부른다. 이밖에 '3m 원칙', '당일완료 원칙' 등은 이 모든 것들이 구체적이고 측정 가능한 것들이다. 따라서 일종의 기준으로서 평가할 수 있고 관리할 수 있는 것이다.

맥도날드는 각각의 업무 과정을 계량화했다. 감자튀김, 햄버거 등을 만드는 데도 상세한 규정이 있다. 맥도날드는 '소고기 패티는 구운 후 20분이 지난 후에도 팔리지 않으면 폐기 처분한다. 정량 분석이 불가능한 모든 지표를 계량화하는 것이 바로 관리다' 라고 규정하고 있다.

모든 목표는 측정 가능하고 평가 가능해야 한다. 측정 불가능한 목표는 관리하기 어렵다.

[경영의 지혜]

당신이 측정할 수 있는 것, 그것이 바로 관리할 수 있는 것이다. 측정할 수 없는 것은 관리할 수 없고 통제할 수 없다.

계량화는 일종의 객관적인 평가 방식이지만 모든 평가 지표를 효율적으로 계량화할 수 있는 것은 아니다. 따라서 실적 평가는 정성(定性) 측정과 세분화가 필요하다. 동시에 실적 평가는 내부 평가뿐만 아니라 고객, 공급업체, 관련 이해관계자, 사회 공중 등 외부에서 들어온 평가 요소도 함께 고려해야 한다. 가끔은 외부 평가가 내부 평가보다 더 중요하다.

100

중요한 것은 항상 점검하라.
점검하지 않는 것은 중시하지 않는 것과 같다

루이스 거스너(Louis Gerstner, 전 IBM 회장)

IBM 회장 루이스 거스너는 "사람들은 당신이 바라는 것을 하지 않을 것이다. 다만 당신이 점검하는 것을 할 뿐이다. 그러므로 중요한 것은 항상 점검하라. 점검하지 않는 것은 중시하지 않는 것과 같다"라고 말했다. 아무도 강조하거나 점검하지 않는 것에 신경 쓰지 않는다. 그렇게 되면 자연스럽게 있어도 그만 없어도 그만인 것으로 전락한다. 이러한 타성을 뿌리 뽑는 유일한 방법은 점검과 확인이다.

기업 경영에서 점검과 평가는 이란성 쌍둥이다. 점검만 하고 평가하지 않으면 점검의 약발이 안 먹히고, 평가만 하고 점검하지 않으면 평가의 근거를 상실하게 된다.

경영의 난점은 점검에 있다. 왜냐하면 그것은 동적인 작업이기 때문이다.

기업들은 늘 많은 사업을 벌여놓고 결과에 대한 점검에는 소홀하다. 또 갑작스러운 점검은 많지만 일상적 점검은 적다. 요구하는 것은 많지만 실제 실천되는 것도 적다. 표면적으로는 엄격하지만 구체적으로 엄격한 경우는 적다. 임의적인 점검은 표면적인 수법의 전형이다.

미국의 한 화학회사는 2억 5,000만 달러를 투자해 인도네시아에 공장을 신축했다. 그런 다음 공장을 관리하는 중책을 브라질 공장의 관리자에게 맡겼다. 그 관리자는 브라질에서 실적이 좋았고 장기간 기술 부문에서 일했기 때문에 업무에 정통했다. 이치대로라면 신규 공장의 사업은 번창해야 했다. 하지만 현실은 기대와는 달랐다. 그는 기술만 잘 알고 시장경제나 공공관계는 잘 모르는 사람이었다. 최소한의 가격 책정 전략도 제대로 말할 줄 몰랐다.

한편 본사에서는 그를 매우 신임하고 있었다. 같은 개도국에서 왔기 때문에 기본적인 인도네시아 상황에 대해 잘 알고, 기술도 뛰어나니 업무도 잘 처리할 것이라고 여겨서 보조 인력을 파견하지 않았다. 하지만 두려움 없는 안심은 나쁜 결과를 키웠다. 공장 가동은 계속 미루어졌고, 가동 후에도 제품이 팔려나가지 않았다. 결국 본사에서는 하는 수 없이 손해를 감수하고 공장을 다른 국가로 옮겼다. 하지만 그 기간동안 소모한 자원은 이미 엎질러진 물이었다.

밀착 점검은 기업의 일상적인 업무 내용 중 하나가 되어야 한다. 만약 미국 화학회사가 인도네시아 투자에 대해 인력을 파견해 가까이서 상황을 파악하고 즉각적으로 피드백을 했더라면, 공장의 이전으로 종료되는 결과가 생기지는 않았을 것이다.

점검은 방화벽과 같다. 점검은 문제를 밝히는 과정이자 잘못을 고치는 과정이다. 점검을 통해 드러난 문제 중 현장에서 고칠 수 있는 문제는 절대 처리를 미루어서는 안 된다. 현장에서 해결할 수 없는 복잡한 문제라면 관련 부분에 보고해서 최대한 긴급하게 처리해야 한다.

점검의 강도를 높이는 것은 실제로는 집행력을 추진하는 것이다. 점검 제도는 기업 성공의 열쇠 중 하나다.

점검은 기업 관리에 적용할 수 있을 뿐만 아니라 관리가 필요한 모든 단체와 기관에도 적용할 수 있다. 점검은 조직의 효율을 유지하는 중요한 조치다. 기업 경영에서 상급자는 하급자에 대해 정기적, 비정기적 점검을 실시해야 한다. 이러한 점검은 주마간산 격으로 형식적으로만 하는 것이 아니라 실질적으로 문제 해결을 해야 한다.

하지만 경영 실무에서 어떤 경영자는 업무 배치만 중시하고 점검은 중시하지 않는다. 어떤 경영자는 점검을 하긴 하지만 형식에만 그치는 경우가 많다. 이렇게 되면 의사결정의 관철과 집행을 보장할 수 없다. 점검과 평가는 기업이 올바른 집행을 하는 데 있어서 매우 중요한 요소다. 어떤 의미에서 점검 강도를 높이는 것은 집행력을 추진하는 것과 같다.